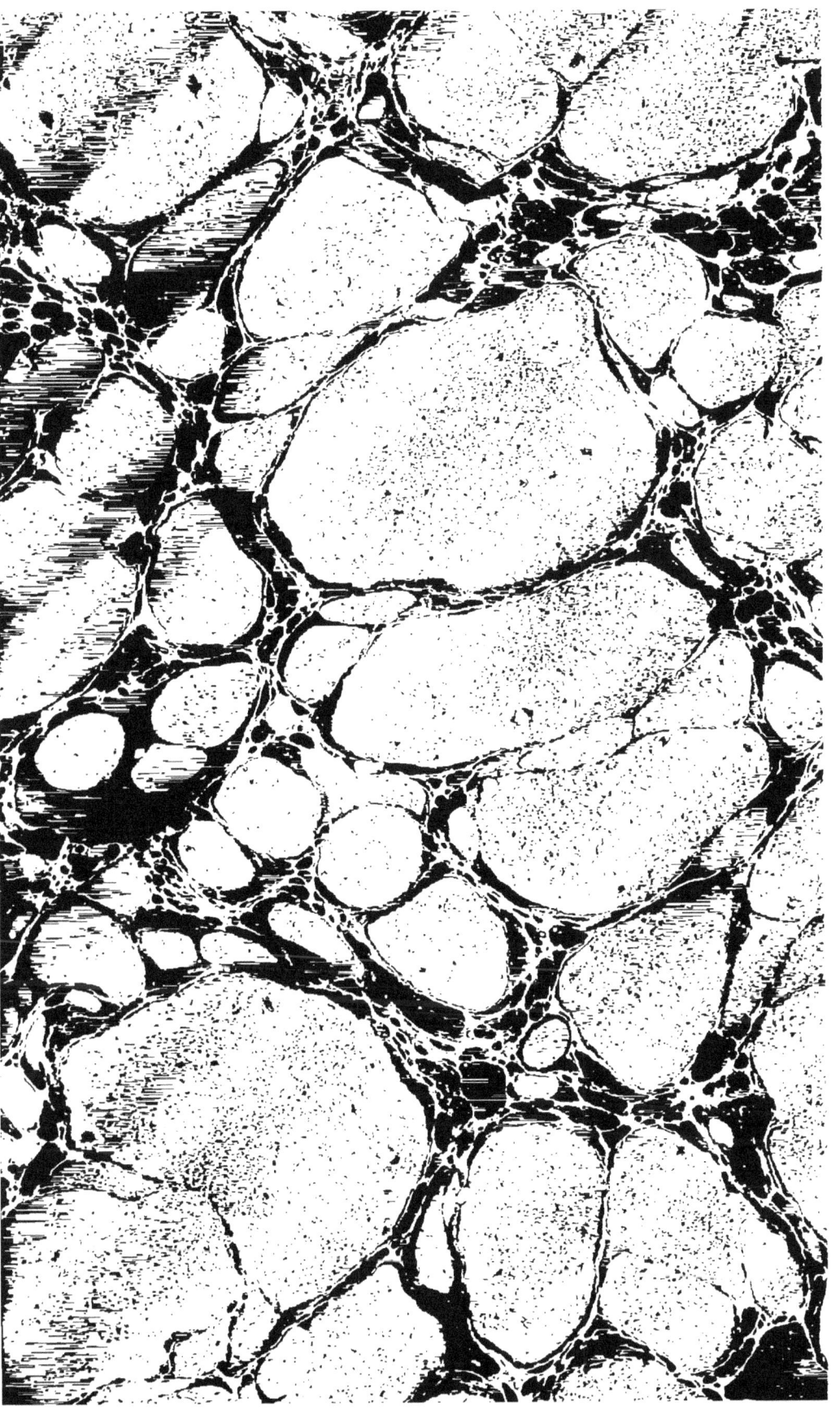

SCÈNES
DE
LA VIE PARISIENNE.

Bibliothèque-Charpentier.

A MEILLEUR MARCHÉ QUE LES CONTREFAÇONS BELGES.

COLLECTION DES MEILLEURS OUVRAGES

Français et Étrangers, Anciens et Modernes,

publiée dans le format anglais, par CHARPENTIER, éditeur

MADAME DE STAEL. Corinne, avec une préface de M. Sainte-Beuve, 1 vol. 3 50
— Delphine, avec une préface de M. Sainte-Beuve, 1 vol............ 3 50
— De l'Allemagne, avec une préface de M. X. Marmier. 1 vol........ 3 50
XAVIER DE MAISTRE. Œuvres complètes, Voyage autour de ma Chambre. — Expédition nocturne. — Le Lépreux. — Les Prisonniers du Caucase. — La Jeune Sybérienne, 1 vol..................... 3 50
GOETHE. Théâtre, traduction nouvelle, avec une préface et des notes, par M. X. Marmier, 1 vol............................... 3 50
— Werther, traduction de M. P. Leroux; suivi de Hermann et Dorothée, traduction de M. X. Marmier, avec des préfaces de ces deux écrivains, 1 vol.................................... 3 50
M. DE BALZAC. Eugénie Grandet, 1 vol........................... 3 50
— Physiologie du Mariage, 1 vol................................ 3 50
— Le Médecin de Campagne, 1 vol............................... 3 50
— Scènes de la vie privée, première série, 1 vol................ 3 50
— Les mêmes, deuxième série, 1 vol............................. 3 50
— Scènes de la vie de province, première série, 1 vol........... 3 50
— Les mêmes, deuxième série, 1 vol............................. 3 50
— Scènes de la vie parisienne, première série, 1 vol............ 3 50
— Les mêmes, deuxième série, 1 vol............................. 3 50
— La Recherche de l'Absolu, 1 vol.............................. 3 50
— Le Père Goriot, 1 vol.. 3 50
— La Peau de Chagrin, 1 vol.................................... 3 50
— Le Lys dans la Vallée, 1 vol................................. 3 50
— César Birotteau, 1 vol....................................... 3 50
— Histoire des Treize, 1 vol................................... 3 50
BRILLAT-SAVARIN. Physiologie du Goût, nouvelle édition, précédée d'une notice sur l'auteur, par M. le baron Richerand; suivie d'un appendice, par M. de Balzac, 1 vol......................... 3 50
L'ABBÉ PRÉVOST. Manon-Lescaut, nouvelle édition, précédée d'un travail sur Prévost, par M. Sainte-Beuve, et suivie d'un Essai sur Manon Lescaut, par M. Gustave Planche, 1 vol.................... 3 50
ALFIERI. Ses Mémoires, écrits par lui-même, traduction de M. A. de Latour, 1 vol.. 3 50
BENJAMIN CONSTANT. Adolphe, suivi de deux autres ouvrages du même écrivain, et d'un Essai sur Adolphe, par M. Gustave Planche, 1 vol. 3 50
GOLDSMITH. Le Vicaire de Wakefield, traduction nouvelle, par madame Louise Belloc; précédée d'une notice sur la vie et les ouvrages de Goldsmith, par sir Walter Scott, 1 vol................. 3 50

Chaque ouvrage en un seul volume.

Chaque volume : 3 fr. 50 c.

Imprimé par Béthune et Plon.

SCÈNES

DE LA

VIE PARISIENNE,

PAR M. DE BALZAC.

Nouvelle édition, revue et corrigée.

PREMIÈRE SÉRIE.

— La Comtesse à deux Maris. —
— Madame Firmiani. —
— Sarrasine. —
— Le papa Gobseck. —
— La Bourse. —

———⁂———

PARIS,
CHARPENTIER, LIBRAIRE-ÉDITEUR,
29, RUE DE SEINE.

1839.

SCÈNES DE LA VIE PARISIENNE.

LA COMTESSE A DEUX MARIS.

I.

UNE ÉTUDE D'AVOUÉ.

— Allons ! voilà encore notre vieux carrick !

Cette exclamation échappait à un clerc appartenant au genre de ceux qu'on appelle dans les études des *saute-ruisseaux*. Ce petit clerc, qui mordait en ce moment de fort bon appétit dans un morceau de pain, en arracha un peu de mie, en fit une boulette, et la lança railleusement par le vasistas d'une fenêtre sur laquelle il était appuyé. Bien dirigée, la boulette rebondit presque à la hauteur de la croisée, après avoir frappé le chapeau d'un inconnu qui traversait la cour d'une maison située rue Vivienne, où demeurait maître Derville, avoué.

— Allons, Simonnin, ne faites donc pas de sottises aux cliens, ou je vous mets à la porte. Quelque pauvre que soit un client, c'est toujours un homme, que diable, dit le premier clerc en interrompant l'addition d'un mémoire de frais.

Le saute-ruisseau est généralement, comme était Simonnin, un garçon de treize à quatorze ans, qui, dans toutes les études, se trouve sous la domination spéciale du principal clerc, dont il fait les commissions, dont il porte les billets doux. Il tient au gamin de Paris par ses mœurs, et à la Chicane par sa ruse. Il est presque toujours sans pitié, sans frein, indisciplinable. Aussi le petit clerc dit-il avec l'air de l'écolier qui prend son maître en faute : — Si c'est un homme, pourquoi l'appelez-vous *vieux carrick?*

Puis il se remit à manger son pain et son fromage en accottant son épaule sur le montant de la fenêtre; car il se reposait debout, ainsi que les chevaux de coucous, l'une de ses jambes relevée et appuyée contre l'autre, sur le bout du soulier.

— Quel tour pourrions-nous jouer à ce chinois-là ? dit à voix basse le troisième clerc, en s'arrêtant au milieu d'un raisonnement dont il engrossait une requête que grossoyait le quatrième clerc, et dont deux néophytes venus de province faisaient les copies. Puis il continua son improvisation :..... *Mais, dans sa noble et bienveillante sagesse, Sa Majesté Louis Dix-Huit* (mettez en toutes lettres, hé ! monsieur qui faites la Grosse !), *au moment où elle reprit les rênes de son royaume, comprit....* (Qu'est-ce qu'il comprit ?) *la haute mission à laquelle Elle était appelée par la divine Providence !..... (Point admiratif et six points.), et sa première pensée fut, ainsi que le prouve la date de l'ordonnance ci-dessous désignée, de réparer les infortunes causées par les affreux et tristes désastres de nos temps révolutionnaires, en restituant à ses fidèles serviteurs tous leurs biens non vendus, soit qu'ils se trouvassent dans le domaine public, soit qu'ils se trouvassent dans le domaine ordinaire ou extraordinaire de la couronne, soit enfin qu'ils se trouvassent dans les dotations d'établissemens publics, car nous sommes et nous nous prétendons habiles à soutenir que tel est l'esprit et le sens de la fameuse et si loyale ordonnance rendue en....*

— Attendez, dit le grossoyeur aux trois clercs, cette scélérate de phrase a rempli deux pages. — Eh bien! reprit-il en mouillant de sa langue le dos du cahier, afin de pouvoir tourner la page épaisse de son papier timbré, eh bien! vous voulez lui faire une farce? Il faut lui dire que le patron ne peut parler à ses cliens qu'entre deux et trois heures du matin. Nous verrons s'il viendra, le vieux malfaiteur!

Le troisième clerc reprit la phrase commencée :
— *Rendue en....* Y êtes-vous?

— Oui, crièrent les trois copistes.

Tout marchait à la fois, la requête, la causerie et la conspiration.

— *Rendue en....* Hein, papa Boucard? quelle est la date de l'ordonnance? Il faut mettre les points sur les i, saquerlotte! Cela fait des pages.

— *Saquerlotte !* répéta l'un des copistes.

— Comment ! vous avez écrit *saquerlotte ?* s'écria le troisième clerc en regardant l'un des nouveaux venus d'un air à la fois sévère et goguenard.

— Mais oui, dit le quatrième clerc en se penchant sur la copie de son voisin, il a écrit : *il faut mettre les points sur les i*, et *saquerlotte* par un k.

Tous les clercs partirent d'un grand éclat de rire.

Comment, monsieur Godeschal, vous prenez *saquerlotte* pour un terme de Droit, et vous dites que vous êtes de Mortagne ? s'écria le petit clerc.

— Effacez donc ça ! dit le premier clerc. Si le juge chargé de taxer le dossier voyait des choses pareilles, il dirait qu'on *se moque de la barbouillée !* Vous causeriez des désagrémens au patron. Allons, ne faites plus de ces bêtises-là, monsieur Godeschal ! Un Normand ne doit pas écrire insouciamment une requête. C'est le — *Portez arme !* de la Basoche.

— *Rendue en.... en*, demanda le troisième clerc, dites donc, Boucard ?

— Juin 1814, répondit le premier clerc sans quitter son travail.

Un coup frappé à la porte de l'étude interrompit la phrase de la prolixe requête. Cinq clercs bien endentés, aux yeux vifs et railleurs, aux têtes crépues, levèrent le nez vers la porte, après avoir tous crié brusquement d'une voix de chantre : — Entrez. Le premier clerc resta la face ensevelie dans un monceau d'actes, nommés *broutille* en style de Palais, et continua de dresser le mémoire de frais auquel il travaillait.

L'étude était une grande pièce ornée du poêle classique dont tous les antres de la chicane sont garnis. Les tuyaux traversaient diagonalement la chambre, et rejoignaient une cheminée condamnée sur le marbre de laquelle se voyaient divers morceaux de pain, des angles de fromage de Brie, des côtelettes de porc frais, des verres, des bouteilles, et la tasse de chocolat du maître-clerc. L'odeur de ces comestibles s'amalgamait si bien avec la puanteur du poêle chauffé sans mesure, avec le parfum particulier aux bureaux et aux paperasses, que celui d'un renard n'y aurait pas été sensible. Le plancher était déjà couvert de fange et de neige apportée par les clercs. Près de la fenêtre, se trouvait le secrétaire à cylindre du *principal*, et auquel était adossée la petite table destinée au second clerc. Le second *faisait* en ce moment *le palais*. Il pouvait être de huit à neuf heures du matin. L'étude avait pour tout ornement ces grandes affiches jaunes qui annoncent des saisies immobilières, des ventes, des licitations entre majeurs et mineurs, des adjudications définitives ou préparatoires, la gloire des études! Derrière le maître-clerc était un énorme casier qui garnissait le mur du haut en bas, et dont chaque compartiment était bourré de liasses d'où pendaient un nombre infini d'étiquettes et de bouts de ce fil rouge qui donnent une physionomie spéciale aux dossiers de procédure.

1.

Les rangs inférieurs du casier étaient occupés par des cartons jaunis par l'usage, bordés de papier bleu, et sur lesquels se lisaient les noms des gros cliens dont les affaires juteuses se cuisinaient en ce moment. Les sales vitres de la croisée laissaient passer peu de jour. D'ailleurs, au mois de février, il existe à Paris très-peu d'études où l'on puisse écrire sans le secours d'une lampe avant dix heures ; car elles sont toutes l'objet d'une négligence assez concevable. Tout le monde y va, personne n'y reste. Aucun intérêt personnel ne s'attache à ce qui est aussi banal. Ni l'avoué, ni les plaideurs, ni les clercs, ne tiennent à l'élégance d'un endroit qui pour les uns est une classe, pour les autres un passage, pour le maître un laboratoire. Le mobilier crasseux se transmet d'avoués en avoués avec un scrupule si religieux, que certaines études possèdent encore des boîtes à *résidus*, des moules à *tirets*, des sacs provenant des procureurs au *Chlet*, abréviation du mot CHATELET, juridiction qui représentait dans l'ancien ordre de choses le tribunal de première instance. Cette étude obscure, et grasse de poussière, avait donc, comme toutes les autres, quelque chose de repoussant pour les plaideurs, et qui en faisait une des plus hideuses monstruosités parisiennes. Certes, si les sacristies humides où les prières se pèsent et se paient comme des épices, si les magasins de revendeuses où flottent des guenilles qui flétrissent toutes les illusions de la vie en nous montrant où en aboutissent les fêtes, si ces deux cloaques de nos poésies n'existaient pas, une étude d'avoué serait de toutes les boutiques sociales la plus horrible. Mais il en est ainsi de la maison de jeu, du tribunal, du bureau de loterie. Pourquoi? Peut-être dans ces endroits le drame, en se jouant dans l'âme de l'homme, lui en rend-il les choses accessoires indifférentes.

— Où est mon canif?

— Je déjeûne!

— Va te faire lanlaire, voilà un pâté sur la requête!

— Chît! messieurs.

Ces diverses exclamations partirent à la fois au moment où le vieux plaideur ferma la porte avec cette sorte d'humilité qui dénature les mouvemens de l'homme malheureux. Il essaya de sourire; mais les muscles de son visage se détendirent quand il eut vainement cherché quelques symptômes d'aménité sur les visages inexorablement indifférens des six clercs. Accoutumé sans doute à juger les hommes, il s'adressa fort poliment au saute-ruisseau, en espérant que ce souffre-douleur lui répondrait avec douceur.

— Monsieur, votre patron est-il visible?

Le malicieux saute-ruisseau ne répondit au pauvre homme qu'en se donnant avec les doigts de la main gauche de petits coups répétés sur l'oreille, comme pour dire : — Je suis sourd.

— Que souhaitez-vous, monsieur? demanda le quatrième clerc qui, tout en faisant cette question, avalait une bouchée de pain avec laquelle on eût pu charger une pièce de quatre, brandissait son couteau, et se croisait les jambes en mettant à la hauteur de son œil celui de ses pieds qui se trouvait en l'air.

— Je viens ici, monsieur, pour la cinquième fois, répondit le patient. Je souhaite parler à monsieur Derville.

— Est-ce pour une affaire ?

— Oui, mais je ne puis l'expliquer qu'à monsieur...

— Le patron dort. Si vous désirez le consulter sur quelques difficultés, il ne travaille sérieusement qu'à minuit. Mais, si vous vouliez nous dire votre cause, nous pourrions, tout aussi bien que lui, vous...

L'inconnu resta impassible. Il se mit à regarder modestement autour de lui, comme un chien qui, en se glissant dans une cuisine, craint d'y recevoir des coups. Par une grâce de leur état, les clercs n'ont jamais peur des voleurs, ils ne soupçonnèrent donc point l'homme au carrick, et le laissèrent observer le local où il cherchait vainement un siège pour se reposer : il était visiblement fatigué. Par système, les avoués laissent peu de chaises dans leurs études. Le client vulgaire, lassé d'attendre sur ses jambes, s'en va grognant, mais il ne prend pas un temps qui, suivant le mot d'un vieux procureur, n'est pas admis en *taxe*.

— Monsieur, répondit-il, j'ai déjà eu l'honneur de vous prévenir que je ne pouvais expliquer mon affaire qu'à monsieur Derville. Je vais attendre son lever.

Le principal clerc, qui avait fini son addition, sentit l'odeur de son chocolat. Il quitta son fauteuil de canne, vint à la cheminée, toisa le vieil homme, regarda le carrick et fit une grimace indescriptible. Il pensa probablement que, de quelque manière que l'on tordît ce client, il serait impossible d'en tirer un centime ; et alors, il intervint par une parole brève, dans l'intention de débarrasser l'étude d'une aussi mauvaise pratique.

— Ils vous disent la vérité, monsieur. Le patron ne travaille que pendant la nuit. Si votre affaire est grave, je vous conseille de revenir à une heure du matin.

Le plaideur regarda le maître-clerc d'un air stupide, et demeura pendant un moment immobile. Habitués à tous les changemens de physionomie et aux singuliers caprices produits par l'indécision ou par la rêverie qui caractérisent les gens processifs, les clercs continuèrent à manger, en faisant autant de bruit avec leurs mâchoires que doivent en faire des chevaux au râtelier, et ne s'inquiétèrent plus du vieillard.

— Monsieur, je viendrai ce soir, dit enfin le vieux qui, par une ténacité particulière aux gens malheureux, voulait prendre en défaut l'humanité.

La seule épigramme permise à la Misère est d'obliger la Justice et la Bienfaisance à des dénis injustes. Quand les malheureux ont convaincu la société de mensonge, ils se rejettent plus vivement dans le sein de Dieu.

— Ne voilà-t-il pas un fameux *crâne?* dit le petit clerc sans attendre que le vieillard eût fermé la porte.

— Il a l'air d'un déterré, reprit le dernier clerc.

— C'est quelque colonel qui réclame un arriéré, dit le premier clerc.

— Non, c'est un ancien concierge, dit le troisième clerc.

— Parions qu'il est noble, s'écria le maître-clerc.

— Je parie qu'il a été portier, répliqua le troisième clerc. Les portiers sont seuls doués par la nature de carricks usés, huileux et déchiquetés par le bas comme l'est celui de ce vieux bonhomme! Vous n'avez donc vu ni ses bottes éculées qui prennent l'eau, ni sa cravate qui lui sert de chemise? Il a couché sous les ponts.

— Il pourrait être noble et avoir tiré le cordon, s'écria le quatrième clerc, ça s'est vu!

— Non, reprit le principal clerc au milieu des rires, je soutiens qu'il a été brasseur en 1789, et colonel sous la république.

— Ah! je parie un spectacle pour tout le monde qu'il n'a pas été soldat, dit le troisième clerc.

— Cela va, fit le principal.

— Monsieur! monsieur! cria le petit clerc en ouvrant la fenêtre.

— Que fais-tu, Simonnin! demanda monsieur Boucard.

— Je l'appelle pour lui demander s'il est colonel ou portier. Il doit le savoir, lui.

Tous les clercs se mirent à rire. Le vieillard remontait.

— Qu'allons-nous lui dire? s'écria le troisième clerc.

— Laissez-moi faire! répondit le principal. — Monsieur, dit-il au pauvre homme quand celui-ci rentra timidement en baissant les yeux, peut-être pour ne pas révéler sa faim en regardant avec trop d'avidité les comestibles, monsieur, voulez-vous avoir la complaisance de nous donner votre nom, afin que le patron sache si...

— Chabert.

— Est-ce le colonel mort à Eylau? demanda Godeschal, n'ayant encore rien dit, et jaloux d'ajouter une raillerie à toutes les autres.

— Lui-même, monsieur, répondit le bonhomme avec une simplicité antique. Et il se retira.

— Chouit!

— Dégommé!

— Puff!

— Oh!

— Ah!

— Bâoud!

— Ah, le vieux drôle!

— Trin la, la, trin, trin!

— Enfoncé!

— Monsieur Godeschal, vous irez au spectacle sans payer, dit le quatrième clerc au nouveau-venu, en lui donnant sur l'épaule une tape à tuer un rhinocéros.

Ce fut un torrent de cris, de rires et d'exclamations, à la peinture desquelles on userait toutes les onomatopées de la langue.

— A quel théâtre irons-nous?

— A l'Opéra, s'écria le principal.

— D'abord, reprit le troisième clerc, le théâtre n'a pas été désigné. Je puis, si je veux, vous mener chez madame Saqui.

— Madame Saqui n'est pas un spectacle.

— Qu'est-ce qu'un spectacle? reprit le troisième clerc. Etablissons d'abord le *point de fait*. Qu'ai-je parié, messieurs? Un spectacle. Qu'est-ce qu'un spectacle? une chose qu'on voit....

— Mais dans ce système-là, vous vous acquitteriez donc en nous menant voir l'eau couler sous le Pont-Neuf! s'écria le petit clerc en interrompant.

— Pour de l'argent, disait le troisième clerc en continuant.

— Mais on voit pour de l'argent bien des choses qui ne sont pas un spectacle. La définition n'est pas exacte, dit Godeschal.

— Mais écoutez-moi donc!

— Vous déraisonnez, mon cher, dit Boucard.

— Curtius est-il un spectacle? dit le troisième clerc.

— Non, répondit le premier clerc, c'est un cabinet de figures.

— Je parie cent francs contre un sou, reprit le troisième clerc, que le cabinet de Curtius constitue un spectacle.

Les clercs haussèrent les épaules.

— D'ailleurs, il n'est pas prouvé que ce vieux singe ne se soit pas moqué de nous, dit le troisième clerc, qui cessa son argumentation. En conscience, le colonel Chabert est bien mort. Sa femme est remariée au comte Ferraud, conseiller d'état. Madame Ferraud est une des clientes de l'étude !

— La cause est remise à demain, dit le premier clerc. A l'ouvrage, messieurs ! Sac à papier ! l'on ne fait rien ici. Finissez donc votre requête, elle doit être signifiée avant l'audience de la quatrième chambre. L'affaire se juge aujourd'hui. Allons, à cheval.

— Si c'eût été le colonel Chabert, est-ce qu'il n'aurait pas chaussé le bout de son pied dans le postérieur de ce farceur de Simonnin quand il a fait le sourd? dit le quatrième clerc en regardant cette observation comme plus concluante que celle du troisième clerc.

— Puisque rien n'est décidé, reprit le principal, convenons d'aller aux premières loges des Français voir Talma, dans Néron. Simonnin ira au parterre.

Là-dessus le premier clerc s'assit à son bureau. Chacun l'imita.

— *Rendue en juin mil huit cent quatorze* (en toutes lettres), dit le clerc, y êtes-vous?

— Oui, répondirent les deux copistes et le grossoyeur, dont les plumes recommencèrent à crier sur le papier timbré.

— *Et nous espérons que Messieurs composant le tribunal*, dit l'improvisateur. (Halte! il faut que je relise ma phrase; je ne me comprends plus moi-même.) *Nous espérons que Messieurs composant le tribunal ne seront pas moins grands que ne l'est l'auguste auteur de l'ordonnance, et qu'ils feront justice des misérables prétentions de l'administration des hospices en fixant la jurisprudence dans le sens large que nous établissons ici.* (Ouf!)

— Voulez-vous un verre d'eau? dit le petit clerc.

— Ce farceur de Simonnin! dit Boucard. Tiens, tu vas valser jusqu'aux Invalides.

Cette scène représente un des mille plaisirs qui, plus tard, nous font dire en pensant à notre jeunesse : — C'était le bon temps!

Vers une heure du matin, le prétendu colonel Chabert vint frapper à la porte de maître Derville, avoué près le tribunal de première instance du département de la Seine. Le portier lui répondit que monsieur Derville n'était pas rentré. Le vieillard, ayant allégué le rendez-vous donné, monta chez ce célèbre légiste, qui, malgré sa jeunesse, passait pour être une des plus fortes têtes du Palais. Après avoir sonné, le défiant solliciteur ne fut pas médiocrement étonné de voir le premier clerc occupé à ranger sur la table de la salle à manger de son patron les nombreux dossiers des affaires qui *venaient* le lendemain en ordre utile. Le clerc, non moins étonné, salua le colonel en le priant de s'asseoir, ce que fit le plaideur.

— Ma foi, monsieur, j'ai cru que vous plaisantiez hier en m'indiquant une heure aussi matinale pour une consultation, dit le vieillard avec une fausse gaieté, la gaieté d'un homme ruiné qui s'efforce de sourire.

— Les clercs plaisantaient et disaient vrai tout ensemble, reprit le principal en continuant son travail. Monsieur Derville a choisi cette heure pour examiner ses causes, en résumer les moyens, en ordonner la conduite, en disposer les *défenses*. Sa prodigieuse intelligence ne peut se déployer qu'en ce moment, le seul où il obtienne le silence nécessaire aux grandes conceptions. Vous êtes, depuis six ans, le troisième exemple d'une consultation donnée à cette heure nocturne. Après être rentré, le patron discutera chaque affaire, lira tout, passera peut-être quatre ou cinq heures à sa besogne; puis, il me sonnera et m'expliquera ses intentions. Le matin, de dix heures à deux heures, il écoute ses cliens, puis il emploie le reste de la journée à ses rendez-vous. Le soir, il va dans le monde pour y entretenir ses relations. Il n'a donc que la nuit pour creuser ses procès, fouiller les arsenaux du Code et faire ses plans de bataille. Il ne veut pas perdre une seule cause; il a l'amour de son art. Il ne se charge pas, comme ses confrères, de toute espèce d'affaire. Voilà sa vie, qui est singulièrement active. Aussi gagne-t-il beaucoup d'argent.

En entendant cette explication, le vieillard resta silencieux, et sa bizarre figure prit une expression si dépourvue d'intelligence, que le clerc, après l'avoir regardé, ne s'occupa plus de lui. Quelques instans après, monsieur Derville rentra, mis en costume de bal. Son maître-clerc lui ouvrit la porte, et se remit à achever le classement des dossiers. Le jeune avoué demeura pendant un moment stupéfait en entrevoyant dans le clair-obscur le singulier client qui l'attendait. Le colonel Chabert était aussi parfaitement immobile que peut l'être une figure en cire de ce cabinet de Curtius où le troisième clerc avait voulu mener ses camarades. Cette immobilité n'aurait peut-être pas été un sujet d'étonnement, si elle n'eût complété le spectacle surnaturel que présentait l'ensemble du personnage. Le vieux soldat était sec et maigre. Son front, volontairement caché sous les cheveux de sa perruque lisse, lui donnait quelque chose de mystérieux. Ses yeux paraissaient couverts d'une taie transparente; vous eussiez dit de la nacre sale dont les reflets bleuâtres chatoyaient à la lueur des bougies. Le visage pâle, livide, et en lame de couteau, s'il est permis d'emprunter cette expression vulgaire, semblait mort. Le cou était serré par une mauvaise cravate de soie noire. L'ombre cachait si bien le corps à partir de la ligne brune que décrivait ce haillon, qu'un homme d'imagination aurait pu prendre cette vieille tête pour quelque

silhouette due au hasard, ou pour un portrait de
Rembrandt sans cadre. Les bords du chapeau
dont le front du vieillard était couvert projetaient
un sillon noir sur le haut du visage ; effet bizarre,
quoique naturel, qui, par la brusquerie du contraste, faisait ressortir les rides blanches, les sinuo-
sités froides, les sentimens décolorés de cette physionomie cadavéreuse. Enfin, l'absence de tout
mouvement dans le corps, de toute chaleur dans le
regard, s'accordait avec une certaine expression de
démence triste, avec les dégradans symptômes par
lesquels se caractérise l'idiotie, et qui faisaient de
cette figure je ne sais quoi de funeste qu'aucune
parole humaine ne pourrait exprimer. Mais un observateur, et surtout un avoué, aurait trouvé de
plus en cet homme foudroyé les signes d'une douleur profonde, les indices d'une misère qui avait dé-
gradé ce visage, comme les gouttes d'eau tombées
du ciel sur un beau marbre l'ont à la longue défi-
guré. Un médecin, un auteur, un magistrat eussent pressenti tout un drame à l'aspect de cette
sublime horreur dont le moindre mérite était de ressembler à ces fantaisies que les peintres s'amusent
à dessiner au bas de leurs pierres lithographiques
en causant avec leurs amis. En voyant l'avoué, l'inconnu tressaillit par un mouvement convulsif semblable à celui qui échappe aux poëtes, quand un
bruit inattendu vient les détourner d'une féconde
rêverie, au milieu du silence et de la nuit. Le vieillard se découvrit promptement, et se leva pour sa-

luer le jeune homme. Le cuir qui garnissait le fond de son chapeau étant sans doute fort gras, sa perruque y resta collée sans qu'il s'en aperçût, et laissa voir à nu son crâne horriblement mutilé par une cicatrice transversale qui prenait à l'occiput et venait mourir à l'œil droit, en formant partout une grosse couture saillante. L'enlèvement soudain de cette perruque sale, que le pauvre homme portait pour cacher sa blessure, ne donna nulle envie de rire aux deux gens de loi, tant ce crâne fendu était épouvantable à voir. La première pensée que suggérait l'aspect de cette blessure était celle-ci : — Par là s'est enfuie l'intelligence !

— Si ce n'est pas le colonel Chabert, ce doit être un fier troupier ! pensa le principal clerc.

— Monsieur, lui dit Derville, à qui ai-je l'honneur de parler ?

— Au colonel Chabert.

— Lequel ?

— Celui qui est mort à Eylau, répondit le vieillard.

En entendant cette singulière phrase, le clerc et l'avoué se jetèrent un regard qui signifiait : — C'est un fou !

— Monsieur, reprit le colonel, je désirerais ne confier qu'à vous le secret de ma situation.

Une chose digne de remarque est l'intrépidité naturelle aux avoués. Soit l'habitude de recevoir un grand nombre de personnes, soit le profond sentiment de la protection que les lois leur accordent, soit confiance en leur ministère, ils entrent partout sans rien craindre, comme les prêtres et les médecins. Monsieur Derville fit un signe à Boucard, qui disparut.

— Monsieur, reprit l'avoué, pendant le jour je ne suis pas trop avare de mon temps; mais au milieu de la nuit les minutes me sont précieuses. Ainsi soyez bref et concis. Allez au fait sans digression. Je vous demanderai moi-même les éclaircissemens qui me sembleront nécessaires. Parlez.

Après avoir fait rasseoir son singulier client, le jeune homme s'assit lui-même devant la table; et, tout en prêtant son attention au discours du feu colonel, il feuilleta ses dossiers.

— Monsieur, dit le défunt, peut-être savez-vous que je commandais un régiment de cavalerie à Eylau. J'ai été pour beaucoup dans le succès de la célèbre charge que fit Murat, et qui décida le gain de la bataille. Malheureusement pour moi, ma mort est un fait historique consigné dans les *Victoires et Conquêtes*, où elle est rapportée en détail. Nous fendîmes en deux les trois lignes russes, qui, s'étant aussitôt reformées, nous obligèrent à les retraverser en sens contraire. Au moment où nous revenions vers l'empereur, après avoir dispersé les Russes, je rencontrai un gros de cavalerie ennemie. Je me précipitai sur ces entêtés-là. Deux officiers russes, deux vrais géans, m'attaquèrent à la fois. L'un d'eux m'appliqua sur la tête un coup de sabre qui fendit tout jusqu'à un bonnet de soie noire que j'avais sur la tête, et m'ouvrit profondément le crâne. Je tombai de cheval. Murat vint à mon secours. Il me passa sur le corps, lui et tout son monde, quinze cents hommes, excusez du peu! Ma mort fut annoncée à l'empereur, qui, par prudence (il m'aimait un peu, le patron!), voulut savoir s'il n'y aurait pas quelque chance de sauver l'homme auquel il était redevable de cette vigoureuse attaque. Il envoya, pour me reconnaître et me rapporter aux ambulances, deux chirurgiens en leur disant, peut-être trop négligemment, car il avait de l'ouvrage : — Allez donc voir si, par hasard, mon pauvre Chabert vit encore! Ces sacrés carabins qui venaient de me voir foulé aux pieds par les chevaux de deux régimens se dispensèrent sans doute de me tâter le pouls et dirent que j'étais bien mort. L'acte de mon décès fut donc probablement dressé d'après les règles établies par la jurisprudence militaire...

En entendant son client s'exprimer avec une lucidité parfaite, et raconter des faits aussi vraisemblables, quoique étranges, le jeune avoué laissa ses dossiers, posa son coude gauche sur la table, se mit la tête dans la main, et regarda le colonel fixement.

— Savez-vous, monsieur, lui dit-il en l'interrompant, que je suis l'avoué de la comtesse Ferraud, veuve du colonel Chabert?

— Ma femme! Oui, monsieur. Aussi, après cent démarches infructueuses chez des gens de loi qui m'ont tous pris pour un fou, me suis-je déterminé à venir vous trouver. Je vous parlerai des malheurs plus tard. Laissez-moi d'abord vous établir les faits, vous expliquer plutôt comme ils ont dû se passer que comme ils sont arrivés. Certaines circonstances, qui ne doivent être connues que du Père éternel, m'obligent à en présenter plusieurs comme des hypothèses. Donc, monsieur, les blessures que j'ai reçues auront probablement produit un *tétanos*, ou m'auront mis dans une crise analogue à une maladie nommée, je crois, la *catalepsie*. Autrement comment concevoir que j'aie été, suivant l'usage de la guerre, dépouillé de mes vêtemens, et jeté dans la fosse aux soldats par les gens chargés d'enterrer les morts? Ici, permettez-moi de placer un détail que je n'ai pu connaître que postérieurement à l'événement qu'il faut bien appeler ma mort. J'ai rencontré, en 1814, à Stuttgard un ancien maréchal-deslogis de mon régiment. Ce cher homme, le seul qui ait voulu me reconnaître, et dont je vous parlerai tout à l'heure, m'expliqua le phénomène de ma conservation, en me disant que mon cheval avait reçu un boulet dans le flanc au moment où je fus blessé moi-même. La bête et le cavalier s'étaient donc abattus comme des capucins de cartes. En me renversant, soit à droite, soit à gauche, j'avais été sans doute couvert par le corps de mon cheval qui m'empêcha d'être écrasé par les chevaux, ou atteint par les boulets. Lorsque je revins à moi, monsieur, j'étais dans une position et dans une atmosphère dont je ne vous donnerais pas une idée en vous en entretenant jusqu'à demain. L'air que je respirais était méphitique. Je voulus me mouvoir, et ne trouvai point d'espace. En ouvrant les yeux, je ne vis rien. La rareté de l'air fut l'accident le plus menaçant, et qui m'éclaira le plus vivement sur ma position. Je compris que là où j'étais il n'y avait pas d'air et que j'allais mourir. Cette pensée m'ôta le sentiment de la douleur inexprimable par laquelle j'avais été réveillé. Mes oreilles tintèrent violemment. J'entendis, ou crus entendre, je ne veux rien affirmer, des gémissemens poussés par le monde de cadavres au milieu desquels je gisais. Quoique la mémoire de ces momens soit bien ténébreuse, quoique mes souvenirs soient bien confus, malgré les impressions de souffrances encore plus profondes que je devais éprouver et qui ont brouillé mes idées, il y a des nuits où je crois encore entendre ces soupirs étouffés. Mais il y a eu quelque chose de plus horrible que les cris, un silence que je n'ai jamais retrouvé nulle part, le vrai silence du tombeau. Enfin, en levant les mains, en tâtant les morts, je reconnus un vide entre ma tête et le fumier humain supérieur. Je pus donc mesurer l'espace qui m'avait été laissé par un hasard dont j'ignorais la cause. Il paraît, grâce à l'insouciance ou à la précipitation avec laquelle on nous avait jetés pêle-mêle, que deux morts s'étaient croisés au-dessus de moi de manière à décrire un angle semblable à celui de deux cartes mises l'une contre l'autre par un enfant qui pose les fondemens de son frêle château. En furetant avec promptitude, car il ne fallait pas flâner, je rencontrai fort heureusement un bras qui ne tenait à rien, le bras d'un Hercule ! un bon os auquel je dus mon salut. Sans ce secours inespéré je périssais ! Mais avec une rage bien conditionnée, je me mis à travailler les cadavres qui me séparaient de la couche de terre sans doute jetée sur nous, je dis nous, comme s'il y eût eu des vivans ! J'y allai ferme, monsieur, car me voici ! Mais je ne sais pas aujourd'hui comment j'ai pu parvenir à percer la couverture de chair qui mettait une barrière entre la vie et moi. Vous me direz que j'avais trois bras ! Ce levier, dont je me servais avec habileté, me procurait toujours un peu de l'air qui se trouvait entre les cadavres que je déplaçais, et je ménageais mes aspirations. Enfin je vis le jour, mais à travers la neige, monsieur ! En ce moment, je m'aperçus que j'avais la tête ouverte. Par bonheur, mon sang, celui de mes camarades ou la peau meurtrie de mon cheval peut-être, que sais-je ! m'avait, en se coagulant, comme enduit d'un emplâtre naturel. Malgré cette croûte, je m'évanouis quand mon crâne fut en contact avec la neige. Cependant le peu de chaleur qui me restait ayant fait fondre la neige autour de moi, je me trouvai, quand je repris connaissance, au centre d'une petite ouverture par laquelle je criai aussi longtemps que je le pus. Mais alors le soleil se levait, j'avais donc bien peu de chances pour être entendu. Y avait-il déjà du monde aux champs? Je me haussais en faisant de mes pieds un ressort dont le point d'appui était sur les amis qui avaient les reins solides. Vous sentez que ce n'était pas le moment de leur dire : — *Respect au courage malheureux!* Bref, monsieur, après avoir eu la douleur, si le mot peut rendre ma rage, de voir pendant long-temps, oh! oui, long-temps! ces sacrés Allemands se sauver en entendant une voix là où ils n'apercevaient point d'homme, je fus enfin dégagé par une femme assez hardie ou assez curieuse pour s'approcher de ma tête qui semblait avoir poussé hors de terre comme un champignon. Cette femme alla chercher son mari, et tous deux me transportèrent dans leur pauvre baraque. Il paraît que j'eus une rechute de catalepsie, passez-moi cette expression pour vous peindre un état dont je n'ai nulle idée, mais que j'ai jugé, sur le dire de mes hôtes, devoir être un effet de cette maladie. Je suis resté pendant six mois entre la vie et la mort, ne parlant pas, ou déraisonnant quand je parlais. Enfin mes hôtes me firent admettre à l'hôpital d'Heilsberg. Vous comprenez, monsieur, que j'étais sorti du ventre de la fosse aussi nu que de celui de ma mère; en sorte que, quinze mois après, quand, un beau matin, je me souvins d'avoir été le colonel Chabert, et qu'en recouvrant ma raison je voulus obtenir de ma garde plus de respect qu'elle n'en accordait à un pauvre diable, tous mes camarades de chambrée se mirent à rire. Heureusement pour moi, le chirurgien avait répondu, par amour-propre, de ma guérison, et s'était naturellement intéressé à son malade. Lorsque je lui parlai d'une manière suivie de mon ancienne existence, ce brave homme, nommé Sparchmann, fit constater, dans les formes juridiques voulues par le droit du pays, la manière miraculeuse dont j'étais sorti de la fosse des morts; le jour et l'heure où j'avais été trouvé par ma bienfaitrice et par son mari; le genre, la position exacte de mes blessures, en joignant à ces différens procès-verbaux une description de ma personne. Eh bien! monsieur, je n'ai ni ces pièces importantes, ni la déclaration que j'ai faite chez un notaire d'Heilsberg, en vue d'établir mon identité! Depuis le jour où je fus chassé de cette ville par les événemens de la guerre, j'ai constamment erré comme un vagabond, mendiant mon pain, traité de fou lorsque je racontais mon aventure, et sans avoir ni trouvé ni gagné un sou pour me procurer les actes qui pouvaient prouver mes dires, et me rendre à la vie sociale. Souvent mes douleurs me retenaient durant des semestres entiers dans de petites villes où l'on prodiguait des soins au Français malade, mais où l'on riait au nez de cet homme dès qu'il prétendait être le colonel Chabert. Pendant long-temps ces rires, ces doutes, me mettaient dans une fureur qui me nuisit et me fit même enfermer comme fou à Stuttgard. A la vérité, vous pouvez juger d'après mon récit qu'il y avait des raisons assez suffisantes pour faire coffrer un homme! Après deux ans de détention que je fus obligé de subir, après avoir entendu mille fois mes gardiens disant : — « Voilà un pauvre homme qui croit être le colonel Chabert ! » à des gens qui répondaient : « Le pauvre homme ! » je fus convaincu de l'impossibilité de ma propre aventure ; je devins triste, résigné, tranquille, et renonçai à me dire le colonel Chabert, afin de pouvoir sortir de prison et revoir la France. Oh! monsieur, revoir Paris! c'était un délire que je ne...

A cette phrase inachevée, le colonel Chabert tomba dans une rêverie profonde dont Derville respecta les mystères.

— Monsieur, un beau jour, reprit le client, un jour de printemps, on me donna la clef des champs et dix thalers, sous prétexte que je parlais très-sensément sur toutes sortes de sujets, et que je ne me disais plus le colonel Chabert. Ma foi, vers cette époque, et encore aujourd'hui, par momens, mon nom m'est désagréable. Je voudrais n'être pas moi. Le sentiment de mes droits me tue. Si ma maladie m'avait ôté tout souvenir de mon existence passée, j'aurais été heureux! J'eusse repris du service sous un nom quelconque, et qui sait? je serais peut-être devenu feld-maréchal en Autriche ou en Russie.

— Monsieur, dit l'avoué, vous brouillez toutes mes idées. Je crois rêver en vous écoutant. De grâce, arrêtons-nous pendant un moment.

— Vous êtes, dit le colonel d'un air mélancolique, la première personne qui m'ait si patiemment écouté. Aucun homme de loi n'a voulu m'avancer dix napoléons afin de faire venir d'Allemagne les pièces nécessaires pour commencer mon procès.

— Quel procès? dit l'avoué, qui oubliait la situation douloureuse de son client en entendant le récit de ses misères passées.

— Mais, monsieur, la comtesse Ferraud n'est-elle pas ma femme? elle possède trente mille livres de rente qui m'appartiennent, et ne veut pas me donner deux liards. Quand je dis cela à des avoués, à des hommes de bon sens; quand je propose, moi, mendiant, de plaider contre un comte et une comtesse; quand je m'élève, moi mort, contre un acte de décès, un acte de mariage et des actes de naissance, ils m'éconduisent, suivant leur caractère, soit avec cet air froidement poli que vous savez prendre pour vous débarrasser d'un malheureux, soit brutalement, en gens qui croient rencontrer un intrigant ou un fou. J'ai été enterré sous des morts; mais maintenant je suis enterré sous des vivans, sous des actes, sous des faits, sous la société tout entière, qui veut me faire rentrer sous terre!

— Monsieur, veuillez poursuivre maintenant, dit l'avoué.

— *Veuillez*, s'écria le malheureux vieillard en prenant la main du jeune homme, voilà le premier mot de politesse que j'entends depuis...

Le colonel pleura. La reconnaissance étouffa sa voix. Cette pénétrante et indicible éloquence qui est dans le regard, dans le geste, dans le silence même, acheva de convaincre Derville et le toucha vivement.

— Écoutez, monsieur, dit-il à son client, j'ai

gagné ce soir trois cents francs au jeu, je puis bien employer la moitié de cette somme à faire le bonheur d'un homme. Je commencerai les poursuites et diligences nécessaires pour vous procurer les pièces dont vous me parlez, et jusqu'à leur arrivée je vous remettrai cent sous par jour. Si vous êtes le colonel Chabert, vous saurez pardonner la modicité du prêt à un jeune homme qui a sa fortune à faire. Poursuivez.

Le prétendu colonel resta pendant un moment immobile et stupéfait. Son extrême malheur avait sans doute détruit ses croyances. S'il courait après son illustration militaire, après sa fortune, après lui-même, peut-être était-ce pour obéir à ce sentiment inexplicable, en germe dans le cœur de tous les hommes, et auquel nous devons les recherches des alchimistes, la passion de la gloire, les découvertes de l'astronomie, de la physique, tout ce qui pousse l'homme à se grandir en se multipliant par les faits ou par les idées. L'*ego*, dans sa pensée, n'était plus qu'un objet secondaire, de même que la vanité du triomphe ou le plaisir du gain deviennent plus chers au parieur que ne l'est l'objet du pari. Les paroles du jeune avoué furent donc comme un miracle pour cet homme rebuté pendant dix années par sa femme, par la justice, par la création entière. Trouver chez un avoué ces dix pièces d'or qui lui avaient été refusées pendant si long-temps par tant de personnes et de tant de manières ! Le colonel ressemblait à cette dame qui, ayant eu la fièvre durant quinze années, crut avoir changé de maladie le jour où elle fut guérie. Il est des félicités auxquelles on ne croit plus. Elles arrivent, c'est la foudre, elles consument. Aussi la reconnaissance du pauvre homme était-elle trop vive pour qu'il pût l'exprimer. Il eût paru froid aux gens superficiels, mais Derville devina toute une probité dans cette stupeur. Un fripon aurait eu de la voix.

— Où en étais-je? dit le colonel avec la naïveté d'un enfant, ou d'un soldat, car il y a souvent de l'enfant dans le vrai soldat, et presque toujours du soldat chez l'enfant, surtout en France.

— A Stuttgard! vous sortiez de prison, répondit l'avoué.

— Vous connaissez ma femme? demanda le colonel.

— Oui, répliqua Derville en inclinant la tête.

— Comment est-elle?

— Toujours ravissante!

Le vieillard fit un signe de main, et parut dévorer quelque secrète douleur, avec cette résignation grave et solennelle qui caractérise les hommes éprouvés dans le sang et le feu des champs de bataille.

— Monsieur, dit-il avec une sorte de gaieté, car il respirait, ce pauvre colonel, il sortait une seconde fois de la tombe, il venait de fondre une couche de neige moins soluble que celle qui jadis lui avait glacé la tête, et il aspirait l'air comme s'il quittait un cachot. Monsieur, dit-il, si j'avais été joli garçon, aucun de mes malheurs ne me serait arrivé. Les femmes croient les gens quand ils farcissent leurs phrases du mot amour. Alors elles trottent, elles vont, elles se mettent en quatre, elles intriguent, elles affirment les faits, elles font le diable pour celui qui leur plaît. Comment aurais-je pu intéresser une femme? j'avais une face de *Requiem*, j'étais vêtu comme un sans-culotte, je ressemblais plutôt à un Esquimeau qu'à un Français, moi qui jadis passais pour le plus joli des muscadins, en 1799! moi, Chabert, comte de l'Empire! Enfin, le jour même où l'on me jeta sur le pavé comme un chien, je rencontrai le maréchal-des-logis dont je vous ai déjà parlé. Le camarade se nommait Boutin. Le pauvre diable et moi faisions la plus belle paire de rosses que j'aie jamais vue. Je l'aperçus à la promenade. Si je le reconnus, il lui fut impossible de deviner qui j'étais. Nous allâmes ensemble dans un cabaret. Là, quand je me nommai, la bouche de Boutin se fendit en éclats de rire comme un mortier qui crève. Sa gaieté, monsieur, me causa l'un de mes plus vifs chagrins! Elle me révélait sans fard tous les changemens qui étaient survenus en moi! J'étais donc méconnaissable, même pour l'œil du plus humble et du plus reconnaissant de mes amis! Jadis j'avais sauvé la vie à Boutin, mais c'était une revanche que je lui devais. Je ne vous dirai pas comment il me rendit ce service. La scène eut lieu en Italie, à Ravennes; la maison où il m'empêcha d'être poignardé n'était pas une maison fort décente. A cette époque, je n'étais pas colonel, j'étais simple cavalier comme Boutin. Heureusement cette histoire comportait des détails qui ne pouvaient être connus que de nous seuls ; et, quand je les lui rappelai, son incrédulité diminua. Puis je lui contai les accidens de ma bizarre existence. Quoique mes yeux, ma voix, fussent, me dit-il, singulièrement altérés, que je n'eusse plus ni cheveux, ni dents, ni sourcils, que je fusse blanc comme un Albinos, il finit par retrouver son colonel dans le mendiant, après mille interrogations auxquelles je répondis victorieusement. Alors il me raconta ses aventures. Elles n'étaient pas moins extraordinaires que les miennes. Il revenait des confins de la Chine, où il avait voulu pénétrer, après s'être échappé de la Sibérie. Il m'apprit les désastres de la campagne de Russie, et la première abdication de Napoléon. Cette nouvelle est une des choses qui m'ont fait le plus de mal ! Nous étions deux débris curieux, après avoir ainsi roulé sur le globe, comme roulent dans l'Océan les cailloux emportés d'un rivage à l'autre par les tempêtes. A nous deux, nous avions vu l'Égypte, la Syrie, l'Espagne, la Russie, la Hollande, l'Allemagne, l'Italie, la Dalmatie, l'Angleterre, la Chine, la Tartarie, la Sibérie ; il ne nous manquait que d'avoir été dans les Indes et en Amérique ! Enfin, plus ingambe que je ne l'étais, Boutin se chargea d'aller à Paris le plus lestement possible, afin d'instruire ma femme de l'état dans lequel je me trouvais. J'écrivis à madame Chabert une lettre bien détaillée. C'était la quatrième, monsieur ! Si j'avais eu des parens, tout cela ne serait peut-être pas arrivé ; mais, il faut vous l'avouer, je suis un enfant d'hôpital, un soldat qui, pour patrimoine, avait son courage ; pour famille, tout le monde ; pour patrie, la France ; pour tout protecteur, le bon Dieu. Je me trompe ! j'avais un père, l'empereur ! Ha, s'il était debout, le cher homme ! et qu'il vît *son Chabert*, comme il me nommait ! dans l'état où je suis, mais il se mettrait en colère. Que voulez-vous ? notre soleil s'est couché, nous avons tous froid maintenant. Après tout, les événemens politiques pouvaient justifier le silence de ma femme ! Boutin partit. Il était bien heureux, lui ! Il avait deux ours blancs, supérieurement dressés, qui le faisaient vivre. Je ne pouvais l'accompagner, mes douleurs ne me permettaient pas de faire de longues étapes. Je pleurai, monsieur, quand nous nous séparâmes, après avoir marché aussi long-temps que mon état put me le permettre en compagnie de ses ours et de lui. A Carlsruhe, j'eus un accès de névralgie à la tête, et restai six semaines sur la paille, dans une auberge ! Je ne finirais pas, monsieur, s'il fallait vous raconter tous les malheurs de ma vie de mendiant. Les souffrances morales, auprès desquelles pâlissent les douleurs physiques, excitent cependant moins de pitié, parce qu'on ne les voit point. Je me souviens d'avoir pleuré devant un hôtel de Strasbourg où j'avais donné jadis une fête, et où je n'obtins rien, pas même un morceau de pain. Ayant déterminé de concert avec Boutin l'itinéraire que je devais suivre, j'allais à chaque bureau de poste demander s'il y avait une lettre et de l'argent pour moi ; je vins jusqu'à Paris sans avoir rien trouvé. Combien de désespoirs ne m'a-t-il pas fallu dévorer! — Boutin sera mort, me disais-je. En effet, le pauvre diable avait succombé à Waterloo. J'appris sa mort plus tard et par hasard. Sa mission auprès de ma femme fut sans doute infructueuse. Enfin, j'entrai dans Paris en même temps que les Cosaques. Pour moi, c'était douleur sur douleur. En voyant les Russes en France, je ne pensais plus que je n'avais ni souliers aux pieds, ni argent dans ma poche. Oui, monsieur, mes vêtemens étaient en lambeaux. La veille de mon arrivée, je fus forcé de bivouaquer dans les bois de Claye. La fraîcheur de la nuit me causa sans doute un accès de je ne sais quelle maladie qui me prit quand je traversai le faubourg Saint-Martin. Je tombai presque évanoui, à la porte d'un marchand de fer. Quand je me réveillai, j'étais dans un lit à l'Hôtel-Dieu. Là, je restai pendant un mois assez heureux. Je fus bientôt renvoyé. J'étais sans argent, mais bien portant et sur le bon pavé de Paris. Avec quelle joie et quelle promptitude j'allai rue du Mont-Blanc, où ma femme devait être logée dans un hôtel à moi! Bah! la rue du Mont-Blanc était devenue la rue de la Chaussée-d'Antin. Je n'y vis plus mon hôtel, il avait été vendu, démoli. Des spéculateurs avaient bâti plusieurs maisons dans mes jardins. Ignorant que ma femme fût mariée à monsieur Ferraud, je ne pouvais obtenir aucun renseignement. Enfin, je me rendis chez un vieil avocat qui jadis était chargé de mes affaires. Le bonhomme était mort après avoir cédé sa clientèle à un jeune homme. Celui-ci m'apprit, à mon grand étonnement, l'ouverture de ma succession, sa liquidation, le mariage de ma femme et la naissance de ses deux enfans. Quand je lui dis être le colonel Chabert, il se mit à rire si franchement que je le quittai sans lui faire la moindre observation. Ma détention de Stuttgard me fit songer à Charenton, et je résolus d'agir avec prudence. Alors, monsieur, sachant où demeurait ma femme, je m'acheminai vers son hôtel, le cœur plein d'espoir. Eh bien! dit le colonel avec un mouvement de rage concentrée, je n'ai pas été reçu lorsque je me fis annoncer sous un nom d'emprunt, et le jour où je pris le mien je fus consigné à sa porte. Pour voir la comtesse rentrant du bal ou du spectacle, un matin, je suis resté pendant des nuits entières, collé contre la borne de sa porte cochère. Mon regard plongeait dans cette voiture qui passait devant mes yeux avec la rapidité de l'éclair, et où j'entrevoyais à peine cette femme qui est mienne et qui n'est plus à moi! Oh! dès ce jour, j'ai vécu pour la vengeance, s'écria le vieillard d'une voix sourde en se dressant tout-à-coup devant Derville. Elle sait que j'existe; elle a reçu de moi, depuis mon retour, deux lettres écrites par moi-même. Elle ne m'aime plus! Moi, j'ignore si je l'aime ou si je la déteste! je la désire et la maudis tour à tour. Elle me doit sa fortune, son bonheur, eh bien! elle ne m'a pas seulement fait parvenir le plus léger secours! Par momens je ne sais plus que devenir!

A ces mots, le vieux soldat retomba sur sa chaise, et redevint immobile. Derville resta silencieux, occupé à contempler son client.

— L'affaire est grave, dit-il enfin machinalement. Même en admettant l'authenticité des pièces qui doivent se trouver à Heilsberg, il ne m'est pas prouvé que nous puissions triompher tout d'abord. Le procès ira successivement devant trois tribunaux. Il faut réfléchir à tête reposée sur une semblable cause, elle est tout exceptionnelle.

— Oh! répondit froidement le colonel, en relevant la tête par un mouvement de fierté, si je succombe, je saurai mourir, mais en compagnie.

Là, le vieillard avait disparu. Les yeux de l'homme énergique brillaient rallumés aux feux du désir et de la vengeance.

— Il faudra peut-être transiger, dit l'avoué.

— Transiger? répéta le colonel Chabert. Suis-je mort ou suis-je vivant?

— Monsieur, reprit l'avoué, vous suivrez, je l'espère, mes conseils. Votre cause sera ma cause. Vous vous apercevrez bientôt de l'intérêt que je prends à votre situation, presque sans exemple dans les fastes judiciaires. En attendant, je vais vous donner un mot pour mon notaire, qui vous remettra, sur votre quittance, cinquante francs tous les dix jours. Il ne serait pas convenable que vous vinssiez chercher ici des secours. Si vous êtes le colonel Chabert, vous ne devez être à la merci de personne. Je donnerai à ces avances la forme d'un prêt. Vous avez des biens à recouvrer, vous êtes riche.

Cette dernière délicatesse arracha des larmes au vieillard. Derville se leva brusquement, car il n'était peut-être pas de coutume qu'un avoué parût s'émouvoir, il passa dans son cabinet d'où il revint avec une lettre non cachetée qu'il remit au comte Chabert. Lorsque le pauvre homme la tint entre ses doigts, il sentit deux pièces d'or à travers le papier.

— Voulez-vous me désigner les actes, me donner le nom de la ville, du royaume? dit l'avoué.

Le comte dicta les renseignemens en vérifiant l'orthographe des noms de lieu ; puis il prit son chapeau d'une main, regarda Derville, lui tendit l'autre main, une main calleuse, et lui dit d'une voix simple : — Ma foi, monsieur, après l'empereur, vous êtes l'homme auquel je devrai le plus! Vous êtes *un brave*.

L'avoué frappa dans la main du colonel, le reconduisit jusque sur l'escalier, et l'éclaira.

— Boucard, dit Derville à son premier clerc, je viens d'entendre une histoire qui me coûtera peut-être vingt-cinq louis. Si je suis volé, je ne regretterai pas mon argent, j'aurai vu le plus habile comédien de notre époque.

Quand le colonel se trouva dans la rue et devant un réverbère, il retira de la lettre les deux pièces de vingt francs que l'avoué lui avait données, et les regarda pendant un moment à la lumière. Il revoyait de l'or pour la première fois depuis neuf ans.

— Je vais donc fumer des cigares, se dit-il.

II.

LA TRANSACTION.

Environ trois mois après la consultation nuitamment faite par le colonel Chabert chez Derville, le notaire chargé de payer la demi-solde que l'avoué faisait à son singulier client vint le voir pour conférer sur une affaire grave, et commença par lui réclamer six cents francs donnés au vieux militaire.

— Tu t'amuses donc à entretenir l'ancienne armée? lui dit en riant ce notaire, nommé Crottat, jeune homme qui venait d'acheter l'étude où il était maître-clerc, et dont le patron venait de prendre la fuite en faisant une épouvantable faillite.

— Je te remercie, mon cher maître, répondit Derville, de me rappeler cette affaire-là. Ma philanthropie n'ira pas au-delà de vingt-cinq louis, et je commence déjà même à craindre d'être la dupe de mon patriotisme.

Au moment où Derville achevait cette phrase, il vit sur son bureau les paquets que son maître-clerc y avait mis. Ses yeux furent frappés à l'aspect des timbres oblongs, carrés, triangulaires, rouges, bleus, apposés sur une lettre par les postes prussienne, autrichienne, bavaroise et française.

— Ha, dit-il en riant, voici le dénoûment de la comédie, nous allons savoir si je suis attrapé.

Il prit la lettre et l'ouvrit, mais il n'y put rien lire, elle était écrite en allemand.

— Boucard, allez vous-même faire traduire cette lettre, et revenez promptement, dit Derville en entr'ouvrant la porte de son cabinet, et tendant la lettre à son maître-clerc.

Le notaire de Berlin auquel s'était adressé l'avoué, lui annonçait que les actes dont il avait demandé les expéditions lui parviendraient quelques jours après cette lettre d'avis. Les pièces étaient, disait-il, parfaitement en règle, et revêtues des légalisations nécessaires pour faire foi en justice. En outre, il lui mandait que presque tous les témoins des faits consacrés par les procès-verbaux existaient à Prussich-Eylau, et que la femme à laquelle monsieur le comte Chabert devait la vie vivait encore dans un des faubourgs d'Heilsberg.

— Ceci devient sérieux! s'écria Derville, quand Boucard eut fini de lui donner la substance de la lettre. — Mais, dis donc, mon petit, reprit-il en s'adressant au notaire, je vais avoir besoin de renseignemens qui doivent être dans ton étude. N'est-ce pas chez ce vieux fripon de Roguin...

— Nous disons l'infortuné, le malheureux Roguin, reprit maître Alexandre Crottat en riant, et interrompant Derville.

— N'est-ce pas chez cet infortuné qui vient d'emporter huit cent mille francs à ses cliens et de réduire plusieurs familles au désespoir, que s'est faite la liquidation de la succession Chabert ? Il me semble que j'ai vu cela dans nos pièces Ferraud.

— Oui, répondit Crottat, j'étais alors troisième clerc ; je l'ai copiée et bien étudiée cette liquidation. Rose Chapotel, épouse et veuve de Hyacinthe, dit Chabert, comte de l'empire, grand-officier de la Légion-d'Honneur ; ils s'étaient mariés sans contrat, ils étaient donc communs en biens. Autant que je puis m'en souvenir, l'actif s'élevait à six cent mille francs. Avant son mariage, le comte Chabert avait fait un testament en faveur des hospices de Paris, par lequel il leur attribuait le quart de la fortune qu'il posséderait au moment de son décès. Le domaine héritait de l'autre quart. Il y a eu licitation, vente et partage, parce que les avoués ont été bon train. Lors de la liquidation, le monstre qui gouvernait alors la France a rendu par un décret la portion du fisc à la veuve du colonel.

— Ainsi la fortune personnelle du comte Chabert ne se monterait donc qu'à trois cent mille francs.

— Par conséquent, mon vieux ! répondit Crottat. Vous avez parfois l'esprit juste, vous autres avoués, quoiqu'on vous accuse de vous le fausser en plaidant aussi bien le Pour que le Contre.

Le comte Chabert, dont Derville trouva l'adresse au bas de la première quittance que lui avait remise le notaire, demeurait dans le faubourg Saint-

Marceau, rue du Petit-Banquier, chez un nourrisseur nommé Vergniaud. Arrivé là, Derville fut forcé d'aller à pied à la recherche de son client, car son cocher refusa de s'engager dans une rue non pavée et dont les ornières étaient un peu trop profondes pour les roues d'un cabriolet. En regardant de tous les côtés, l'avoué finit par trouver, dans la partie de cette rue qui avoisine le boulevard, entre deux murs bâtis avec des ossemens et de la terre, deux mauvais pilastres en moellons que le passage des voitures avait ébréchés, malgré deux morceaux de bois placés en forme de bornes. Ces pilastres soutenaient une poutre couverte d'un chaperon en tuiles, sur laquelle ces mots étaient écrits en rouge : VERGNIAUD, NOURICEURE. A droite de ce nom se trouvaient des œufs, et à gauche une vache, le tout peint en blanc. La porte était ouverte et restait sans doute ainsi pendant toute la journée. Au fond d'une cour assez spacieuse, s'élevait, en face de la porte, une maison, si toutefois ce nom convient à l'une de ces masures bâties dans les faubourgs de Paris, et qui ne sont comparables à rien, pas même aux plus chétives habitations de la campagne, dont elles ont la misère sans en avoir la poésie. En effet, au milieu des champs, les cabanes ont encore une grâce que leur donnent la pureté de l'air, la verdure, l'aspect des champs, une colline, un chemin tortueux, des vignes, une haie vive, la mousse des champs et les ustensiles champêtres; mais à Paris, la misère ne se grandit que par son horreur.

Quoique récemment construite, cette maison semblait près de tomber en ruine. Aucun des matériaux n'y avait eu sa vraie destination, ils provenaient tous des démolitions qui se font journellement dans Paris. Derville lut sur un volet fait avec les planches d'une enseigne : *Magasin de nouveautés*. Les fenêtres ne se ressemblaient point entre elles et se trouvaient bizarrement placées. Le rez-de-chaussée, qui paraissait être la partie habitable, était exhaussé d'un côté, tandis que de l'autre les chambres étaient enterrées par une éminence. Entre la porte et la maison, s'étendait une mare pleine de fumier où coulaient les eaux pluviales et ménagères. Le mur sur lequel s'appuyait ce chétif logis, et qui paraissait être plus solide que les autres, était garni de cabanes grillagées, où de vrais lapins faisaient leurs nombreuses familles. A droite de la porte cochère se trouvait la vacherie surmontée d'un grenier à fourrages, et qui communiquait à la maison par une laiterie. A gauche était une basse-cour, une écurie et un toit à cochons qui avait été fini, comme celui de la maison, en mauvaises planches de bois blanc clouées les unes sur les autres, et mal recouvertes avec du jonc.

Comme presque tous les endroits où se cuisinent les élémens du grand repas que Paris dévore quotidiennement, la cour dans laquelle Derville mit le pied offrait les traces de la précipitation voulue par la nécessité d'arriver à heure fixe. Ces grands vases de fer-blanc bossués dans lesquels se transporte le lait, et les pots qui contiennent la crème étaient jetés pêle-mêle devant la laiterie, avec leurs bouchons de linge. Les loques trouées qui servaient à les essuyer flottaient au soleil étendues sur des ficelles attachées à des piquets. Ce cheval pacifique dont la race ne se trouve que chez les laitières, avait fait quelques pas en avant de sa charrette, et restait devant l'écurie dont la porte était fermée. Une chèvre broutait le pampre de la vigne grêle et poudreuse qui garnissait le mur jaune et lézardé de la maison. Un chat était accroupi sur les pots à crème et les léchait. Les poules, effarouchées à l'approche de Derville, s'envolèrent en criant, et le chien de garde aboya.

— L'homme qui a décidé le gain de la bataille d'Eylau serait là! se dit Derville en saisissant d'un seul coup-d'œil l'ensemble de ce spectacle ignoble.

La maison était restée sous la protection de trois gamins. L'un, grimpé sur le faîte d'une charrette chargée de fourrage vert, jetait des pierres dans un tuyau de cheminée de la maison voisine, espérant qu'elles y tomberaient dans la marmite. L'autre essayait d'amener un cochon sur le plancher de la charrette qui touchait à terre, tandis que le troisième, pendu à l'autre bout, attendait que le cochon y fût placé pour l'enlever en faisant faire la bascule à la charrette. Quand Derville leur demanda si c'était bien là que demeurait monsieur Chabert, aucun d'eux ne répondit, et tous trois le regardèrent avec une stupidité spirituelle, s'il est permis d'allier ces deux mots. Derville réitéra ses questions sans succès par l'air narquois des trois drôles. Impatienté, il leur dit de ces injures plaisantes que les jeunes gens se croient le droit d'adresser aux enfans, et les gamins rompirent le silence par un rire brutal. Derville se fâcha. Le colonel, qui l'entendit, sortit d'une petite chambre basse située près de la laiterie, et apparut sur le seuil de sa porte avec un flegme militaire inexprimable. Il avait à la bouche une de ces pipes notablement *culottées* (expression technique des fumeurs), une de ces humbles pipes de terre blanche nommées des *brûle-gueules*. Il leva la visière d'une casquette horriblement crasseuse, aperçut Derville et traversa le fumier pour venir plus promptement à son bienfaiteur, en criant d'une voix amicale aux gamins : — Silence dans les rangs ! Les enfans gardèrent aussitôt un silence respectueux qui annonçait l'empire exercé sur eux par le vieux soldat.

— Pourquoi ne m'avez-vous pas écrit ? dit-il à Derville. Allez le long de la vacherie ! Tenez, là, le chemin est pavé, s'écria-t-il en remarquant l'indécision de l'avoué qui ne voulait pas se mouiller les pieds dans le fumier.

En sautant de place en place, Derville arriva sur le seuil de la porte par où le colonel était sorti. Chabert parut désagréablement affecté d'être obligé de le recevoir dans la chambre qu'il occupait. En effet, Derville n'y aperçut qu'une seule chaise. Le lit du colonel consistait en quelques bottes de paille sur lesquelles son hôtesse avait étendu deux ou trois lambeaux de ces vieilles tapisseries ramassées je ne sais où, dont se servent les laitières pour garnir les bancs de leurs charrettes. Le plancher était tout simplement en terre battue. Comme les murs salpêtrés, verdâtres et fendus répandaient une forte humidité, le mur contre lequel couchait le colonel était tapissé d'une natte en jonc. Le fameux carrick pendait à un clou. Deux mauvaises paires de bottes gisaient dans un coin. Nul vestige de linge. Sur la table vermoulue, les Bulletins de la Grande-Armée, réimprimés par Plancher, étaient ouverts et paraissaient être la lecture du colonel, dont la physionomie était calme et sereine au milieu de cette misère. Sa visite chez Derville semblait avoir changé le caractère de ses traits, où l'avoué trouva les traces d'une pensée heureuse, une lueur particulière qu'y avait jetée l'espérance.

— La fumée de la pipe vous incommode-t-elle? dit-il en tendant à son avoué la chaise à moitié dépaillée.

— Mais, colonel, vous êtes horriblement mal ici !

Cette phrase fut arrachée à Derville par la défiance naturelle aux avoués, et par la déplorable expérience que leur donnent de bonne heure les épouvantables drames inconnus auxquels ils assistent.

— Voilà, se dit-il, un homme qui aura certainement employé mon argent à satisfaire les trois vertus théologales du troupier : le jeu, le vin et les femmes !

— C'est vrai, monsieur, nous ne brillons pas ici par le luxe. C'est un bivouac tempéré par l'amitié, mais..... Ici le soldat lança un regard profond à l'homme de loi. Mais je n'ai fait de tort à personne, je n'ai jamais repoussé personne, et je dors tranquille.

L'avoué songea qu'il y aurait peu de délicatesse à demander compte à son client des sommes qu'il lui avait avancées, et il se contenta de lui dire : — Pourquoi n'avez-vous donc pas voulu venir dans Paris, où vous auriez pu vivre aussi peu chèrement que vous vivez ici, mais où vous auriez été mieux ?

— Mais, répondit le colonel, les braves gens chez lesquels je suis m'avaient recueilli, nourri *gratis* depuis un an ! Comment les quitter au moment où j'avais un peu d'argent ? Puis le père de ces trois gamins est un vieux *Égyptien*...

— Comment ! un Égyptien ?

— Nous appelons ainsi les troupiers qui sont revenus de l'expédition d'Égypte, dont j'ai fait partie ; mais tous ceux qui en sont revenus sont un peu frères. Enfin, je n'ai pas encore fini d'apprendre à lire à ses marmots.

— Il aurait bien pu vous mieux loger pour votre argent, lui !

— Bah ! dit le colonel, ses enfans couchent comme moi sur la paille ! Sa femme et lui n'ont pas un lit meilleur. Ils sont bien pauvres, voyez-vous ! Ils ont pris un établissement au-dessus de leurs forces. Mais si je recouvre ma fortune... Enfin, suffit !

— Colonel, je dois recevoir demain ou après vos actes d'Heilsberg. Votre libératrice vit encore !

— Sacré argent ! Dire que je n'en ai pas, s'écria-t-il en jetant par terre sa pipe, une pipe *culottée*, une pipe précieuse ! mais ce fut par un geste si naturel, par un mouvement si généreux, que tous les fumeurs et même la Régie lui eussent pardonné ce crime de lèse-tabac. Les anges en auraient peut-être ramassé les morceaux.

— Colonel, votre affaire est excessivement compliquée, lui dit Derville en sortant de la chambre pour s'aller promener au soleil le long de la maison.

— Elle me paraît, dit le soldat, parfaitement simple. L'on m'a cru mort, me voilà ! Rendez-moi ma femme et ma fortune ; donnez-moi le grade de général auquel j'ai droit. J'ai passé colonel dans la garde impériale, la veille de la bataille d'Eylau !

— Les choses ne vont pas ainsi dans le monde judiciaire, reprit Derville. Écoutez-moi. Vous êtes le comte de Chabert, je le veux bien ; mais il s'agit de le prouver judiciairement à des gens qui vont avoir intérêt à nier votre existence. Ainsi, vos actes seront discutés. Cette discussion entraînera dix ou douze questions préliminaires qui toutes iront contradictoirement jusqu'à la cour suprême, et constitueront autant de procès coûteux qui traîneront en longueur quelle que soit l'activité que j'y mette. Vos adversaires demanderont une enquête à laquelle nous ne pourrons pas nous refuser, et qui nécessitera peut-être une commission rogatoire en Prusse. Mais supposons tout au mieux ; admettons qu'il soit reconnu promptement par la justice que vous êtes le colonel Chabert : savons-nous comment sera jugée la question soulevée par la bigamie fort innocente de la comtesse Ferraud? Dans votre cause, le point de droit est en dehors du code, et ne peut être jugé par les juges que suivant les lois de la conscience, comme fait le jury dans les questions délicates que présentent les bizarreries sociales de quelques procès criminels. Or, vous n'avez pas eu d'enfans de votre mariage, et monsieur le comte Ferraud en a deux du sien. Les juges peuvent déclarer nul le mariage où se rencontrent les liens les plus faibles, au profit du mariage qui en comporte de plus forts, du moment où il y a eu bonne foi chez les contractans. Serez-vous dans une position morale bien belle, en voulant *mordicus* avoir, à votre âge et dans les circonstances où vous vous trouvez, une femme qui ne vous aime plus? Vous aurez contre vous votre femme et son mari, deux personnes puissantes qui pourront influencer les tribunaux. Le procès a donc des élémens de durée. Vous aurez le temps de vieillir dans les chagrins les plus cuisans.

— Et ma fortune?

— Vous vous croyez donc une grande fortune?

— N'avais-je pas trente mille livres de rente?

— Mon cher colonel, vous aviez fait, en 1799, avant votre mariage, un testament qui léguait le quart de vos biens aux hospices.

— C'est vrai.

—Eh bien, vous censé mort, n'a-t-il pas fallu procéder à un inventaire, à une liquidation afin de donner ce quart aux hospices? Votre femme ne s'est pas fait scrupule de tromper les pauvres. L'inventaire, où sans doute elle s'est bien gardée de mentionner l'argent comptant, les pierreries, où elle aura produit peu d'argenterie, et où le mobilier a été estimé à deux tiers au-dessous du prix réel, soit pour la favoriser, soit pour payer moins de droits au fisc, et aussi parce que les commissaires-priseurs sont responsables de leurs estimations, l'inventaire ainsi fait a établi six cent mille francs de valeurs. Pour sa part, votre veuve avait droit à la moitié. Tout a été vendu, racheté par elle; elle a bénéficié sur tout, et les hospices ont eu leurs soixante-quinze mille francs. Puis, comme le fisc héritait de vous, attendu que vous n'aviez pas fait mention de votre femme dans votre testament, l'empereur a rendu par un décret à votre veuve la portion qui revenait au domaine public. Maintenant, à quoi avez-vous droit? à trois cent mille francs seulement, moins les frais.

— Et vous appelez cela la justice? dit le colonel ébahi.

— Mais, certainement....

— Elle est belle.

— Elle est ainsi, mon pauvre colonel. Vous voyez que ce que vous avez cru facile ne l'est pas. Madame Ferraud peut même vouloir garder la portion qui lui a été donnée par l'empereur.

— Mais elle n'était pas ma veuve, le décret est nul....

— D'accord. Mais tout cela se plaide. Écoutez-moi. Dans ces circonstances, je crois qu'une transaction serait, et pour vous et pour elle, le meilleur dénouement du procès. Vous y gagnerez une fortune plus considérable que celle à laquelle vous auriez droit.

— Ce serait vendre ma femme !

— Avec vingt-quatre mille francs de rente vous aurez, dans la position où vous vous trouvez, des femmes qui vous conviendront mieux que la vôtre, et qui vous rendront plus heureux. Je compte aller voir aujourd'hui même madame la comtesse Ferraud afin de sonder le terrain ; mais je n'ai pas voulu faire cette démarche sans vous en prévenir.

— Allons ensemble chez elle....

— Fait comme vous êtes ? dit l'avoué. Non, non, colonel, non. Vous pourriez y perdre tout-à-fait votre procès....

— Mais mon procès est-il gagnable ?.

— Sur tous les chefs, répondit Derville. Mais, mon cher colonel Chabert, vous ne faites pas attention à une chose. Je ne suis pas riche, ma charge n'est pas entièrement payée. Si les tribunaux vous accordent une *provision*, c'est-à-dire une somme à prendre par avance sur votre fortune, ils ne l'accorderont qu'après avoir reconnu vos qualités de comte Chabert, grand-officier de la Légion d'Honneur.

— Tiens, je suis grand-officier de la Légion ! Je n'y pensais plus, dit-il naïvement.

— Eh bien ! jusque-là, reprit Derville, ne faut-il pas plaider, payer des avocats, lever et solder les jugemens, faire marcher des huissiers et vivre ? Les frais des instances préparatoires se monteront, à vue de nez, à plus de douze ou quinze mille francs. Je ne les ai pas, moi qui suis écrasé par les intérêts énormes que je paie à celui qui m'a prêté l'argent de ma charge. Et vous ! où les trouverez-vous ?

De grosses larmes tombèrent des yeux flétris du pauvre soldat, et roulèrent sur ses joues ridées. A l'aspect de ces difficultés, il fut découragé. Le monde social et judiciaire lui pesait sur la poitrine comme un cauchemar.

— J'irai, s'écria-t-il, au pied de la colonne de la place Vendôme, je crierai là : — « Je suis le colonel Chabert qui a enfoncé le grand carré des Russes à Eylau ! » Le bronze, lui, me reconnaîtra.

— Et l'on vous mettra sans doute à Charenton.

A ce nom redouté, l'exaltation du militaire tomba.

— N'y aurait-il donc pas pour moi quelques chances favorables au ministère de la guerre ?

— Les bureaux ! dit Derville, ha ! n'y allez qu'avec un jugement bien en règle qui déclare nul votre acte de décès. Les bureaux voudraient pouvoir anéantir les gens de l'Empire.

Le colonel resta pendant un moment interdit, immobile, regardant sans voir, abîmé dans un désespoir sans bornes. La justice militaire est franche, rapide ; elle décide à la turque, et juge presque toujours bien. Cette justice était la seule que connût Chabert. Or, en apercevant le dédale de difficultés où il fallait s'engager, et en voyant combien il fallait d'argent pour y voyager, il reçut un coup mortel dans son intelligence et dans cette puissance particulière à l'homme que l'on nomme *la volonté*. Il lui parut impossible de vivre en plaidant ; il fut pour lui mille fois plus simple de rester pauvre, mendiant, de s'engager comme cavalier si quelque régiment voulait de lui. Ses souffrances physiques et morales lui avaient déjà vicié le corps dans quelques-uns des organes les plus importans. Il touchait à l'une de ces maladies pour lesquelles la médecine n'a pas de nom, dont le siége est en quelque sorte mobile comme l'appareil nerveux qui parait le plus attaqué parmi tous ceux de notre machine, affection qu'il faudrait nommer le *spleen* du malheur. Quelque grave que fût déjà ce mal invisible, mais réel, il était encore guérissable par une heureuse conclusion. Pour ébranler tout-à-fait cette vigoureuse organisation, il suffirait d'un obstacle nouveau, de quelque fait imprévu qui en romprait les ressorts affaiblis et produirait ces hésitations, ces actes incompris, incomplets, que les physiologistes observent chez les êtres ruinés par les chagrins. Derville, qui reconnut alors les symptômes d'un profond abattement chez son client, lui dit : — Prenez courage, la solution de cette affaire ne peut que vous être favorable. Seulement, examinez si vous pouvez me donner toute votre confiance, et accepter aveuglément le résultat que je croirai le meilleur pour vous.

— Faites comme vous voudrez, dit Chabert.

— Oui, mais vous vous abandonnez à moi comme un homme qui marche à la mort?

— Mais ne vais-je pas rester sans état, sans nom? Est-ce tolérable?

— Je ne l'entends pas ainsi, dit l'avoué; il sera stipulé que nous poursuivrons à l'amiable un jugement pour annuler votre acte de décès et votre mariage, afin que vous repreniez vos droits. Vous serez même, par l'influence du comte Ferraud, porté sur les cadres de l'armée comme général, et vous obtiendrez sans doute une pension.

— Allez donc! répondit Chabert, je me fie entièrement à vous.

— Eh bien, je vous enverrai une procuration à signer, dit Derville. Adieu, bon courage! S'il vous faut de l'argent, comptez sur moi.

Chabert serra chaleureusement la main de Derville, et resta le dos appuyé contre la muraille, sans avoir la force de le suivre autrement que des yeux. Comme tous les gens qui comprennent peu les affaires judiciaires, il s'effrayait de cette lutte nouvelle qu'il n'avait jamais prévue.

Pendant que Derville parlait au colonel, il s'était à plusieurs reprises avancé, hors d'un pilastre de la porte cochère, la figure d'un homme posté dans la rue, qui semblait occupé à guetter la sortie de Derville, et qui, en effet, l'accosta quand il sortit. C'était un vieux homme vêtu d'une veste bleue, d'une cotte blanche plissée semblable à celle des brasseurs, et qui portait sur la tête une casquette de loutre. Sa figure était brune, creusée, ridée, mais rougie sur les pommettes par l'excès du travail, et hâlée par le grand air.

— Excusez, monsieur, dit-il à Derville en l'arrêtant par le bras, si je prends la liberté de vous parler, mais je me suis douté en vous voyant que vous étiez l'ami de notre général.

— Eh bien! dit Derville, en quoi vous intéressez vous....? Mais, qui êtes-vous?

— Je suis Louis Vergniaud, répondit-il d'abord. Et j'aurais deux mots à vous dire.

— Et c'est vous qui avez logé le comte Chabert comme il l'est?

— Pardon, excuse, monsieur, il a la plus belle chambre. J'aurais couché dans l'écurie et je lui aurais donné la mienne, si je n'en avais eu qu'une. Un homme qui a souffert comme lui, qui apprend à lire à mes *mioches*, un général et un égyptien! Ha bien, faudrait voir! Du tout, il est le mieux logé. J'ai partagé avec lui ce que j'avais : malheureusement ce n'était pas grand'chose, du pain, du lait, des œufs, enfin à la guerre comme à la guerre! C'était de bon cœur. Mais il nous a vexés....

— Lui?

— Oui, monsieur, vexés, là ce qui s'appelle en

5.

plein. J'ai pris un établissement au-dessus de mes forces, il le voyait bien. Ça vous le contrariait. Il pansait le cheval! je lui dis: — Mais, mon général!... — Bah! qui dit, je ne veux pas être comme un fainéant, et il y a long-temps que je sais brosser le lapin. J'avais donc fait des billets pour le prix de ma vacherie à un nommé Gradés..... Le connaissez-vous, monsieur?

— Mais, mon cher, je n'ai pas le temps de vous écouter. Seulement, dites-moi comment le colonel vous a vexés.

— Il nous a vexés, monsieur, aussi vrai que je m'appelle Louis Vergniaud, et que ma femme en a pleuré. Il a su par les voisins que nous n'avions pas le premier sou de notre billet. Le vieux grognard, sans rien dire, a amassé tout ce que vous lui donniez, a guetté le billet et l'a payé. C'te malice! Que ma femme et moi sachant qu'il n'avait pas de tabac, ce pauvre vieux, et qu'il s'en passait! Oh! maintenant, tous les matins il a ses cigares! je me vendrais plutôt.... non! Nous sommes vexés. Donc, je voudrais vous proposer de nous prêter, vu qu'il nous a dit que vous étiez un brave homme, une centaine d'écus sur notre établissement, afin que nous lui fassions faire des habits, que nous lui meublions sa chambre. Il a cru nous acquitter, pas vrai? Eh bien, au contraire, voyez-vous, l'ancien nous a endettés... et vexés! Il ne devait pas nous faire cette avanie-là. Il nous a vexés! Des amis! Foi d'honnête homme, aussi vrai que je m'appelle Louis Vergniaud, je m'engagerais plutôt que de ne pas vous rendre cet argent-là...

Derville regarda le nourrisseur, et fit quelques pas en arrière pour revoir la maison, la cour, les fumiers, l'étable, les lapins, les enfans.

— Par ma foi, je crois qu'un des caractères de la vertu est de ne pas être propriétaire, se dit-il. Va, tu auras tes cent écus! et plus même... Mais ce ne sera pas moi qui te les donnerai. Le colonel sera bien assez riche pour t'aider, et je ne veux pas lui en ôter le plaisir.

— Cela sera-t-il bientôt?

— Mais oui...

— Ah, mon Dieu! que mon épouse va-z-être contente!

Et la figure tannée du nourrisseur sembla s'épanouir.

— Maintenant, se dit Derville en remontant dans son cabriolet, allons chez notre adversaire. Ne laissons pas voir notre jeu, tâchons de connaître le sien, et gagnons la partie d'un seul coup. Il faudrait l'effrayer! Elle est femme, de quoi s'effraient le plus les femmes? Mais les femmes ne s'effraient que de...

Il se mit à étudier la position de la comtesse, et tomba dans une de ces méditations auxquelles se livrent les grands politiques en concevant leurs plans, en tâchant de deviner le secret des cabinets ennemis: les avoués ne sont-ils pas en quelque sorte des hommes d'état chargés des affaires privées? Un coup d'œil jeté sur la situation de monsieur le comte Ferraud et de sa femme est ici nécessaire pour faire comprendre le génie de l'avoué.

Monsieur le comte Ferraud était le fils d'un ancien conseiller au parlement de Paris, qui avait émigré pendant le temps de la terreur. S'il sauva sa tête, il perdit sa fortune. Il rentra sous le consulat, et resta constamment fidèle aux intérêts de Louis XVIII, dans les entours duquel était son père avant la révolution. Il appartenait donc à cette partie du faubourg Saint-Germain qui résista noblement aux séductions de Napoléon. La réputation de capacité que se fit le jeune comte, alors simplement appelé monsieur Ferraud, le rendit l'objet des coquetteries de l'empereur, qui souvent était aussi heureux de ses conquêtes sur l'aristocratie que du gain d'une bataille. On promit au comte la restitution de son titre, celle de ses biens non vendus, et on lui montra dans le lointain un ministère, une sénatorerie. L'empereur échoua. Monsieur Ferraud était, lors de la mort du comte Chabert, un jeune homme de vingt-six ans, doué de formes agréables, qui avait des succès, et que le faubourg Saint-Germain avait adopté comme une de ses gloires. Il était sans fortune. Madame la comtesse Chabert avait su tirer un si bon parti de la succession de son mari, qu'elle possédait, après dix-huit mois de veuvage, environ quarante mille livres de rente. Quant à son mariage avec le jeune comte, il ne fut pas accepté comme une nouvelle par les coteries du faubourg Saint-Germain. Heureux de ce mariage qui répondait à ses idées de fusion, Napoléon rendit à madame Chabert la portion dont héritait le fisc dans la succession du colonel. Mais l'espérance de Napoléon fut encore trompée. Madame Ferraud n'aimait pas seulement son amant dans le jeune homme, elle avait été séduite aussi par l'idée d'entrer dans cette société dédaigneuse qui, malgré son abaissement, dominait la cour impériale. Toutes ses vanités étaient flattées autant que ses passions dans ce mariage. Elle allait devenir *une femme comme il faut*. Quand le faubourg Saint-Germain sut que le mariage du jeune comte n'était pas une défection, les salons s'ouvrirent à sa femme. La Restauration vint. La fortune politique du comte Ferraud ne fut pas rapide. Il comprenait les exigences de la position dans laquelle se trouvait Louis XVIII, et il était du nombre des initiés qui attendaient *que l'abîme des révolutions fût fermé;* car cette phrase royale, dont les libéraux se moquèrent tant, cachait un sens politique. Néanmoins, l'ordonnance citée dans la longue phrase cléricale qui commence cette histoire lui avait rendu deux forêts et une terre, dont la valeur avait considérablement augmenté pendant le séquestre. En ce moment, quoique le comte Ferraud fût conseiller d'état, directeur général, il ne considérait sa position que comme le début de sa fortune politique.

Préoccupé par les soins d'une ambition dévorante, monsieur le comte Ferraud s'était attaché comme secrétaire un ancien avoué ruiné, nommé Delbecq, homme plus qu'habile, qui connaissait admirablement les ressources de la chicane, et auquel il laissait la conduite de ses affaires privées. Le rusé praticien avait assez bien compris sa position chez le comte pour y être probe par spéculation. Il espérait parvenir à quelque place élevée par le crédit de son patron, dont il gérait sagement la fortune. Sa conduite démentait tellement sa vie antérieure qu'il passait pour un homme calomnié. Avec le tact et la finesse dont toutes les femmes sont plus ou moins douées, la comtesse, qui avait deviné son intendant, le surveillait adroitement, et savait si bien le manier, qu'elle en avait déjà tiré un très-bon parti pour l'augmentation de sa fortune particulière. Elle avait su persuader à Delbecq qu'elle gouvernait monsieur Ferraud, et lui avait promis de le faire nommer président d'un tribunal de première instance dans l'une des plus importantes villes de France, s'il se dévouait entièrement à ses intérêts. La promesse d'une place inamovible qui lui permettrait de se marier avantageusement et de conquérir plus tard une haute position dans la carrière politique en devenant député, fit de Delbecq l'âme damnée de la comtesse. Il ne lui avait laissé manquer aucune des chances favorables que les mouvemens de Bourse et la hausse des propriétés présentèrent dans Paris aux gens habiles pendant les trois premières années de la Restauration. Il avait quadruplé les capitaux de sa protectrice, avec d'autant plus de facilité que tous les moyens avaient paru bons à la comtesse afin de rendre promptement sa fortune énorme. Elle employait les émolumens des places occupées par le comte aux dépenses de la maison, afin de pouvoir capitaliser ses revenus, et Delbecq se prêtait aux calculs de cette avarice sans chercher à s'en expliquer les motifs. Ces sortes de gens ne s'inquiètent que des secrets dont la découverte est nécessaire à leurs intérêts. D'ailleurs il en trouvait si naturellement la raison dans cette soif d'or dont sont atteintes la plupart des Parisiennes, et il fallait une si grande fortune pour appuyer les prétentions du comte Ferraud, que l'intendant croyait parfois entrevoir dans l'avidité de la comtesse un effet de son dévouement pour l'homme dont elle était toujours éprise. La comtesse avait enseveli les secrets de sa conduite au fond de son cœur, car c'étaient des secrets de vie et de mort pour elle, et le nœud de cette histoire était précisément là.

Quand, au commencement de l'année 1817, la Restauration fut assise sur des bases en apparence inébranlables et que ses doctrines gouvernementales, comprises par les esprits élevés, leur parurent devoir amener pour la France une ère de prospérité nouvelle, la société parisienne changea de face. Madame la comtesse Ferraud se trouva par hasard avoir fait tout ensemble un mariage d'amour, de fortune et d'ambition. Encore jeune et belle, madame Ferraud joua le rôle d'une femme à la mode, et vécut dans l'atmosphère de la cour. Jamais personne ne fut plus heureuse. Elle appartenait à l'aristocratie, elle était riche par elle-même, et riche par son mari qui, prôné comme un des hommes les plus capables du parti royaliste et l'ami du roi, semblait promis à quelque ministère. Au milieu de ce triomphe elle fut atteinte d'un cancer moral. Il est de ces sentimens que les femmes devinent malgré le soin avec lequel les hommes mettent à les enfouir dans leurs cœurs. Dès le premier retour du roi, le comte Ferraud avait conçu quelques regrets de son mariage avec la veuve du colonel Chabert. Elle ne l'avait allié à personne, il était seul et sans appui pour se diriger dans une carrière pleine d'écueils et pleine d'ennemis. Puis, peut-être, quand il avait pu juger froidement sa femme, avait-il reconnu chez elle quelques vices d'éducation qui la rendaient impropre à le seconder dans ses projets. Un mot dit par lui à propos du mariage de monsieur de Talleyrand éclaira la comtesse, à laquelle il fut prouvé que si son mariage était à faire, jamais elle ne serait madame Ferraud. Ce regret, quelle femme le pardonnerait? Ne contient-il pas toutes les injures, tous les crimes, toutes les répudiations en germe? Mais quelle plaie ne devait pas faire ce mot dans le cœur de la comtesse, si l'on vient à supposer qu'elle craignait de voir revenir son premier mari! Elle l'avait su vivant, elle l'avait repoussé. Puis, pendant le temps où elle n'en avait plus entendu parler, elle s'était plu à le croire mort à Waterloo avec les aigles impériales en compagnie de Boutin. Néanmoins elle conçut d'attacher le comte à elle par le plus fort des liens, par la chaîne d'or, et voulut être si riche que sa fortune rendît son second mariage indissoluble si par hasard le comte Chabert reparaissait encore. Et il avait reparu, sans qu'elle s'expliquât pourquoi la lutte qu'elle redoutait n'avait pas déjà commencé. Les souffrances, la maladie l'avaient peut-être délivrée de cet homme. Peut-être était-il à moitié fou ; Charenton pouvait encore lui en faire raison. Elle n'avait pas voulu mettre Delbecq ni la police dans sa confidence, de peur de se donner un maître, ou de précipiter la catastrophe. Il existe à Paris beaucoup de femmes qui, semblables à la comtesse Ferraud, vivent avec un monstre moral inconnu, ou côtoient un abîme ; elles se font un calus à l'endroit de leur mal, et peuvent encore rire et s'amuser.

— Il y a quelque chose de bien singulier dans la situation de monsieur le comte Ferraud, se dit Derville en sortant de sa longue rêverie, au moment où son cabriolet s'arrêtait rue de Varennes, à la porte de l'hôtel Ferraud. Comment, lui si riche, aimé du roi, n'est-il pas encore pair de France ? Il est vrai qu'il entre peut-être dans la politique du roi, comme me le disait madame de Grandlieu, de donner une haute importance à la pairie en ne la prodiguant pas. D'ailleurs, le fils d'un conseiller au parlement n'est ni un Crillon, ni un Rohan. Le comte Ferraud ne peut entrer que subrepticement dans la chambre haute. Mais, si son mariage était cassé, ne pourrait-il pas se faire passer sur sa tête, à la grande satisfaction du roi, la pairie d'un de ces vieux sénateurs qui n'ont que des filles? Voilà certes une bonne bourde à mettre en avant pour effrayer notre comtesse, se dit-il en montant le perron.

Derville avait, sans le savoir, mis le doigt sur la plaie secrète, enfoncé la main dans le cancer qui dévorait madame Ferraud. Il fut reçu par elle dans une jolie salle à manger d'hiver, où elle déjeûnait en jouant avec un singe attaché par une chaîne à une espèce de petit poteau garni de bâtons en fer. Elle était enveloppée dans un élégant peignoir ; les boucles de ses cheveux, négligemment rattachés, s'échappaient d'un bonnet qui lui donnait un air mutin. Elle était fraîche et rieuse. L'argent, le vermeil, la nacre étincelaient sur la table, et il y avait autour d'elle des fleurs curieuses plantées dans de magnifiques vases en porcelaine. En voyant la femme du comte Chabert riche de ses dépouilles, au sein du luxe, au faîte de la société, tandis que le malheureux vivait chez un pauvre nourrisseur au milieu des bestiaux, l'avoué se dit : — La morale de ceci est qu'une jolie femme ne voudra jamais reconnaître son mari, ni même son amant, dans un homme en vieux carrick, en perruque de chiendent et en bottes percées.

Un sourire malicieux et mordant excité par cette pensée, exprima les idées moitié philosophiques, moitié railleuses qui devaient venir à un homme si bien placé pour connaître le fond des choses, malgré les mensonges sous lesquels la plupart des familles parisiennes cachent leur existence.

— Bonjour, monsieur Derville, dit-elle en continuant à faire prendre du café au singe.

— Madame, dit-il brusquement, car il se choqua du ton léger avec lequel la comtesse lui avait dit : — Bonjour, monsieur Derville, — je viens causer avec vous d'une affaire assez grave.

— J'en suis *désespérée*, monsieur Ferraud est absent...

— J'en suis enchanté, moi, madame. Il serait *désespérant* qu'il assistât à notre conférence. D'ailleurs, je sais par Delbecq que vous aimez à faire vos affaires vous-même sans en ennuyer monsieur le comte.

— Alors, je vais faire appeler Delbecq, dit-elle.

— Il vous serait inutile, quelle que soit son habileté, reprit Derville. Écoutez, madame, un mot suffira pour vous rendre sérieuse. Le comte Chabert existe...

— Est-ce en disant de semblables bouffonneries que vous voulez me rendre sérieuse? dit-elle en partant d'un éclat de rire.

Mais la comtesse fut tout à coup domptée par l'étrange lucidité du regard fixe par lequel Derville l'interrogeait en paraissant lire au fond de son âme.

— Madame, répondit-il avec une gravité froide et perçante, vous ignorez l'étendue des dangers qui vous menacent. Je ne vous parlerai pas de l'incontestable authenticité des pièces, ni de la certitude des preuves qui attestent l'existence du comte Chabert. Je ne suis pas homme à me charger d'une mauvaise cause, vous le savez. Si vous vous opposez à notre inscription en faux contre l'acte de décès, vous perdrez ce premier procès, et cette question résolue en notre faveur nous fait gagner toutes les autres.

— De quoi prétendez-vous donc me parler?

— Ni du colonel, ni de vous. Je ne vous parlerai pas non plus des mémoires que pourraient faire des avocats spirituels, armés des faits curieux de cette cause, et du parti qu'ils tireraient des lettres que vous avez reçues de votre premier mari avant la célébration de votre mariage avec votre second...

— Cela est faux! dit-elle avec toute la violence d'une petite maîtresse. Je n'ai jamais reçu de lettres du comte Chabert, et si quelqu'un se dit être le colonel, ce ne peut être qu'un intrigant, quelque forçat libéré, comme Cogniard peut-être. Le frisson prend rien que d'y penser. Le colonel peut-il ressusciter, monsieur? Bonaparte m'a fait complimenter sur sa mort par un aide-de-camp, et je touche encore aujourd'hui trois mille francs de pension accordés à sa veuve par les Chambres. J'ai eu mille fois raison de repousser tous les Chabert qui sont venus, comme je repousserai tous ceux qui viendront.

— Heureusement nous sommes seuls, madame. Nous pouvons mentir à notre aise, dit-il froidement en s'amusant à aiguillonner la colère qui agitait la comtesse, afin de lui arracher quelques indiscrétions, par une manœuvre familière aux avoués, habitués à rester calmes quand leurs adversaires ou leurs cliens s'emportent.

— Hé bien donc, à nous deux, se dit-il à lui-même en imaginant à l'instant un piége pour lui démontrer sa faiblesse. — La preuve de la remise de la première lettre existe madame, reprit-il à haute voix, elle contenait des valeurs...

— Oh! pour des valeurs, elle n'en contenait pas.

— Vous avez donc reçu cette première lettre, reprit Derville en souriant. Vous êtes déjà prise dans le premier piége que vous tend un avocat, et vous croyez pouvoir lutter avec la justice....

La comtesse rougit, pâlit, se cacha la figure dans les mains. Puis, elle secoua sa honte, et reprit avec ce sang-froid dont les femmes seules sont capables :
— Puisque vous êtes l'avoué du prétendu Chabert, faites-moi le plaisir de...

— Madame, dit Derville en l'interrompant, je suis encore en ce moment votre avoué comme celui du colonel. Croyez-vous que je veuille perdre une clientelle aussi précieuse que l'est la vôtre ? Mais vous ne m'écoutez pas...

— Parlez, monsieur, dit-elle gracieusement.

— Votre fortune vous venait de monsieur le comte Chabert, et vous l'avez repoussé. Votre fortune est colossale, et vous le laissez mendier. Madame, les avocats sont bien éloquens lorsque les causes sont éloquentes par elles-mêmes, et il se rencontre ici des circonstances capables de soulever contre vous l'opinion publique.

— Mais, monsieur, dit la comtesse impatientée de la manière dont Derville la tournait et retournait sur le gril, en admettant que votre monsieur Chabert existe, les tribunaux maintiendront mon second mariage à cause des enfans, et j'en serai quitte pour rendre deux cent vingt-cinq mille francs à monsieur Chabert.

— Madame, nous ne savons pas de quel côté les tribunaux verront la question sentimentale. Si, d'une part, nous avons une mère et ses enfans, nous avons de l'autre un homme accablé de malheurs, vieilli par vous, par vos refus. Où trouvera-t-il une femme? Puis, les juges peuvent-ils heurter la loi? Votre mariage avec le colonel a pour lui le droit, la priorité. Mais si vous êtes représentée sous d'odieuses couleurs, vous pourriez avoir un adversaire auquel vous ne vous attendez pas. Là, madame, est ce danger dont je voudrais vous préserver.

— Un nouvel adversaire! dit-elle, qui?

— Monsieur le comte Ferraud, madame.

— Monsieur Ferraud a pour moi un trop vif attachement, et pour la mère de ses enfans un trop grand respect...

— Ne parlez pas de ces niaiseries-là, dit Derville en l'interrompant, à des avoués habitués à lire au fond des cœurs. En ce moment monsieur Ferraud n'a pas la moindre envie de rompre votre mariage et je suis persuadé qu'il vous adore; mais si quelqu'un venait lui dire que son mariage peut être annulé, que sa femme sera traduite en criminelle au banc de l'opinion publique...

— Il me défendrait! monsieur.

— Non, madame.

— Quelle raison aurait-il de m'abandonner, monsieur?

— Mais, celle d'épouser la fille unique d'un pair de France, dont la pairie lui serait transmise par une ordonnance du roi...

La comtesse pâlit.

— Nous y sommes! se dit en lui-même Derville. Bien, je te tiens, l'affaire du pauvre colonel est gagnée. — D'ailleurs, madame, reprit-il à haute voix, il aurait d'autant moins de remords, qu'un homme couvert de gloire, général, comte, grand-officier de la Légion-d'Honneur, ne serait pas un pis-aller; et si cet homme lui redemande sa femme....

— Assez, assez, monsieur, dit-elle. Je n'aurai jamais que vous pour avoué. Que faire?

— Transiger, dit Derville.

— M'aime-t-il encore? dit-elle.

— Mais je ne crois pas qu'il puisse en être autrement.

A ce mot, la comtesse dressa la tête. Un éclair d'espérance brilla dans ses yeux; elle comptait peut-être spéculer sur la tendresse de son premier mari pour gagner son procès par quelque ruse de femme.

— J'attendrai vos ordres, madame, pour savoir s'il faut vous signifier nos actes, ou si vous voulez venir chez moi pour arrêter les bases d'une transaction, dit Derville en saluant la comtesse.

Huit jours après les deux visites que Derville avait faites, et par une belle matinée du mois de juin, les époux, désunis par un hasard presque surnaturel, partirent des deux points les plus opposés de Paris, pour venir se rencontrer dans l'étude de leur avoué commun.

Les avances qui furent largement faites par Derville au colonel Chabert, lui avaient permis d'être vêtu selon son rang. Il arriva donc voituré dans un cabriolet fort propre. Il avait la tête couverte d'une perruque appropriée à sa physionomie; il était habillé de drap bleu, avait du linge blanc, et portait à son col le sautoir rouge des grands-officiers de la Légion-d'Honneur. En reprenant les habitudes de l'aisance, il avait retrouvé son ancienne élégance martiale. Il se tenait droit. Sa figure grave et mystérieuse, où se peignait le bonheur et toutes ses espérances, paraissait être rajeunie, et plus grasse, pour emprunter à la peinture une de ses expressions les plus pittoresques. Il ne ressemblait pas plus au Chabert en vieux carrick qu'un gros sou ne ressemble à une pièce de quarante francs nouvellement frappée. A le voir, les passans eussent facilement reconnu en lui l'un de ces beaux débris de notre ancienne armée, un de ces hommes héroïques sur lesquels se reflète notre gloire nationale, et qui la re présentent comme un éclat de glace illuminé par le soleil semble en réfléchir tous les rayons. Ces vieux soldats sont tout ensemble des tableaux et des livres.

Quand le comte descendit de sa voiture pour monter chez Derville, il sauta légèrement comme aurait pu faire un jeune homme. A peine son cabriolet avait-il retourné qu'un joli coupé tout armorié arriva. Madame la comtesse Ferraud en sortit dans une toilette simple, mais habilement calculée pour montrer la jeunesse de sa taille. Elle avait une jolie capote doublée de rose qui encadrait parfaitement sa figure, en dissimulait les contours, et la ravivait.

Si les cliens s'étaient rajeunis, l'étude était restée semblable à elle-même, et offrait alors le tableau par la description duquel cette histoire a commencé. Simonin déjeûnait, l'épaule appuyée sur la fenêtre qui alors était ouverte, et il regardait le bleu du ciel par l'ouverture de cette cour entourée de quatre corps de logis noirs.

— Ha! dit le petit clerc, qui veut parier un spectacle que le colonel Chabert est général et cordon rouge?

— Le patron est un fameux sorcier! dit Godeschal.

— Il n'y a donc pas de tour à lui jouer cette fois? dit le troisième clerc.

— C'est sa femme qui s'en charge, la comtesse Ferraud! dit Boucard.

— Allons, dit le troisième clerc, la comtesse Ferraud serait donc obligée d'être à deux...

— La voilà! dit Simonin.

En ce moment, le colonel entra et demanda doucement Derville.

— Il y est, monsieur le comte, répondit Simonin.

— Tu n'es donc pas sourd, petit drôle! dit Chabert en prenant le saute-ruisseau par l'oreille et la lui tortillant, à la satisfaction des clercs qui se mirent à rire, et regardèrent le colonel avec la curieuse considération due à ce singulier personnage.

Le comte Chabert était chez Derville au moment où sa femme entra par la porte de l'étude.

— Dites donc, Boucard, il va se passer une singulière scène dans le cabinet du patron! Voilà une femme qui peut aller les jours pairs chez le comte Ferraud, et les jours impairs chez le comte Chabert.

— Dans les années bissextiles, dit Godeschal, le compte y sera.

— Taisez-vous donc! messieurs, l'on peut entendre, dit sévèrement Boucard, je n'ai jamais vu d'étude où l'on plaisantât, comme vous le faites, sur les cliens.

Derville avait consigné le colonel dans sa chambre à coucher quand la comtesse se présenta.

— Madame, lui dit-il, ne sachant pas s'il vous serait agréable de voir monsieur le comte Chabert, je vous ai séparés. Si cependant vous désiriez...

— Monsieur, c'est une attention dont je vous remercie.

— J'ai préparé la minute d'un acte dont les conditions pourront être discutées par vous et par monsieur Chabert, séance tenante. J'irai alternativement de vous à lui, pour vous présenter, à l'un et à l'autre, vos raisons respectives.

— Voyons, monsieur, dit la comtesse en laissant échapper un geste d'impatience.

Derville lut.

« Entre les soussignés,

» Monsieur Hyacinthe *dit Chabert*, comte, maréchal-de-camp et grand-officier de la Légion-d'Honneur, demeurant à Paris, rue du Petit-Banquier, d'une part ;

» Et la dame Rose Chapotel, épouse de monsieur
» le comte Chabert, ci-dessus nommé, née... »

— Passez, dit-elle, laissons les préambules, arrivons aux conditions.

— Madame, dit l'avoué, le préambule explique succinctement la position dans laquelle vous vous trouvez l'un et l'autre. Puis, par l'article premier, vous reconnaissez, en présence de trois témoins, qui sont deux notaires et le nourrisseur chez lequel a demeuré votre mari, auxquels j'ai confié sous le secret votre affaire, et qui garderont le plus profond silence ; vous reconnaissez, dis-je, que l'individu désigné dans les actes joints au sous-seing, mais dont l'état est d'ailleurs établi par un acte de notoriété préparé chez Alexandre Crottat, votre notaire, est le comte Chabert, votre premier époux.

Par l'article second, le comte Chabert, dans l'intérêt de votre bonheur, s'engage à ne faire usage de ses droits que dans les cas prévus par l'acte lui-même...

— Et ces cas, dit Derville en faisant une sorte de parenthèse, ne sont autres que la non-exécution des clauses de cette convention secrète. — De son côté, reprit-il, monsieur Chabert consent à poursuivre de gré à gré avec vous un jugement qui annulera son acte de décès et prononcera la dissolution de son mariage.

— Ça ne me convient pas du tout, dit la comtesse étonnée, je ne veux pas de procès. Vous savez pourquoi.

— Par l'article trois, dit l'avoué, en continuant avec un flegme imperturbable, vous vous engagez à constituer au nom d'Hyacinthe, comte Chabert, une rente viagère de vingt-quatre mille francs, inscrite sur le grand-livre de la dette publique, mais dont le capital vous sera dévolu à sa mort...

— Mais c'est beaucoup trop cher, dit la comtesse.

— Pouvez-vous transiger à meilleur marché?

— Peut-être.

— Que voulez-vous donc, madame?

— Je veux, je ne veux pas de procès, je veux...

— Qu'il reste mort? dit vivement Derville en l'interrompant.

— Monsieur, dit la comtesse, s'il faut vingt-quatre mille livres de rentes, nous plaiderons...

— Oui, nous plaiderons, s'écria d'une voix sourde le colonel, qui ouvrit la porte et apparut tout-à-coup devant sa femme, en tenant une main dans son gilet et l'autre étendue vers le parquet, geste auquel le souvenir de son aventure donnait une horrible énergie.

— C'est lui! se dit en elle-même la comtesse.

— Trop cher! reprit le vieux soldat. Je vous ai donné près d'un million, et vous marchandez mon malheur! Hé bien, je vous veux maintenant, vous et votre fortune. Nous sommes communs en biens, notre mariage n'a pas cessé...

— Mais, monsieur n'est pas le colonel Chabert, s'écria la comtesse, en feignant la surprise.

— Ah! dit le vieillard d'un ton profondément ironique, voulez-vous des preuves? je vous ai prise au Palais-Royal...

La comtesse pâlit. En la voyant pâlir sous son rouge, le vieux soldat, touché de la vive souffrance qu'il imposait à une femme jadis aimée avec ardeur, s'arrêta; mais il en reçut un regard si venimeux qu'il reprit tout-à-coup : — Vous étiez chez la...

— De grâce, monsieur, dit la comtesse à l'avoué, trouvez bon que je quitte la place. Je ne suis pas venue ici pour entendre de semblables horreurs.

Elle se leva et sortit. Derville s'élança dans l'étude. La comtesse avait trouvé des ailes, et s'était comme envolée. En revenant dans son cabinet, l'avoué trouva le colonel dans un violent accès de rage, et se promenant à grands pas.

— Dans ce temps-là, chacun prenait sa femme où il voulait, disait-il; mais j'ai eu tort de la mal choisir, de me fier à des apparences. Elle n'a pas de cœur.

— Eh bien! colonel, n'avais-je pas raison en vous priant de ne pas venir? Je suis maintenant certain de votre identité. Quand vous vous êtes montré, la comtesse a fait un mouvement dont la pensée n'était pas équivoque. Mais vous avez perdu votre procès, votre femme sait que vous êtes méconnaissable!

— Je la tuerai...

— Folie! vous serez pris et guillotiné comme un misérable. D'ailleurs, peut-être manquerez-vous votre coup! ce serait impardonnable, on ne doit jamais manquer sa femme quand on veut la tuer. Laissez-moi réparer vos sottises, grand enfant. Allez vous-en. Prenez garde à vous, elle serait capable de vous faire tomber dans quelque piége et de vous enfermer à Charenton. Je vais lui signifier nos actes afin de vous garantir de toute surprise.

Le pauvre colonel obéit à son jeune bienfaiteur, et sortit en lui balbutiant des excuses. Il descendait lentement les marches de l'escalier noir, perdu dans de sombres pensées, accablé peut-être par le coup qu'il venait de recevoir, pour lui le plus cruel, le plus profondément enfoncé dans son cœur, lorsqu'il entendit, en parvenant au dernier palier, le frôlement d'une robe, et sa femme apparut.

— Venez, monsieur, lui dit-elle, en lui prenant le bras par un mouvement semblable à ceux qui lui étaient familiers autrefois.

L'action de la comtesse, l'accent de sa voix redevenue gracieuse, suffirent pour calmer la colère du colonel qui se laissa mener jusqu'à la voiture.

— Eh bien! montez donc! lui dit la comtesse, lorsque le valet eut achevé de déplier le marche-pied.

Et il se trouva, comme par enchantement, assis près de sa femme dans le coupé.

— Où va madame? demanda le valet.

— A Groslay, dit-elle.

Les chevaux partirent et traversèrent tout Paris.

— Monsieur, dit la comtesse au colonel d'un son de voix qui révélait une de ces émotions rares dans la vie, et dans lesquelles tout en nous est agité. En ces momens, cœur, fibres, nerfs, physionomie, âme et corps, tout, chaque pore même tressaille. La vie semble ne plus être en nous; elle en sort et jaillit; elle se communique comme une contagion, se transmet par le regard, par l'accent de la voix, par le geste, en imposant notre vouloir aux autres. Le vieux soldat tressaillit en entendant ce seul mot, ce premier, ce terrible : — Monsieur! Mais aussi était-ce tout à la fois un reproche, une prière, un pardon, une espérance, un désespoir, une interrogation, une réponse. Ce mot comprenait tout. Il fallait être comédienne pour jeter tant d'éloquence, tant de sentiment dans un mot. Le vrai n'est pas si complet dans son expression; il ne met pas tout en dehors, il laisse voir tout ce qui est au dedans. Le colonel eut mille remords de ses soupçons, de ses demandes, de sa colère, et baissa les yeux pour ne pas laisser deviner son trouble.

— Monsieur, reprit la comtesse après une pause imperceptible, je vous ai bien reconnu.

— Rosine, dit le vieux soldat, ce mot contient le seul baume qui pût me faire oublier mes malheurs.

Deux grosses larmes roulèrent toutes chaudes sur les mains de sa femme, qu'il pressa pour exprimer une tendresse paternelle.

— Monsieur, reprit-elle, comment n'avez-vous pas deviné qu'il me coûtait horriblement de paraître devant un étranger dans une position aussi fausse que l'est la mienne? Si j'ai à rougir de ma situation, que ce ne soit au moins qu'en famille. Ce secret ne devait-il pas rester enseveli dans nos cœurs? Vous m'absoudrez, j'espère, de mon indifférence apparente pour les malheurs d'un Chabert à l'existence duquel je ne devais pas croire. J'ai reçu vos lettres, dit-elle vivement, en lisant sur les traits de son mari l'objection qui s'y exprimait; mais elles me parvinrent treize mois après la bataille d'Eylau; elles étaient ouvertes, salies; l'écriture en était méconnaissable, et j'ai dû croire, après avoir obtenu la signature de Napoléon sur mon nouveau contrat de mariage, qu'un adroit intrigant voulait se jouer de moi. Pour ne pas troubler le repos de monsieur Ferraud, et ne pas altérer les liens de la famille, j'ai donc dû prendre des précautions contre un faux Chabert. N'avais-je pas raison, dites?

— Oui, tu as eu raison; c'est moi qui suis un sot, un animal, une bête, de n'avoir pas su mieux calculer les conséquences d'une situation semblable. Mais où allons-nous? dit le colonel en se voyant à la barrière de la Chapelle.

— A ma campagne, près de Groslay, dans la vallée de Montmorency. Là, monsieur, nous réfléchirons ensemble au parti que nous devons prendre. Je connais mes devoirs. Si je suis à vous en droit, je ne vous appartiens plus en fait. Pouvez-vous désirer que nous devenions la fable de tout Paris? N'instruisons pas le public de cette situation qui, pour moi, présente un côté ridicule, et sachons garder notre dignité. Vous m'aimez encore, reprit-elle, en jetant sur le colonel un regard triste et doux; mais moi, n'ai-je pas été autorisée à former d'autres liens? En cette singulière position, une voix secrète me dit d'espérer en votre bonté qui m'est si connue. Aurais-je donc tort en vous prenant pour seul et unique arbitre de mon sort? Soyez juge et partie. Je me confie à la noblesse de votre caractère. Vous aurez la générosité de me pardonner les résultats de fautes innocentes. Je vous l'avouerai donc, j'aime monsieur Ferraud. Je me suis crue en droit de l'aimer. Je ne rougis pas de cet aveu devant vous; s'il vous offense, il ne nous déshonore point. Je ne puis vous cacher les faits. Quand le hasard m'a laissée veuve, je n'étais pas mère...

Le colonel fit un signe de main à sa femme pour lui imposer silence, et ils restèrent sans proférer un seul mot pendant une demi-lieue. Chabert croyait voir les deux petits enfans devant lui.

— Rosine!

— Monsieur!

— Les morts ont donc bien tort de revenir?

— Oh! monsieur, non, non! Ne me croyez pas ingrate. Seulement, vous trouvez une amante, une mère, là où vous aviez laissé une épouse. S'il n'est plus en mon pouvoir de vous aimer, je sais tout ce que je vous dois et puis vous offrir encore toutes les affections d'une fille.

— Rosine, reprit le vieillard d'une voix douce, je n'ai plus aucun ressentiment contre toi. Nous oublierons tout, ajouta-t-il avec un de ces sourires dont la grâce est toujours le reflet d'une belle âme. Je ne suis pas assez peu délicat pour exiger les semblans de l'amour chez une femme qui n'aime plus.

La comtesse lui lança un regard empreint d'une telle reconnaissance, que le pauvre Chabert aurait voulu rentrer dans sa fosse d'Eylau. Certains hommes ont une âme assez forte pour de tels dévouemens, dont ils trouvent la récompense dans la certitude d'avoir fait le bonheur d'une personne aimée.

— Mon ami, nous parlerons de tout ceci plus tard et à cœur reposé, dit la comtesse.

La conversation prit un autre cours, car il était impossible de la continuer long-temps sur ce sujet. Quoique les deux époux revinssent souvent à leur situation bizarre, soit par des allusions, soit sérieusement, ils firent un charmant voyage, se rappelant les événemens de leur union passée et les choses de l'Empire. La comtesse sut imprimer un charme doux à ces souvenirs, et répandit dans la conversation une teinte de mélancolie nécessaire pour y maintenir la gravité. Elle faisait revivre l'amour sans exciter aucun désir, et laissait entrevoir à son premier époux toutes les richesses morales qu'elle avait acquises, en tâchant de l'accoutumer à l'idée de restreindre son bonheur aux seules jouissances que goûte un père près d'une fille chérie. Le colonel avait connu la comtesse de l'Empire, il retrouvait la comtesse de la Restauration. Ils arrivèrent par un chemin de traverse à un grand parc situé dans la petite vallée qui sépare les hauteurs de Margency du joli village de Groslay. La comtesse possédait là une délicieuse maison où le colonel vit, en arrivant, tous les apprêts que nécessitaient son séjour et celui de sa femme. Le malheur est une espèce de talisman dont la vertu consiste à corroborer notre constitution primitive ; il augmente la défiance et la méchanceté chez certains hommes, comme il grandit la bonté de ceux qui ont un cœur excellent ; l'infortune avait rendu le colonel encore plus secourable et meilleur qu'il ne l'avait été. Il savait alors s'initier au secret des souffrances féminines qui sont inconnues à la plupart des hommes. Cependant, malgré son peu de défiance, il ne put s'empêcher de dire à sa femme : — Vous étiez donc bien sûre de m'emmener ici ?

— Oui, répondit-elle, si je trouvais le colonel Chabert dans le plaideur.

L'air de vérité qu'elle sut mettre dans cette réponse dissipa les légers soupçons que le colonel se blâma d'avoir conçus. Pendant trois jours la comtesse fut admirable près de son premier mari. Par de tendres soins et sa constante douceur, elle semblait vouloir effacer le souvenir des souffrances qu'il avait endurées, se faire pardonner les malheurs que, suivant ses aveux, elle avait innocemment causés. Elle se plaisait à déployer pour lui, tout en lui faisant apercevoir une sorte de mélancolie, les charmes auxquels elle le savait faible; car nous sommes plus particulièrement accessibles à certaines façons, à des grâces de cœur ou d'esprit auxquelles nous ne résistons pas. Elle voulait l'intéresser à sa situation, et l'attendrir assez pour s'emparer de son esprit et disposer souverainement de lui. Décidée à tout pour arriver à ses fins, elle ne savait pas encore ce qu'elle devait faire de lui, mais certes elle voulait l'anéantir socialement.

Le soir du troisième jour elle sentit que, malgré ses efforts, elle ne pouvait cacher les inquiétudes que lui causait le résultat de ses manœuvres. Pour se trouver un moment à l'aise, elle monta chez elle, s'assit à son secrétaire, déposa le masque de tranquillité qu'elle conservait devant le comte Chabert, comme une actrice qui, rentrant fatiguée dans sa loge après un cinquième acte pénible, tombe demi-morte et laisse dans la salle une image d'elle-même à laquelle elle ne ressemble plus. Elle se mit à finir une lettre commencée qu'elle écrivait à Delbecq, à qui elle disait d'aller, en son nom, demander chez Derville communication des actes qui concernaient le colonel Chabert, de les copier et de venir aussitôt la trouver à Groslay.

A peine avait-elle achevé qu'elle entendit dans le corridor le bruit des pas du colonel, qui, tout inquiet, venait la retrouver.

— Hélas! dit-elle à haute voix, je voudrais être morte! Ma situation est intolérable...

— Eh bien, qu'avez-vous donc? demanda le bonhomme.

— Rien, rien, dit-elle.

Elle se leva, laissa le comte et descendit pour parler sans témoins à sa femme de chambre, qu'elle fit partir pour Paris, en lui recommandant de remettre elle-même à monsieur Delbecq la lettre qu'elle venait d'écrire, et de la lui rapporter aussitôt qu'il l'aurait lue. Puis la comtesse alla s'asseoir sur un banc où elle était assez en vue pour que le colonel vînt l'y trouver aussitôt qu'il le voudrait. Le comte, qui déjà la cherchait, accourut et s'assit près d'elle.

— Rosine, lui dit-il, qu'avez-vous?

Elle ne répondit pas. La soirée était une de ces soirées magnifiques et calmes dont les secrètes harmonies répandent, au mois de juin, tant de suavité dans les couchers du soleil. L'air était pur et le silence profond, en sorte que l'on pouvait entendre dans le lointain du parc les voix de quelques enfans qui ajoutèrent une sorte de mélodie aux sublimités du paysage.

— Vous ne me répondez pas? demanda le colonel à sa femme.

— Mon mari..., dit la comtesse qui s'arrêta, fit un mouvement et s'interrompit pour lui demander en rougissant : — Comment dirai-je en parlant de monsieur Ferraud ?

— Nomme-le ton mari, ma pauvre enfant, répondit le colonel avec un délicieux accent de bonté. N'est-ce pas le père de tes enfans ?

— Eh bien ! reprit-elle, si monsieur Ferraud me demande ce que je suis venue faire ici, s'il apprend que je m'y suis enfermée avec un inconnu, que lui dirai-je? Écoutez, monsieur, reprit-elle, en prenant une attitude pleine de dignité, décidez de mon sort, je suis résignée à tout....

— Ma chère, dit le colonel en s'emparant des mains de sa femme, j'ai résolu de me sacrifier entièrement à votre bonheur...

— Cela est impossible, s'écria-t-elle en laissant échapper un mouvement convulsif. Songez donc que vous devriez alors renoncer à vous-même et d'une manière authentique...

— Comment, dit le colonel, ma parole ne vous suffit pas ?

Le mot *authentique* tomba sur le cœur du vieillard et y réveilla des défiances involontaires. Il jeta sur sa femme un regard qui la fit rougir : elle baissa les yeux. Le colonel avait peur de se trouver obligé de la mépriser. La comtesse craignait d'avoir effarouché la sauvage pudeur, la probité sévère d'un homme dont elle connaissait le caractère généreux, les vertus primitives. Quoique ces idées eussent répandu quelques nuages sur leurs fronts, la bonne harmonie se rétablit aussitôt entre eux. Un cri d'enfant retentit au loin.

— Jules, laissez votre sœur tranquille, s'écria la comtesse.

— Quoi! vos enfans sont ici? dit le colonel.

— Oui, mais je leur ai défendu de vous importuner.

Le vieux soldat comprit la délicatesse, le tact de femme renfermé dans ce procédé si gracieux, et prit la main de la comtesse pour la baiser.

— Qu'ils viennent donc, dit-il.

La petite fille accourait pour se plaindre de son frère.

— Maman!
— Maman!
— C'est lui qui...
— C'est elle...

Les mains étaient étendues vers la mère, et les deux voix enfantines se mêlaient. Ce fut un tableau soudain et délicieux!

— Pauvres enfans, s'écria la comtesse en ne retenant plus ses larmes, il faudra les quitter! à qui le jugement les donnera-t-il? On ne partage pas un cœur de mère; je les veux, moi!

— Est-ce vous qui faites pleurer maman? dit Jules en jetant un regard de colère au colonel.

— Taisez-vous, Jules, s'écria la mère d'un air impérieux.

Les deux enfans restèrent debout et silencieux,

examinant leur mère et l'étranger avec une curiosité qu'il est impossible d'exprimer par des paroles.

— Oh! oui, reprit-elle, si l'on me sépare de monsieur Ferraud, qu'on me laisse les enfans, et je serai soumise à tout...

Ce fut un mot décisif qui obtint tout le succès qu'elle en avait espéré.

— Oui, s'écria le colonel comme s'il achevait une phrase mentalement commencée, je dois rentrer sous terre. Je me le suis déjà dit.

— Puis-je accepter un tel sacrifice? répondit la comtesse. Si quelques hommes sont morts pour sauver l'honneur de leur maîtresse, ils n'ont donné leur vie qu'une fois. Mais ici vous donneriez votre vie tous les jours! Non, non, cela est impossible. S'il ne s'agissait que de votre existence, ce ne serait rien; mais signer que vous n'êtes pas le colonel Chabert, reconnaître que vous êtes un imposteur, donner votre honneur, commettre un mensonge à toute heure du jour, le dévouement humain ne saurait aller jusque là. Songez donc! Non. Sans mes pauvres enfans, je me serais déjà enfuie avec vous au bout du monde...

— Mais, reprit Chabert, est-ce que je ne puis pas vivre ici, dans votre petit pavillon, comme un de vos parens? Je suis usé comme un canon de rebut, il ne me faut qu'un peu de tabac et *le Constitutionnel*.

La comtesse fondit en larmes. Il y eut entre la comtesse Ferraud et le colonel Chabert un combat de générosité dont le soldat sortit vainqueur. Un soir, en voyant cette mère au milieu de ses enfans, il fut séduit par les touchantes grâces d'un tableau de famille, à la campagne, dans l'ombre et le silence, il prit la résolution de rester mort, et, ne s'effrayant plus de l'authenticité d'un acte, il demanda comment il fallait s'y prendre pour assurer irrévocablement le bonheur de cette famille.

— Faites comme vous voudrez! lui répondit la comtesse, je vous déclare que je ne me mêlerai en rien de cette affaire. Je ne le dois pas.

Delbecq était arrivé depuis quelques jours, et, suivant les instructions verbales de la comtesse, l'intendant avait su gagner la confiance du vieux militaire. Le lendemain matin donc le colonel Chabert partit avec l'ancien avoué pour Saint-Leu-Taverny, où Delbecq avait fait préparer chez le notaire un acte conçu en termes si crus, que le colonel sortit brusquement de l'étude après en avoir entendu la lecture.

— Mille tonnerres! je serais un joli coco! Mais je passerais pour un faussaire, s'écria-t-il.

— Monsieur, lui dit Delbecq, je ne vous conseille pas de signer trop vite. A votre place je tirerais au moins trente mille livres de rentes de ce procès-là, car madame les donnerait.

Après avoir foudroyé ce coquin émérite par le lumineux regard de l'honnête homme indigné, le colonel s'enfuit emporté par mille sentimens contraires. Il redevint défiant, s'indigna, se calma tour à tour. Enfin il entra dans le parc de Groslay par la brêche d'un mur, et vint à pas lents se reposer et réfléchir à son aise dans un cabinet pratiqué sous un kiosque d'où l'on découvrait le chemin de Saint-Leu. L'allée étant sablée avec cette espèce de terre jaunâtre par laquelle on remplace le gravier de rivière, la comtesse, qui était assise dans le petit salon de cette espèce de pavillon, n'entendit pas marcher le colonel. Le visage tourné vers l'allée qui menait à Saint-Leu, elle regardait sur la route, elle était trop préoccupée du succès de son affaire pour prêter la moindre attention au léger bruit que fit son mari du côté opposé. Le vieux soldat n'aperçut pas non plus sa femme au-dessus de lui dans le petit pavillon.

— Eh bien! monsieur Delbecq, a-t-il signé? demanda la comtesse à son intendant qu'elle vit seul sur le chemin, par-dessus la haie d'un saut de loup.

— Non, madame. Je ne sais même pas ce qu'il est devenu. Le vieux cheval s'est cabré.

— Il faudra donc finir par le mettre à Charenton, dit-elle, puisque nous le tenons.

Le colonel, qui retrouva l'élasticité de la jeunesse pour franchir le saut de loup, fut en un clin d'œil devant l'intendant, auquel il appliqua la plus belle paire de soufflets qui jamais ait été reçue sur deux joues de procureur.

— Ajoute que les vieux chevaux savent ruer, lui dit-il.

Sa colère dissipée, le colonel ne se sentit plus la force de sauter le fossé. La vérité s'était montrée dans sa nudité. Le mot de la comtesse et la réponse de Delbecq avaient dévoilé le complot dont il allait être la victime. Les soins qui lui avaient été prodigués étaient une amorce pour le prendre dans un piége. Ce mot fut comme une goutte de quelque poison subtil qui détermina chez le vieux soldat le retour de ses douleurs et physiques et morales. Il revint vers le kiosque par la porte du parc, en marchant lentement comme un homme affaissé. Donc, ni paix, ni trêve pour lui! Dès ce moment il fallait commencer avec cette femme la guerre odieuse dont lui avait parlé Derville, entrer dans une vie de procès, se nourrir de fiel, boire chaque matin un calice d'amertume. Puis, pensée affreuse, où trouver l'argent nécessaire pour payer les frais des premières instances? Il lui prit un si grand dégoût de la vie, que s'il y avait eu de l'eau près de lui, il s'y serait jeté, que s'il avait eu des pistolets, il se serait brûlé la cervelle. Puis il retomba dans l'incertitude d'idées, qui, depuis sa conversation avec Derville chez le nourrisseur, avait changé son moral. Enfin, arrivé devant le kiosque, il monta dans le cabinet aérien dont les rosaces de verre offraient la vue de chacune des ravissantes perspectives de la vallée, et où il trouva la comtesse assise sur une chaise. Elle examinait le paysage et gardait une contenance pleine de calme en montrant cette impénétrable physionomie que savent prendre les femmes déterminées à tout. Elle s'essuya les yeux comme si elle eût versé des pleurs, et joua par un geste distrait avec le long ruban rose de sa ceinture. Néanmoins, malgré son assurance apparente, elle ne put s'empêcher de frissonner en voyant devant elle son vénérable bienfaiteur, debout, les bras croisés, la figure pâle, le front sévère.

— Madame, dit-il après l'avoir regardée fixement pendant un moment et l'avoir forcée à rougir, madame, je ne vous maudis pas, je vous méprise. Maintenant, je remercie le hasard qui nous a désunis. Je ne sens même pas un désir de vengeance, je ne vous aime plus. Je ne veux rien de vous. Vivez tranquille sur la foi de ma parole, elle vaut mieux que le griffonnage de tous les notaires de Paris. Je ne réclamerai jamais le nom que j'ai peut-être illustré. Je ne suis plus qu'un pauvre diable nommé Hyacinthe, qui ne demande que sa place au soleil. Adieu....

La comtesse se jeta aux pieds du colonel, et voulut le retenir en lui prenant les mains; mais il la repoussa avec dégoût, en lui disant : — Ne me touchez pas!

La comtesse fit un geste intraduisible lorsqu'elle entendit le bruit des pas de son mari. Puis, avec la profonde perspicacité que donne une haute scélératesse ou le féroce égoïsme du monde, elle crut pouvoir vivre en paix sur la promesse et le mépris de ce loyal soldat.

Chabert disparut en effet. Le nourrisseur fit faillite et se mit cocher de cabriolet. Peut-être le colonel s'adonna-t-il à quelque industrie du même genre. Peut-être, semblable à une pierre lancée dans un gouffre, alla-t-il, de cascade en cascade, s'abîmer dans cette boue de haillons qui foisonne à travers les rues de Paris.

III.

L'HOSPICE DE LA VIEILLESSE.

Six mois après cet événement, Derville, qui n'entendait plus parler ni du colonel Chabert, ni de la comtesse Ferraud, pensa qu'il était survenu sans doute entre eux une transaction, que, par vengeance, la comtesse avait fait dresser dans une autre étude. Alors, un matin, il supputa les sommes avancées audit Chabert, y ajouta ses frais, et pria la comtesse Ferraud de réclamer à monsieur le comte Chabert le montant de ce mémoire, en présumant qu'elle savait où se trouvait son premier mari.

Le lendemain même, l'intendant du comte Ferraud, récemment nommé président du tribunal de première instance dans une ville importante, écrivit à Derville ce mot désolant :

Monsieur,

Madame la comtesse Ferraud me charge de vous prévenir que votre client avait complètement abusé de votre confiance, et que l'individu qui disait être le comte Chabert a reconnu avoir induement pris de fausses qualités.

Agréez, etc.

DELBECQ.

— On rencontre des gens qui sont aussi, ma parole d'honneur, par trop bêtes! Ils ont volé le baptême! s'écria Derville. Soyez donc humain, généreux, philantrope et avoué, vous vous faites enfoncer! Nom d'un tonnerre! voilà une affaire qui me coûte plus de deux billets de mille francs!

Deux ans après la réception de cette lettre, Derville cherchait au Palais un avocat auquel il voulait parler, et qui plaidait à la police correctionnelle. Le hasard voulut que Derville entrât à la sixième chambre au moment où le président condamnait, comme vagabond, le nommé Hyacinthe à deux mois de prison, et ordonnait qu'il fût ensuite conduit au dépôt de mendicité de Saint-Denis, sentence qui, d'après la jurisprudence des préfets de police, équivaut à une détention perpétuelle.

Au nom d'Hyacinthe, Derville regarda le délinquant assis entre deux gendarmes sur le banc des prévenus, et reconnut, dans la personne du condamné, son faux colonel Chabert. Le vieux soldat était calme, immobile, presque distrait. Malgré ses haillons, malgré la misère empreinte sur sa physionomie, elle déposait d'une noble fierté. Son regard avait une expression de stoïcisme qu'un magistrat n'aurait pas dû méconnaître ; mais, dès qu'un homme tombe entre les mains de la justice, il n'est plus qu'un être moral, une question de droit ou de fait, comme aux yeux des statisticiens il devient un chiffre.

Quand le soldat fut reconduit au greffe pour être emmené plus tard avec la fournée de vagabonds que l'on jugeait en ce moment, Derville usa du droit qu'ont les avoués d'entrer partout au Palais, l'accompagna au greffe et l'y contempla pendant quelques instans, ainsi que les mendians curieux parmi lesquels il se trouvait. L'antichambre du greffe offrait alors un de ces spectacles que malheureusement ni les législateurs, ni les philantropes, ni les peintres, ni les écrivains ne viennent étudier. Comme tous les laboratoires de chicane, cette antichambre est une pièce obscure et puante, dont les murs sont garnis d'une banquette en bois noirci par le séjour perpétuel des malheureux qui viennent à ce rendez-vous de toutes les misères sociales, et auquel pas un d'eux ne manque. Un poëte dirait que le jour a honte d'éclairer ce terrible égout par lequel passent tant d'infortunes ! Il n'est pas une seule place où ne se soit assis quelque crime en germe ou consommé ; pas un seul endroit où ne se soit rencontré quelque homme qui, désespéré par la légère flétrissure que la justice avait imprimée à sa première faute, n'ait commencé une existence au bout de laquelle devait se dresser la guillotine, ou détonner le pistolet du suicide. Tous ceux qui tombent sur le pavé de Paris rebondissent contre ces murailles jaunâtres, sur lesquelles un philantrope qui ne serait pas un spéculateur pourrait déchiffrer la justification des nombreux suicides dont se plaignent des écrivains hypocrites, incapables de faire un pas pour les prévenir, et qui se trouve écrite dans cette antichambre, espèce de préface pour les drames de la Morgue ou pour ceux de la place de Grève.

En ce moment, le colonel Chabert s'assit au milieu de ces hommes à faces énergiques, vêtus des horribles livrées de la misère, silencieux par intervalles, ou causant à voix basse, car trois gendarmes de faction se promenaient en faisant retentir leurs sabres sur le plancher.

— Me reconnaissez-vous? dit Derville au vieux soldat en se plaçant devant lui.

— Oui, monsieur, répondit Chabert en se levant.

— Si vous êtes un honnête homme, reprit Derville à voix basse, comment avez-vous pu rester mon débiteur?

Le vieux soldat rougit comme aurait pu le faire une jeune fille accusée par sa mère d'un amour clandestin.

— Quoi! madame Ferraud ne vous a pas payé? s'écria-t-il à haute voix.

— Payé! dit Derville. Elle m'a écrit que vous étiez un intrigant.

Le colonel leva les yeux par un sublime mouvement d'horreur et d'imprécation, comme pour en appeler au ciel de cette tromperie nouvelle.

— Monsieur, dit-il d'une voix calme à force d'altération, obtenez des gendarmes la faveur de me laisser entrer au greffe, je vais vous signer un mandat qui sera certainement acquitté.

Sur un mot dit par Derville au brigadier, il lui fut permis d'emmener son client dans le greffe, où Hyacinthe écrivit quelques lignes adressées à la comtesse Ferraud.

— Envoyez cela chez elle, dit le soldat, et vous serez remboursé de vos frais et de vos avances. Croyez, monsieur, que si je ne vous ai pas témoigné la reconnaissance que je vous dois pour vos bons offices, elle n'en est pas moins là, dit-il en se mettant la main sur le cœur. Oui, elle est là, pleine et entière. Mais que peuvent les malheureux? Ils aiment, voilà tout.

— Comment, lui dit Derville, n'avez-vous pas stipulé pour vous quelque rente?

— Ne me parlez pas de cela! répondit le vieux militaire. Vous ne pouvez pas savoir jusqu'où va mon mépris pour cette vie extérieure à laquelle tiennent la plupart des hommes. J'ai subitement été pris d'une maladie, le dégoût de l'humanité. Quand je pense que Napoléon est à Sainte-Hélène, tout ici-bas m'est indifférent. Je ne puis plus être soldat, voilà tout mon malheur. Enfin, ajouta-t-il en faisant un geste plein d'enfantillage, il vaut mieux avoir du luxe dans ses sentimens que sur ses habits, je ne crains le mépris de personne.

Et le colonel alla se remettre sur son banc. Der

ville sortit. Quand il revint à son étude, il envoya son maître clerc chez la comtesse Ferraud, qui, à la lecture du billet, fit immédiatement payer la somme due à l'avoué du comte Chabert.

En 1832, vers la fin du mois de juin, un jeune avoué allait à Ris, en compagnie de son prédécesseur. Lorsqu'ils parvinrent à l'avenue qui conduit de la grande route à Bicêtre, ils aperçurent sous un des ormes du chemin, un de ces vieux pauvres chenus et cassés qui ont obtenu le bâton de maréchal des mendians, en vivant à Bicêtre comme les femmes indigentes vivent à la Salpêtrière. Cet homme, l'un des deux mille malheureux logés dans l'*Hospice de la Vieillesse*, était assis sur une borne et paraissait concentrer toute son intelligence dans une opération bien connue des invalides, et qui consiste à faire sécher au soleil le tabac de leurs mouchoirs, pour éviter de les blanchir, peut-être. Ce vieillard avait une physionomie attachante. Il était vêtu de cette robe de drap rougeâtre que l'hospice accorde à ses hôtes, espèce de livrée horrible.

— Tenez, Derville, dit le jeune homme à son compagnon de voyage, voyez donc ce vieux. Ne ressemble-t-il pas à ces grotesques qui nous viennent d'Allemagne. Et cela vit, et cela est heureux, peut-être !

Derville prit son lorgnon, regarda le pauvre, laissa échapper un mouvement de surprise et dit :

— Ce vieux-là, c'est tout un poëme, ou comme disent les romantiques, un drame. As-tu rencontré quelquefois la comtesse Ferraud ?

— Oui, c'est une femme d'esprit et très-agréable ; mais un peu trop dévote.

— Ce vieux bicêtrien est son mari légitime, le comte Chabert, l'ancien colonel. Elle l'aura sans doute fait placer là. S'il est dans cet hospice au lieu d'habiter un hôtel, c'est uniquement pour avoir rappelé à la jolie comtesse Ferraud qu'il l'avait prise, comme un fiacre, sur la place. Je me souviens encore du regard de tigre qu'elle lui jeta dans ce moment-là.

Ce début ayant excité la curiosité du jeune homme, auquel Derville avait récemment vendu sa charge, l'ancien avoué lui raconta l'histoire qui précède.

Deux jours après, le lundi matin, en revenant à Paris, les deux amis jetèrent un coup-d'œil sur Bicêtre, et Derville proposa d'aller voir le colonel Chabert. A moitié chemin de l'avenue, les deux gens de loi trouvèrent assis sur la souche d'un arbre abattu, le vieillard qui tenait à la main un bâton et s'amusait à tracer des raies sur le sable. En le regardant attentivement, ils s'aperçurent qu'il venait de déjeûner autre part qu'à l'établissement.

— Bonjour, colonel Chabert, lui dit Derville.

— Pas Chabert, pas Chabert ! je me nomme Hyacinthe, répondit le vieillard. Je ne suis plus un homme, je suis le numéro 164, septième salle, ajouta-t-il en regardant Derville avec une anxiété peureuse, avec une crainte de vieillard et d'enfant. — Vous allez voir le condamné à mort, dit-il après un moment de silence. Il n'est pas marié, lui! Il est bien heureux.

— Pauvre homme, dit Derville. Voulez-vous de l'argent pour acheter du tabac?

Le colonel tendit avidement la main avec toute la naïveté d'un gamin de Paris, à chacun des deux inconnus qui lui donnèrent une pièce de vingt francs. Il les remercia par un regard stupide, en disant : — Braves troupiers! Il se mit au port d'armes, feignit de les coucher en joue, et s'écria en souriant : — Feu des deux pièces, vive Napoléon! Et il décrivit en l'air avec sa canne une arabesque imaginaire.

— Le genre de sa blessure l'aura fait tomber en enfance, dit Derville.

— Lui, en enfance, s'écria un vieux bicêtrien qui les regardait. Ah! il y a des jours où il ne faut pas lui marcher sur le pied. C'est un vieux malin plein de philosophie et d'imagination. Mais aujourd'hui, que voulez-vous? il a fait le lundi. Monsieur, en 1819, il était déjà ici. Pour lors, un officier prussien, dont la calèche montait la côte de Villejuif, vint à passer à pied. Nous étions nous deux, Hyacinthe et moi, sur le bord de la route. Cet officier causait en marchant avec un autre, avec un Russe, ou quelque animal de la même espèce, lorsqu'en voyant l'ancien, le Prussien, histoire de blaguer, lui dit : — Voilà un vieux voltigeur qui devait être à Rosbach. — J'étais trop jeune pour y être, lui répondit-il, mais j'ai été assez vieux pour me trouver à Iéna. Pour lors, le Prussien a filé, sans faire d'autres questions.

— Quelle destinée! s'écria Derville. Sorti de l'hospice des *Enfans trouvés,* il revient mourir à l'*Hospice de la Vieillesse,* après avoir, dans l'intervalle, aidé Napoléon à conquérir l'Égypte et l'Europe. — Savez-vous, mon cher, reprit Derville après une pause, qu'il existe dans notre société trois hommes, le prêtre, le médecin et l'homme de justice, qui ne peuvent pas estimer le monde. Ils ont des robes noires, peut-être parce qu'ils portent le deuil de toutes les vertus, de toutes les illusions. Combien de choses n'ai-je pas apprises pendant le temps que j'ai été avoué? J'ai vu mourir un père dans un grenier, sans sou ni maille, abandonné par ses deux filles à chacune desquelles il avait donné quarante mille livres de rente! J'ai vu brûler des testamens. J'ai vu des mères dépouiller leurs enfans, des maris voler leurs femmes, des femmes tuer leurs maris en se servant de l'amour qu'elles leur inspiraient pour les rendre fous ou imbécilles, afin de vivre en paix avec un amant. J'ai vu des femmes donner à l'enfant d'un premier lit des goûts qui devaient amener sa mort, afin d'enrichir le leur. Je ne puis pas vous dire tout ce que j'ai vu, car j'ai vu bien des crimes contre lesquels la justice est impuissante. Enfin, toutes les horreurs que les romanciers croient inventer sont toujours au-dessous de la vérité. Vous verrez ces jolies choses-là, vous ! Quant à moi, je vais aller vivre à la campagne avec ma femme. Paris me fait horreur.

Paris, février—mars 1832.

MADAME FIRMIANI.

Beaucoup de récits, riches de situations ou rendus dramatiques par les innombrables jets du hasard, emportent avec eux leurs propres artifices, et peuvent être racontés simplement ou artistement par toutes les lèvres sans que le sujet y perde la plus légère de ses beautés. Mais il est quelques aventures de la vie humaine auxquelles les accens du cœur seuls rendent la vie; mais il est certains détails, pour ainsi dire anatomiques, dont les fibres déliées ne reparaissent, dans une action éteinte, que sous les infusions les plus habiles de la pensée; il est des portraits qui veulent une âme, et qui ne sont rien sans les traits les plus délicats de leur physionomie mobile; enfin, il se rencontre de ces choses que nous ne savons dire ou faire sans je ne sais quelles harmonies inconnues, et auxquelles président un jour, une heure, une conjonction heureuse dans les signes célestes, ou de secrètes prédispositions morales. Ces sortes de révélations mystérieuses étaient impérieusement exigées pour dire cette histoire simple à laquelle l'auteur voudrait pouvoir intéresser quelques-unes de ces âmes naturellement mélancoliques et songeuses qui se nourrissent d'émotions douces. Mais si l'écrivain, semblable à un chirurgien près d'un ami mourant, s'est pénétré d'une espèce de respect pour le sujet qu'il maniait, le lecteur doit également partager ce sentiment inexplicable, être initié à cette vague et nerveuse tristesse qui, n'ayant point d'aliment, répand des teintes grises autour de nous, demi-maladie dont nous aimons tous les molles souffrances. Si vous pensez, par hasard, aux personnes chères que vous avez perdues; si vous êtes seul, s'il est nuit ou si le jour tombe, poursuivez la lecture de cette histoire : autrement, vous jetteriez le livre à la première page. Si vous n'avez pas déjà enseveli quelque bonne tante infirme ou sans fortune, vous ne comprendrez point ces pages. Aux uns, elles sembleront imprégnées de musc : aux autres, elles paraîtront aussi décolorées, aussi vertueuses que peuvent l'être celles de Florian. Pour tout dire, il faut que vous ayez connu la volupté des larmes, que vous ayez senti la douleur muette d'un souvenir qui passe légèrement, chargé d'une ombre chère, mais d'une ombre lointaine; que vous possédiez quelques-uns de ces souvenirs qui font tout à la fois regretter ce que vous a dévoré la terre, et sourire d'un bonheur évanoui. Maintenant, croyez que pour les richesses de l'Angleterre, l'auteur ne voudrait pas extorquer à la poésie un seul de ses mensonges pour embellir sa narration. Ceci est une histoire vraie, et pour laquelle vous pouvez verser les trésors de votre sensibilité, si vous en avez.

Aujourd'hui, notre langue a autant d'idiomes qu'il existe de Variétés d'hommes dans la grande famille française. Aussi est-ce vraiment chose curieuse et agréable que d'écouter les différentes versions données sur une même chose, un même événement, un même mot, par chacune des Espèces qui composent la monographie du Parisien, le Parisien étant pris pour généraliser la thèse.

Ainsi, vous eussiez demandé à un sujet appartenant au genre des Positifs : — Connaissez-vous MADAME FIRMIANI ? Cet homme vous eût traduit madame Firmiani par l'inventaire suivant : — « Un grand hôtel situé rue du Bac, des salons bien meublés, de beaux tableaux, cent bonnes mille livres de rente, et un mari jadis receveur général dans le département de Montenotte. » Ayant dit, le Positif, homme gros et rond, presque toujours vêtu de noir, fait une petite grimace de satisfaction, relève sa lèvre inférieure en la fronçant de manière à couvrir la supérieure, et hoche la tête comme s'il ajoutait : — Voilà des gens solides, et sur lesquels il n'y a rien à dire. Ne lui demandez rien de plus. Les Positifs expliquent tout par des chiffres, par des rentes ou par *les biens au soleil* (mot de leur lexique).

Tournez à droite, allez interroger cet autre qui

appartient au genre des Flâneurs ; répétez-lui votre question. — « Madame Firmiani ? dit-il ; oui, oui ! je la connais bien : je vais à ses soirées. Elle reçoit le mercredi ; c'est une maison fort honorable. » Madame Firmiani se métamorphose en maison. Cette maison n'est plus un amas de pierres superposées architectoniquement ; non, ce mot est, dans la langue des Flâneurs, un idiotisme intraduisible. Ici, le Flâneur, homme sec, à sourire agréable, disant de jolis riens, ayant toujours plus d'esprit acquis que d'esprit naturel, se penche à votre oreille, et, d'un air fin, vous dit : — « Mais je n'ai jamais vu monsieur Firmiani. Sa position sociale consiste à gérer des biens en Italie ; madame Firmiani est Française, et dépense ses revenus en Parisienne. Elle a d'excellent thé ! C'est une des maisons aujourd'hui si rares où l'on s'amuse et où ce que l'on vous donne est exquis. Il est d'ailleurs fort difficile d'être admis chez elle : aussi la meilleure société se trouve-t-elle dans ses salons ! » Puis, le Flâneur commente ce dernier mot par une prise de tabac saisie gravement, il se garnit le nez à petits coups, et semble vous dire : — Je vais dans cette maison, mais ne comptez pas sur moi pour vous y présenter.

Madame Firmiani tient pour les Flâneurs une espèce d'auberge sans enseigne.

— Que veux-tu donc aller faire chez madame Firmiani ? mais l'on s'y ennuie autant qu'à la cour. A quoi sert d'avoir de l'esprit, si ce n'est à éviter des salons où, par la poésie qui court, on lit la plus petite ballade fraîche éclose? Vous avez questionné l'un de vos amis classé parmi les Personnels, gens qui voudraient tenir l'univers sous clef et n'y rien laisser faire sans leur permission. Ils sont malheureux de tout le bonheur des autres, ne pardonnent qu'aux vices, aux chutes, aux infirmités, et ne veulent que des protégés. Aristocrates par inclination, ils se font républicains par dépit, afin d'avoir beaucoup d'inférieurs parmi leurs égaux.

— Oh! madame Firmiani, mon cher, est une de ces femmes adorables qui servent d'excuse à la nature pour toutes les laides qu'elle a créées par erreur ; elle est ravissante! elle est bonne! Je ne voudrais être au pouvoir, devenir roi, posséder des millions, que pour (*ici trois mots dits à l'oreille*). Veux-tu que je t'y présente? Ce jeune homme est du genre Lycéen.

— Madame Firmiani ! s'écrie un autre en faisant tourner sa canne sur elle-même, je vais te dire ce que j'en pense. C'est une femme entre trente et trente-cinq ans, figure passée, beaux yeux, taille plate, voix de contralto usée, beaucoup de toilette, un peu de rouge, charmantes manières ; enfin, mon cher, les restes d'une jolie femme. Cependant elle vaut encore la peine d'une passion.

Cette sentence est due à un sujet du genre Fat. Il vient de déjeûner, ne pèse plus ses paroles, et va monter à cheval. En ces momens, les Fats sont impitoyables.

— Il y a chez elle une galerie de tableaux magnifiques, allez la voir ! vous répond un autre ; rien n'est aussi beau !

Vous vous êtes adressé au genre amateur. L'individu vous quitte pour aller chez Pérignon. Pour lui, madame Firmiani est une collection de toiles peintes.

Une femme. — Madame Firmiani ? Je ne veux pas que vous alliez chez elle !

Cette phrase est la plus riche des traductions ! Madame Firmiani ! femme dangereuse ! sirène ! elle se met bien ! elle a du goût ! elle cause des insomnies à toutes les femmes. L'interlocutrice appartient au genre des Tracassiers.

Un attaché d'ambassade. — Madame Firmiani ! N'est-elle pas d'Anvers ? J'ai vu cette femme-là bien belle il y a dix ans. Elle était alors à Rome.

Les sujets appartenant à la classe des Attachés ont la manie de dire des mots à la Talleyrand. Leur esprit est souvent si fin, que leurs aperçus sont imperceptibles. Ils ressemblent aux joueurs de billard, qui évitent les billes avec une adresse infinie. Ces individus sont généralement peu parleurs ; mais quand ils parlent, ils ne s'occupent que de l'Espagne, de Vienne, de l'Italie ou de Pétersbourg. Les noms de pays sont chez eux comme des ressorts ; pressez-les, la sonnerie vous dira tous ses airs.

— Cette madame Firmiani ne voit-elle pas beaucoup le faubourg Saint-Germain ?

Ceci est dit par une personne qui veut appartenir au genre Distingué. Elle donne le *de* à tout le monde, à monsieur Dupin l'aîné, à monsieur Lafayette ; elle le jette à tort et à travers, elle en déshonore les gens. Elle passe sa vie à s'inquiéter de ce qui est *bien* ; mais, pour son supplice, elle demeure au Marais, et son mari a été avoué, mais avoué à la Cour royale.

— Madame Firmiani, monsieur ? je ne la connais pas !

Cet homme appartient au genre des Ducs. Il n'avoue que les femmes présentées ; mais excusez-le, il est duc par le fait de Napoléon.

— Madame Firmiani ? n'est-ce pas une ancienne actrice des Italiens ?

Homme du genre Niais. Les individus de cette classe veulent avoir réponse à tout.

DEUX VIEILLES DAMES (*femmes d'anciens magistrats*). LA PREMIÈRE. — (Elle a un bonnet à coques, sa figure est ridée, son nez est pointu ; elle tient un Paroissien ; voix dure) :

— Qu'est-elle en son nom cette madame Firmiani ?

LA SECONDE. — (Petite figure rouge ressemblant à une vieille pomme d'api, voix douce) : — Une Carignan, ma chère.

Madame Firmiani est une Carignan ; elle n'aurait ni vertus, ni fortune, ni jeunesse, ce serait toujours une Carignan. Une Carignan, c'est comme un préjugé, toujours riche et vivant.

Un original. — Mon cher, je n'ai jamais vu de socques dans son antichambre ; tu peux aller chez elle sans te compromettre, et y jouer sans crainte, parce que, s'il y a des fripons, ils sont gens de qualité ; partant, on ne s'y querelle pas.

Vieillard appartenant au genre des observateurs. — Vous irez chez madame Firmiani ; vous trouverez, mon cher, une belle femme nonchalamment assise au coin de sa cheminée ; à peine se lèvera-t-elle de son fauteuil. Elle est fort gracieuse ; elle charme ; elle cause bien, et veut causer de tout ; il y a chez elle tous les indices de la passion, mais on lui donne trop d'amans pour qu'elle en ait un. Si les soupçons ne planaient que sur deux ou trois de ses intimes, nous saurions quel est son cavalier servant ; mais c'est une femme toute mystérieuse : elle est mariée, et jamais nous n'avons vu son mari. Monsieur Firmiani est un personnage tout-à-fait fantastique ; il ressemble à ce troisième cheval que l'on paie toujours en courant la poste, et qu'on n'aperçoit jamais. Madame, à entendre les artistes, est le premier contralto d'Europe ; néanmoins, elle n'a pas chanté trois fois depuis qu'elle est à Paris ; elle reçoit beaucoup de monde, et ne va chez personne.

L'Observateur parle en prophète. Il faut accepter ses paroles, ses anecdotes, ses citations, comme des vérités, sous peine de passer pour un homme sans instruction, sans moyens. Il vous calomniera gaîment dans vingt salons où il est essentiel comme une première pièce sur l'affiche, ces pièces si souvent jouées pour les banquettes, et qui ont eu du succès autrefois. L'Observateur a quarante ans, ne dîne jamais chez lui, se dit peu dangereux près des femmes ; il est poudré, porte un habit marron, a toujours une place dans plusieurs loges aux Bouffons ; il est quelquefois confondu parmi les parasites, mais il a rempli de trop hautes fonctions pour être soupçonné d'être un pique-assiette, et possède d'ailleurs une terre dans un département dont le nom ne lui est jamais échappé.

— Madame Firmiani ? Mais, mon cher, c'est une ancienne maîtresse de Murat !

Celui-ci est dans la classe des Contradicteurs. Ces sortes de gens font les *errata* de tous les mémoires, rectifient tous les faits, parient toujours cent contre un, sont sûrs de tout. Vous les surprenez dans la même soirée, en flagrant délit d'ubiquité. Ils disent avoir été arrêtés à Paris lors de la conspiration Mallet, en oubliant qu'ils venaient, une demi-heure auparavant, d'assister au passage de la Bérésina. Presque tous les Contradicteurs sont chevaliers de la Légion-d'Honneur, parlent très-haut, ont un front fuyant, et jouent gros jeu.

— Madame Firmiani, cent mille livres de rente ! Êtes-vous fou ? Vraiment il y a des gens qui vous donnent des cent mille livres de rente avec la libéralité des auteurs, auxquels cela ne coûte rien quand ils dotent leurs héroïnes. Mais madame Firmiani est une coquette, elle a ruiné dernièrement un jeune homme, et l'a empêché de faire un très-beau mariage. Si elle n'était pas belle, elle serait sans un sou.

Oh! celui-ci vous le reconnaissez. Il est du genre des Envieux, et nous n'en dessinerons pas le moindre trait. L'espèce en est aussi connue que peut l'être celle des *felis* domestiques. Les envieux ne sont pas plus rares dans le monde que les pariétaires sur les murs.

Les *gens* du monde, les *gens* de lettres, les honnêtes *gens*, et les *gens* de tout genre, répandaient, au mois de janvier 1825, tant d'opinions différentes sur madame Firmiani, qu'il serait fastidieux de les consigner toutes ici. Nous avons seulement voulu constater qu'un homme intéressé à la connaître, sans aller chez elle, aurait eu raison de la croire également veuve ou mariée, sotte ou spirituelle, vertueuse ou sans mœurs, riche ou pauvre, sensible ou sans âme ; belle ou laide. Bref, il y avait autant de madames Firmiani que de *classes* dans la société, que de sectes dans le Catholicisme. Effrayante pensée ! Nous sommes tous comme des planches lithographiques dont la médisance tire une infinité de copies. Ces épreuves ressemblent au modèle ou en diffèrent par des nuances tellement imperceptibles, que la réputation dépend, sauf les calomnies de nos amis et les bons mots d'un journal, de la balance faite par chacun entre le vrai qui va boitant et les vérités qui courent. Madame Firmiani, semblable à beaucoup de femmes pleines de noblesse et de fierté, qui se font de leur cœur un sanctuaire et dédaignent le monde, aurait pu être très-mal jugée par monsieur le comte de Valesnes, vieux propriétaire occupé d'elle, au commencement de l'année 1825. Par hasard, ce propriétaire appartenait à la classe des Planteurs, gens habitués à se rendre compte de tout, et à faire des marchés avec les paysans. A ce métier, un homme devient perspicace malgré lui, comme un soldat contracte à la longue un courage de routine.

Ce curieux, venu de Touraine, et que les idiomes parisiens ne satisfaisaient point, était un gentilhomme très-honorable, qui jouissait, pour seul et unique héritier, d'un neveu dont il raffolait, et pour lequel il plantait ses peupliers. Cette amitié ultra-naturelle motivait bien des médisances que les sujets appartenant aux diverses espèces du Tourangeau formulaient très-spirituellement ; mais il est inutile de les rapporter, car elles pâliraient auprès des médisances parisiennes. Quand on peut penser à son héritier, sans déplaisir, en voyant tous les jours de belles rangées de peupliers s'embellir, l'affection s'accroît de chaque coup de bêche qu'on donne au pied des arbres. Quoique ce phénomène de sensibilité soit peu commun, il se rencontre encore en Touraine. Ce neveu chéri se nommait Octave de Camps, et descendait du fameux abbé de Camps, si connu des bibliophiles ou des savans, ce qui n'est pas la même chose. Les gens de province ont la mauvaise habitude de frapper d'une espèce de réprobation décente les jeunes gens qui vendent leurs héritages ; gothique préjugé qui nuit à l'agiotage que, jusqu'à présent, le gouvernement encourage par une *quasi-tolérance*. Or, Octave de Camps, sans consulter son oncle, avait à l'improviste disposé d'une terre en faveur de la bande noire. Le château de Villaines eût été démoli sans les propositions que le vieil oncle avait faites aux représentans de la compagnie du marteau. Pour augmenter la colère du testateur, un ami d'Octave, parent éloigné, un de ces gens habiles dont les capacités départementales disent : — Je ne voudrais pas avoir de procès avec lui ! était venu, par hasard, chez monsieur de Valesnes, et lui avait appris la ruine de son neveu. Monsieur Octave de Camps, après avoir dissipé sa fortune pour une madame Firmiani, s'était vu réduit à se faire répétiteur de mathématiques, en attendant l'héritage de son oncle, auquel il n'osait venir avouer ses fautes.

Cet arrière-cousin, espèce de Charles Moor, n'avait pas eu honte de donner ces fatales nouvelles à monsieur de Valesnes au moment où le vieux campagnard digérait, devant son large foyer, un copieux dîner de province. Mais les héritiers ne viennent pas à bout d'un oncle aussi facilement qu'ils le voudraient. Grâce à son entêtement, celui-ci, qui refusait de croire en l'arrière-cousin, sortit vainqueur de l'indigestion causée par la biographie de son neveu. Certains coups portent sur le cœur, d'autres sur la tête ; le coup donné par l'arrière-cousin tomba sur les entrailles et produisit peu d'effet, parce que le bonhomme avait un excellent estomac.

En vrai disciple de saint Thomas, monsieur de Valesnes vint à Paris, à l'insu d'Octave, et voulut prendre des renseignemens sur la déconfiture de son héritier. Le vieux gentilhomme avait des relations dans le faubourg Saint-Germain, où, en deux jours, il entendit tant de médisances, de vérités, de faussetés, sur madame Firmiani, qu'il résolut de se faire présenter chez elle sous le nom de monsieur de Rouxellay, son nom patronimique. Le prudent vieillard avait eu soin de choisir, pour venir étudier la prétendue maîtresse d'Octave, une soirée pendant laquelle il le savait occupé d'achever un travail chèrement payé. L'amant de madame Firmiani était toujours reçu chez elle, circonstance que personne ne pouvait expliquer. Quant à la ruine d'Octave, ce n'était malheureusement pas une fable. Monsieur le comte de Rouxellay de Valesnes ne ressemblait point à un oncle du Gymnase. Ancien mousquetaire, homme de haute compagnie qui avait eu jadis des bonnes fortunes, il savait se présenter courtoisement, se souvenait des manières polies d'autrefois, disait des mots gracieux et comprenait presque toute la Charte. Quoiqu'il aimât les Bourbons avec une noble franchise, qu'il crût en Dieu comme y croient les gentilshommes, qu'il lût *la Quotidienne*, il n'était pas aussi ridicule que les libéraux de son département le souhaitaient. Il pouvait tenir sa place près des gens de cour, pourvu qu'on ne lui parlât point de *Mosè*, de drame, de romantisme, de couleur locale, de chemins de fer, car il en était resté à monsieur de Voltaire, à Buffon, à Perronnet et au chevalier de Gluck.

— Madame, dit-il à la comtesse de Frontenac, à laquelle il donnait le bras en entrant chez madame Firmiani, si cette femme est la maîtresse de mon neveu, je le plains. Comment peut-elle vivre au sein du luxe en le sachant dans un grenier! Elle n'a pas d'âme. Octave est un fou d'avoir placé le prix de la terre de Villaines dans le cœur d'une....

Le comte appartenait au genre Fossile, et ne connaissait que le langage du vieux temps.

— Mais s'il l'avait perdue au jeu?

— Eh! madame, au moins il aurait eu le plaisir de jouer.

— Vous croyez donc qu'il n'a pas eu de plaisir? Tenez, voyez madame Firmiani.

Les plus beaux souvenirs du vieil oncle pâlirent à l'aspect de la maîtresse de son neveu. Sa colère expira dans une phrase gracieuse qui lui fut arrachée à l'aspect de madame Firmiani. Elle était, par un de ces hasards qui n'arrivent qu'aux jolies femmes, dans un moment où toutes ses beautés brillaient d'un éclat particulier, dû peut-être à la lueur des bougies, à une toilette admirablement simple, à je ne sais quel reflet du luxe élégant qui l'environnait. Il faut avoir étudié toutes les petites révolutions d'une soirée dans un salon de Paris, pour apprécier les nuances imperceptibles qui peuvent colorer un visage de femme et le changer. Il est un moment où, contente de sa parure, où se trouvant spirituelle, heureuse d'être admirée, en se voyant la reine d'un salon plein d'hommes remarquables qui lui sourient, elle a la conscience de sa beauté, de sa grâce : alors, elle s'embellit de tous les regards qu'elle recueille et qui l'animent, mais dont elle sacrifie les muets hommages à son bien-aimé. En ce moment, une femme est comme investie d'un pouvoir surnaturel, et devient magicienne. Coquette à son insu, elle inspire involontairement l'amour dont elle s'enivre en secret, elle a des sourires, des regards qui fascinent. Si cet éclat, venu de l'âme, donne de l'attrait même aux laides, de quelle splendeur ne revêt-il pas une femme nativement élégante, aux formes distinguées, blanche, fraîche, aux yeux vifs, et surtout mise avec un goût avoué des artistes et de ses rivales ?

Avez-vous, pour votre bonheur, rencontré quelque personne dont la voix harmonieuse imprime à la parole un charme également répandu dans ses manières, qui sait et parler et se taire ; s'occuper de vous avec délicatesse ; dont les mots sont heureusement choisis, ou dont le langage est pur ; sa raillerie caresse et sa critique ne blesse point ; elle ne disserte pas plus qu'elle ne dispute, elle se plaît à conduire une discussion, et l'arrête à propos ; son air est affable et riant ; sa politesse n'a rien de forcé ; son empressement n'est pas servile ; elle réduit le respect

10.

à n'être plus qu'une ombre douce; elle ne vous fatigue jamais, et vous laisse satisfait d'elle et de vous. Sa bonne grâce, vous la retrouvez empreinte dans les choses dont elle s'environne; chez elle, tout flatte la vue, et vous y respirez comme l'air d'une patrie. Cette femme est naturelle. En elle, jamais d'effort, elle n'affiche rien; ses sentimens sont simplement rendus, parce qu'ils sont vrais; elle est franche, et sait n'offenser aucun amour-propre. Elle accepte les hommes comme Dieu les a faits, plaignant les gens vicieux, pardonnant aux défauts et aux ridicules, concevant tous les âges, et ne s'irritant de rien, parce qu'elle a le tact de tout prévoir. Elle oblige avant de consoler; elle est tendre et gaie; vous l'aimez irrésistiblement, et si cet ange fait une faute, vous vous sentez prêt à la justifier. Telle était madame Firmiani.

Lorsque monsieur de Valesnes eut causé pendant un quart d'heure avec cette femme, assis près d'elle, son neveu fut absous, et il comprit que, fausses ou vraies, les liaisons d'Octave et de madame Firmiani cachaient sans doute quelque mystère. Revenant aux illusions qui dorent les premiers jours de notre jeunesse, et jugeant du cœur de madame Firmiani par sa beauté, il pensa qu'une femme aussi pénétrée de sa dignité qu'elle paraissait l'être, était incapable d'une mauvaise action. Il y avait tant de calme dans ses yeux noirs, les lignes de son visage étaient si nobles, les contours si purs, et la passion dont on l'accusait semblait lui peser si peu sur le cœur, que le comte admirant toutes les promesses faites à l'amour et à la vertu par cette adorable physionomie, se dit : — Mon neveu aura commis quelque sottise !

Madame Firmiani avouait vingt-cinq ans ; mais les Positifs prouvaient que, mariée en 1813, à l'âge de seize ans, elle devait avoir au moins vingt-huit ans en 1825. Néanmoins, les mêmes gens assuraient aussi qu'à aucune époque de sa vie elle n'avait été si désirable, ni si complètement femme. Elle était sans enfans et n'en avait point eu. Le problématique monsieur Firmiani, quadragénaire très-respectable en 1813, n'avait pu, disait-on, lui offrir que son nom et sa fortune. Madame de Firmiani atteignait donc l'âge où la Parisienne conçoit le mieux une passion, et la désire peut-être innocemment à ses heures perdues. Elle avait acquis tout ce que le monde vend, tout ce qu'il prête, tout ce qu'il donne. Les Attachés d'ambassade prétendaient qu'elle n'ignorait rien. Les Contradicteurs prétendaient qu'elle pouvait encore apprendre beaucoup de choses. Les Observateurs lui trouvaient les mains bien blanches, le pied bien mignon, les mouvemens un peu trop onduleux. Mais les individus de tous les Genres enviaient ou contestaient le bonheur d'Octave, en convenant que madame Firmiani était la femme le plus aristocratiquement belle de tout Paris. Jeune encore, riche, musicienne parfaite, spirituelle, délicate, reçue, en souvenir des Carignan, auxquels elle appartenait par sa mère, chez madame la princesse de Blamont-Chauvry, oracle du noble faubourg, elle flattait toutes les vanités qui alimentent et qui excitent l'amour. Elle était désirée par trop de gens pour n'être pas victime de l'élégante médisance parisienne et des ravissantes calomnies qui se débitent si spirituellement sous l'éventail ou dans les *à parte*. Aussi les observations par lesquelles cette histoire commence étaient-elles nécessaires pour faire connaître la Firmiani du monde. Si quelques femmes lui pardonnaient son bonheur, d'autres ne lui faisaient pas grâce de sa décence; et rien n'est plus terrible, surtout à Paris, que des soupçons sans fondement; il est impossible de les détruire. Cette esquisse d'une figure admirable de naturel n'en donnera jamais qu'une faible idée. Il faudrait le pinceau de Gérard pour rendre la fierté du front, la profusion des cheveux, la majesté du regard, toutes les pensées que faisaient supposer les couleurs particulières du teint. Il y avait tout dans cette femme. Les poëtes pouvaient en faire à la fois Jeanne d'Arc ou Agnès Sorel; mais il y avait aussi la femme inconnue, l'âme cachée sous cette enveloppe décevante, l'âme d'Ève, les richesses du mal et les trésors du bien, la faute et la résignation, le crime et le dévouement, Dona Julia et Haïdée de *Don Juan*.

L'ancien mousquetaire demeura fort impertinemment le dernier dans le salon de madame Firmiani, qui le trouva tranquillement assis dans un fauteuil, restant devant elle avec l'importunité d'une mouche qu'il faut tuer pour s'en débarrasser. La pendule marquait deux heures après minuit.

— Madame, dit le vieux gentilhomme au moment où madame Firmiani se leva en espérant faire comprendre à son hôte que son bon plaisir était qu'il partît, madame, je suis l'oncle de monsieur Octave de Camps.

Madame Firmiani s'assit promptement. Elle était émue. Mais, malgré sa perspicacité, le planteur de peupliers ne devina pas si elle pâlissait et rougissait de honte ou de plaisir. Il est des plaisirs qui ne vont pas sans un peu de pudeur effarouchée, délicieuses émotions que le cœur le plus chaste voudrait toujours voiler. Plus une femme est délicate, plus elle veut cacher les joies de son âme. Beaucoup de femmes, inconcevables dans leurs divins caprices, souhaitent souvent entendre prononcer par tout le monde un nom que parfois elles désireraient ensevelir dans leur cœur. Monsieur de Rouxellay n'interpréta pas tout-à-fait ainsi le trouble de madame Firmiani; mais le campagnard était défiant.

— Eh bien! monsieur? lui dit madame Firmiani, en lui jetant un de ces regards lucides et clairs où, nous autres hommes, nous ne pouvons jamais rien voir, parce qu'ils nous interrogent un peu trop.

— Eh bien! madame, reprit le gentilhomme, savez-vous ce qu'on est venu me dire, à moi, au fond de ma province? Mon neveu vous aime, il s'est ruiné pour vous! Le malheureux est dans un grenier, tandis que vous êtes ici dans l'or et la soie.

Vous me pardonnerez ma rustique franchise, car il est peut-être très-utile que vous soyez instruite des calomnies....

— Arrêtez, monsieur, dit madame Firmiani en interrompant le gentilhomme par un geste impératif, je sais tout cela. Vous êtes trop poli pour laisser la conversation sur ce sujet lorsque je vous aurai prié de le quitter. Vous êtes trop galant (dans l'ancienne acception du mot, ajouta-t-elle en donnant un léger accent d'ironie à ses paroles) pour ne pas reconnaître que vous n'avez aucun droit de me questionner ; qu'il serait ridicule à moi de me justifier ; et j'espère que vous aurez une assez bonne opinion de mon caractère pour croire au profond mépris que l'argent m'inspire. J'ignore si monsieur votre neveu est riche ou pauvre : si je l'ai reçu, si je le reçois, je le regarde comme digne d'être au milieu de mes amis. Tous ont du respect les uns pour les autres ; ils savent que je n'ai pas la philosophie de voir les gens que je n'estime point. Peut-être est-ce manquer de charité ; mais mon ange gardien m'a maintenue jusqu'aujourd'hui dans une aversion profonde des caquets et de l'improbité.

Le timbre de la voix était légèrement altéré pendant les premières phrases de cette réplique, dont les derniers mots furent dits, par madame Firmiani, avec l'aplomb de Célimène raillant le Misanthrope.

— Madame, reprit le comte d'une voix émue, je suis un vieillard, je suis le père d'Octave, je vous demande donc, par avance, le plus humble des pardons pour la seule question que je vais avoir la hardiesse de vous adresser. Je vous donne ma parole de loyal gentilhomme que votre réponse mourra là, dit-il en mettant la main sur son cœur avec un mouvement véritablement religieux. — Aimez-vous Octave? La médisance a-t-elle raison?

— Monsieur, dit-elle, à tout autre je ne répondrais que par un regard ; mais à vous, et parce que vous êtes le père de monsieur de Camps, je vous demanderai ce que vous penseriez d'une femme si, à votre question, elle disait : *Oui?* Avouer son amour à celui que nous aimons, quand il nous aime bien, quand nous sommes certaines d'être aimées, croyez-moi, monsieur, c'est un effort, une récompense, un bonheur. Mais à un autre?...

Elle n'acheva pas, elle se leva, salua le bonhomme et disparut dans ses appartemens, dont elle ouvrit et ferma successivement toutes les portes.

—Ah! peste! dit le vieillard, quelle femme! c'est une rusée commère ou un ange!

Et il gagna sa voiture de remise, dont les chevaux donnaient de temps en temps des coups de pied au pavé de la cour silencieuse. Le cocher dormait, après avoir cent fois maudit sa pratique. Le lendemain matin, vers huit heures, le vieux gentilhomme montait l'escalier d'une maison située rue de l'Observance, où demeurait Octave de Camps. S'il y eut au monde un homme étonné, ce fut certes le jeune professeur quand il vit son oncle. La clef était sur la porte, la lampe d'Octave brûlait encore. Il avait passé la nuit.

— Monsieur le drôle, dit monsieur de Valesnes, en s'asseyant sur un fauteuil, depuis quand se rit-on (style chaste) des oncles qui ont seize mille livres de rentes en bonnes terres de Touraine, et dont on est le seul héritier? Savez-vous que jadis nous respections ces parens-là. Voyons, as-tu quelques reproches à m'adresser? Ai-je mal fait mon métier d'oncle? T'ai-je demandé du respect? t'ai-je refusé de l'argent? t'ai-je fermé la porte au nez en prétendant que tu venais voir comment je me portais? N'as-tu pas l'oncle le plus commode, le moins assujétissant qu'il y ait en France, je ne dis pas en Europe, ce serait trop prétentieux? Tu m'écris ou tu ne m'écris pas; je vis sur l'affection jurée, et je t'arrange la plus jolie terre du pays à donner de l'envie à tout un département. Je ne veux te la laisser néanmoins que le plus tard possible; mais cette velléité n'est pas un vice, c'est une manie fort excusable! Et monsieur vend son bien, se loge comme un laquais, et n'a plus ni gens, ni train!

— Mon oncle.

— Il ne s'agit pas de l'oncle, mais du neveu! J'ai droit à ta confiance, ainsi confesse-toi promptement; c'est plus facile, je sais cela par expérience. As-tu joué? as-tu perdu à la Bourse? Allons, dis-moi : — « Mon oncle, je suis un misérable! » et je t'embrasse. Mais si tu me fais un mensonge plus gros que ceux que j'ai faits à ton âge, je vends mon bien, je le mets en viager, et reprendrai mes mauvaises habitudes de jeunesse, si c'est encore possible.

— Mon oncle....

— Ah, j'ai vu hier ta madame Firmiani.

A ces mots, monsieur de Valesnes voulut faire le jeune homme, et baisa le bout de ses doigts qu'il ramassa en faisceau.

— Elle est charmante, dit-il. Tu as l'approbation et le privilége du roi, et l'agrément de ton oncle, si cela peut te faire plaisir. Quant à la sanction de l'église, elle est inutile, je crois. Les sacremens sont trop chers! Allons, parle! Est-ce pour elle que tu t'es ruiné?

— Oui, mon oncle.

— Ah, la coquine! je l'aurais parié! De mon temps, les femmes de la cour étaient plus habiles à ruiner un homme que ne peuvent l'être vos courtisanes d'aujourd'hui. J'ai reconnu, en elle, le siècle passé rajeuni.

— Mon oncle, reprit Jules d'un air tout à la fois triste et doux, vous vous méprenez. Madame Firmiani mérite votre estime et toutes les adorations de ses admirateurs.

— La pauvre jeunesse est toujours la même, dit monsieur de Valesnes. Allons, va ton train, rabâche-moi de vieilles histoires. Cependant tu dois savoir que je ne suis pas d'hier dans la galanterie.

— Mon bon oncle, voici une lettre qui vous dira tout, répondit Jules en tirant un élégant portefeuille, donné sans doute par *elle*. Quand vous l'aurez lue, j'achèverai de vous instruire, et vous connaîtrez une madame Firmiani inconnue au monde.

— Je n'ai pas mes lunettes, dit monsieur de Valesnes; lis-la-moi.

Jules commença ainsi : « Mon ami chéri!...

— Tu as donc cette femme-là?

— Mais, oui, mon oncle.

— Et vous n'êtes pas brouillés?

— Brouillés! répéta Jules avec étonnement. Nous sommes mariés à Greatna-Green.

— Hé bien, reprit monsieur de Valesnes, pourquoi dînes-tu donc à quarante sous?

— Laissez-moi continuer.

— C'est juste, j'écoute.

Jules reprit la lettre, et n'en lut pas certains passages sans de profondes émotions.

« Mon époux aimé, tu m'as demandé raison de ma tristesse! A-t-elle donc passé de mon âme sur mon visage, ou l'as-tu seulement devinée? Pourquoi ne serait-ce pas ainsi? nous sommes si bien unis de cœur! Puis je ne sais pas mentir. N'est-ce pas un malheur? Une des conditions de la femme aimée est d'être toujours caressante et gaie. Peut-être saurais-je te tromper; mais je ne le voudrais pas, même s'il s'agissait d'augmenter ou de conserver le bonheur que tu me donnes, que tu me prodigues, dont tu m'accables. Oh! cher, combien de reconnaissance comporte mon amour! Aussi veux-je t'aimer toujours, sans bornes. Oui, je veux toujours être fière de toi. Notre gloire à nous est toute dans notre amant. Estime, considération, honneur, tout n'est-il pas à celui qui a tout pris ? Eh bien, mon ange a failli. Oui, cher, ta dernière confidence a terni ma félicité passée. Depuis ce moment, je me trouve humiliée en toi ; en toi, que je regardais comme le plus pur des hommes, comme tu en es le plus aimant et le plus tendre. Il faut avoir bien confiance en ton cœur, encore enfant, pour te faire un tel aveu ; il me coûte horriblement. Comment, pauvre ange, ton père a dérobé sa fortune, tu le sais, et tu la gardes! Et tu m'as conté ce haut fait de procureur dans une chambre pleine de muets témoins de notre amour! Et tu es gentilhomme, et tu te crois noble ! et tu me possèdes, et tu as vingt-deux ans ! Combien de monstruosités! Je t'ai cherché des excuses. J'ai attribué ton insouciance à ta jeunesse étourdie. Je sais qu'il y a beaucoup de l'enfant en toi. Peut-être n'as-tu pas encore pensé bien sérieusement à ce qui est fortune et probité. Oh! combien ton rire m'a fait de mal! Songe donc qu'il existe une famille ruinée, toujours en larmes, des jeunes personnes peut-être, qui te maudissent tous les jours, un vieillard qui chaque soir se dit : — « Je ne serais pas sans pain si le père de monsieur de Camps n'avait pas été un malhonnête homme! » Octave, aucune puissance au monde n'a l'autorité de changer le langage de la probité. Retire-toi dans ta conscience, et demande-lui par quel mot nommer l'action à laquelle tu dois ton or. Je ne te dirai pas toutes les pensées qui m'assiégent, elles peuvent se réduire toutes à une seule, et la voici. Je ne puis pas estimer un homme qui se salit sciemment pour une somme d'argent quelle qu'elle soit. Cent sous volés au jeu, ou dix fois cent mille francs dus à une tromperie légale, déshonorent également un homme. Je veux tout te dire ! Je me regarde comme entachée par des caresses qui naguère faisaient tout mon bonheur. Il s'élève au fond de mon âme une voix que mon amour ne peut pas étouffer, elle crie sans cesse. Ah ! j'ai pleuré d'avoir plus de conscience que d'amour. Tu pourrais commettre un crime, je te cacherais à la justice humaine dans mon sein, si je le pouvais ; mais mon dévouement n'irait que jusque-là. L'amour, mon ange, est, chez une femme, la confiance la plus illimitée, unie à je ne sais quel besoin de vénérer, d'adorer l'être auquel elle appartient. Je n'ai jamais conçu l'amour que comme un feu auquel s'épuraient encore les plus nobles sentimens, un feu qui les développait tous. Je n'ai plus qu'une seule chose à te dire. Viens à moi, pauvre ; alors mon amour redoublera si cela se peut ; sinon, renonce à moi. Si je ne te vois plus, je sais ce qui me reste à faire. Maintenant, je ne veux pas, entends-moi bien, que tu restitues parce que je te le conseille. Consulte bien ta conscience. Il ne faut pas que cet acte de justice soit un sacrifice fait à l'amour. Je suis ta femme, et non pas ta maîtresse ! il s'agit moins de me plaire que de m'inspirer pour toi la plus profonde estime. Si je me trompe, si tu m'as mal expliqué l'action de ton père ; enfin, pour peu que tu croies ta fortune légitime, (oh ! je voudrais me persuader que tu ne mérites aucun blâme!) décide en écoutant la voix de ta conscience, agis bien par toi-même. Un homme qui aime sincèrement, comme tu m'aimes, respecte trop tout ce que sa maîtresse met en lui de sainteté pour être improbe. Je me reproche maintenant tout ce que je viens d'écrire. Un mot suffisait peut-être! Mon instinct de prêcheuse m'a emportée. Aussi voudrais-je être grondée, pas trop fort, mais un peu. Cher, entre nous deux, n'es-tu pas le pouvoir? tu dois seul apercevoir tes fautes. Eh bien! mon maître, direz-vous que je ne comprends rien aux discussions politiques? »

— Eh bien! mon oncle? dit Jules dont les yeux étaient pleins de larmes.

— Mais il y a encore de l'écriture, achève donc.

— Oh! ce sont maintenant de ces choses qui ne doivent être lues que par un amant.

— Bien, dit monsieur de Valesnes, bien, mon enfant! J'ai eu beaucoup de bonnes fortunes; mais je te prie de croire que j'ai aussi aimé. *Et ego in Arcadiâ.* Mais je ne conçois pas pourquoi tu donnes des leçons de mathématiques.

— Mon cher oncle, je suis votre neveu. N'est-ce pas vous dire, en deux mots, que j'avais bien un peu entamé le capital laissé par mon père? Après avoir lu cette lettre, il s'est fait en moi toute une révolution. J'ai payé en un moment l'arriéré de mes remords. Je ne pourrai jamais vous peindre l'état dans lequel j'étais. En conduisant mon cabriolet, une voix me criait : — « Ce cheval est-il à toi? » En mangeant,

11.

je me disais : « N'est-ce pas un dîner volé ? » J'avais honte de moi-même. Plus jeune était ma probité, plus elle était ardente. D'abord, j'ai couru chez madame Firmiani. O Dieu ! mon oncle, ce jour-là j'ai eu des plaisirs de cœur, des voluptés d'âme qui valaient des millions. J'ai fait avec elle le compte de ce que je devais à cette famille inconnue. Je me suis condamné moi-même à lui payer trois pour cent d'intérêt, contre l'avis de madame Firmiani. Mais toute ma fortune ne pouvait suffire à solder la somme. Alors nous étions l'un l'autre assez amans, assez époux, elle pour m'offrir, moi pour accepter ses économies. Heure délicieuse !

— Comment ! s'écria l'oncle, outre toutes ses vertus, cette femme adorable fait des économies !

— Ne vous moquez pas d'elle, mon oncle. Sa position l'oblige à bien des ménagemens. Son mari partit en 1820 pour la Grèce, où il est mort depuis trois ans. Jusqu'à ce jour il a été impossible d'avoir la preuve légale de sa mort, et de se procurer le testament qu'il a dû faire en faveur de sa femme, pièce importante qui a été prise ou perdue par des Albanais. Ignorant si un jour elle ne sera pas forcée de compter avec des héritiers malveillans, elle est obligée d'avoir un ordre extrême. Elle veut pouvoir laisser son opulence comme Chateaubriand a quitté le ministère. Or, je veux acquérir une fortune qui soit *mienne*, afin de donner une belle fortune à ma femme si elle était ruinée.

— Et tu ne m'as pas dit cela ? et tu n'es pas venu

à moi? Oh! mon neveu, songe donc que je t'aime assez pour te payer de bonnes dettes, des dettes de gentilhomme. Je suis un oncle à dénouement. Je me vengerai...

— Mon oncle, je connais vos vengeances, mais laissez-moi m'enrichir par ma propre industrie. Si vous voulez m'obliger, faites-moi seulement mille écus de pension jusqu'à ce que j'aie besoin de capitaux pour quelque entreprise. Tenez, en ce moment, je suis tellement heureux, que ma seule affaire est de vivre. Vous comprenez que si je donne des leçons, c'est pour n'être à la charge de personne. Ah! si vous saviez avec quel plaisir j'ai fait ma restitution! Après quelques démarches, j'ai fini par trouver cette famille dépouillée, malheureuse, privée de tout. Elle était à Saint-Germain, dans une misérable maison. Le vieux père gérait un bureau de loterie; ses deux filles faisaient le ménage et tenaient les écritures; la mère était presque toujours malade. Les deux filles sont ravissantes, mais elles ont durement appris le peu de valeur que le monde accorde à la beauté sans fortune. Quel tableau ai-je été chercher là! Si je suis entré le complice d'un crime, je suis sorti honnête homme. Mon aventure est un vrai drame. Avoir été la Providence, avoir réalisé un de ces souhaits inutiles : « — S'il nous tombait du ciel vingt mille livres de rentes! » ce vœu que nous formons tous en riant; faire succéder à un regard plein d'imprécations un regard sublime de reconnaissance, d'étonnement, d'admiration; jeter l'opulence au milieu d'une famille réunie le soir à la lueur d'une mauvaise lampe, devant un feu de tourbe; la parole est au-dessous d'une telle scène. Mon extrême justice leur semblait injuste. Enfin, s'il y a un paradis, mon père doit y être heureux maintenant. Quant à moi, je suis aimé comme aucun homme ne l'a été. Madame Firmiani m'a donné plus que le bonheur, elle m'a doué d'une délicatesse qui me manquait peut-être. Aussi la nommé-je *ma chère conscience*, un de ces mots d'amour qui répondent à certaines harmonies secrètes du cœur. La probité porte profit, j'ai l'espoir d'être bientôt riche par moi-même. Je cherche en ce moment un problème d'industrie. Si je réussis à le résoudre, je gagnerai des millions.

— O mon enfant! tu as l'âme de ta mère, dit le vieillard en retenant à peine les larmes qui humectaient ses yeux.

En ce moment, malgré la distance qu'il y avait entre le sol et l'appartement de monsieur Octave de Camps, le jeune homme et son oncle entendirent le bruit fait par l'arrivée d'une voiture.

C'est elle, dit-il, je reconnais ses chevaux à la manière dont ils arrêtent.

En effet, madame Firmiani ne tarda pas à se montrer.

— Ah! dit-elle en faisant un mouvement de dépit à l'aspect de monsieur de Valesnes. — Mais notre oncle n'est pas de trop, reprit-elle, en laissant échapper un sourire. Je voulais m'agenouiller humblement devant mon époux en le suppliant d'accepter ma fortune. L'ambassadeur de Russie vient de m'envoyer un acte qui constate le décès de monsieur Firmiani. La pièce, dressée par les soins de l'internonce d'Autriche, à Constantinople, est bien en règle, et le testament y est joint. Octave, vous pouvez tout accepter! — Va, tu es plus riche que moi, tu as là des trésors auxquels Dieu seul saurait ajouter, reprit-elle en frappant sur le cœur de son mari.

Puis, ne pouvant soutenir son bonheur, elle se cacha la tête dans le sein d'Octave.

— Ma nièce, dit l'oncle, autrefois nous faisions l'amour, aujourd'hui vous aimez. Vous êtes tout ce qu'il y a de beau et de bon dans l'humanité. Vous n'êtes jamais coupable de vos fautes, elles viennent toujours de nous.

Paris, février 1832.

SARRASINE.

I.

LES DEUX PORTRAITS.

J'étais plongé dans une de ces rêveries profondes qui souvent saisissent, même un homme frivole, au sein des fêtes les plus tumultueuses. Minuit venait de sonner à l'horloge de l'Élysée-Bourbon. Assis dans l'embrasure d'une fenêtre, et caché sous les plis onduleux d'un rideau de moire, je pouvais contempler à mon aise le jardin de l'hôtel où je passais la soirée. Les arbres, imparfaitement couverts de neige, se détachaient faiblement du fond grisâtre que formait un ciel nuageux, à peine blanchi par la lune. Vus au sein de cette atmosphère fantastique, ils ressemblaient vaguement à des spectres mal enveloppés de leurs linceuls ; image gigantesque de la célèbre *danse des morts*. Puis, en me retournant de l'autre côté, je pouvais admirer la danse des vivans ! un salon splendide, aux parois d'argent et d'or, aux lustres étincelans, brillant de bougies. Là, fourmillaient, s'agitaient et papillonnaient les plus jolies femmes de Paris, les plus riches, les mieux titrées, éclatantes, pompeuses, éblouissantes de diamans! des fleurs sur la tête, sur le sein, dans les cheveux, semées sur les robes, ou en guirlandes à leurs pieds. C'étaient de légers frémissemens de joie, des pas voluptueux qui faisaient rouler les dentelles, les blondes, la mousseline autour de leurs flancs délicats. Quelques regards trop vifs perçaient çà et là, éclipsaient les lumières, le feu des diamans, et animaient encore des cœurs déjà trop ardens. On surprenait aussi des airs de tête significatifs pour les amans, et des attitudes négatives pour les maris. Les éclats de voix des joueurs, à chaque coup imprévu, le retentissement de l'or, se mêlaient à la musique, au murmure des conversations, pour achever d'étourdir cette foule enivrée par tout ce que le monde peut offrir de séductions; une vapeur de parfums et l'ivresse générale agissaient sur les imaginations affolées. Ainsi à ma droite, la sombre et silencieuse image de la mort; à ma gauche, les décentes bacchanales de la vie : ici, la nature froide, morne, en deuil; là les hommes en joie. Moi, sur la frontière de ces deux tableaux si disparates, qui, mille fois répétés de diverses manières, rendent Paris la ville la plus amusante du monde et la plus philosophique, je faisais une macédoine morale, moitié plaisante, moitié funèbre. Du pied gauche je marquais la mesure, et je croyais avoir l'autre dans un cercueil. Ma jambe était en effet glacée par un de ces vents coulis qui vous gèlent une moitié du corps, tandis que l'autre éprouve la chaleur moite des salons, accident assez fréquent au bal.

— Il n'y a pas fort long-temps que monsieur de Lanty possède cet hôtel?

— Si fait. Voici bientôt dix ans que le maréchal de Carigliano le lui a vendu...

— Ah!

— Ces gens-là doivent avoir une fortune immense?

— Mais il le faut bien.

— Quelle fête! Elle est d'un luxe insolent.

— Les croyez-vous aussi riches que le sont monsieur Roy ou monsieur d'Aligre?

— Mais vous ne savez donc pas?

J'avançai la tête et reconnus les deux interlocuteurs pour appartenir à cette gent curieuse qui, à Paris, s'occupe exclusivement des *Pourquoi? des Comment? D'où vient-il? Qui sont-ils? Qu'y a-t-il? Qu'a-t-elle fait?* Ils se mirent à parler bas, et s'éloignèrent pour aller causer plus à l'aise sur quelque canapé solitaire. Jamais mine plus féconde ne s'était offerte aux chercheurs de mystères. Personne ne savait de quel pays venait la famille de Lanty, ni de quel commerce, de quelle spoliation, de quelle piraterie ou de quel héritage provenait une fortune estimée à plusieurs millions. Tous les membres de cette famille parlaient l'italien, le français, l'espagnol, l'anglais et l'allemand, avec assez de perfection pour faire supposer qu'ils avaient dû long-temps séjourner parmi ces différens peuples. Étaient-ce des bohémiens? étaient-ce des flibustiers?

— Quand ce serait le diable! disaient de jeunes politiques, ils reçoivent à merveille.

— Le comte de Lanty eût-il dévalisé quelque *Casauba*, j'épouserais bien sa fille! s'écriait un philosophe.

Qui n'aurait épousé Marianina, jeune fille de seize ans, dont la beauté réalisait les fabuleuses conceptions des poëtes orientaux? Comme la fille du sultan dans le conte de *la Lampe merveilleuse*, elle aurait dû rester voilée. Son chant faisait pâlir les talens incomplets des Malibran, des Sontag, des Fodor, chez lesquelles une qualité dominante a toujours exclu la perfection de l'ensemble ; tandis que Marianina savait unir au même degré la pureté du son, la sensibilité, la justesse du mouvement et des intonations, l'âme et la science, la correction et le sentiment. Cette fille était le type de cette poésie secrète, lien commun de tous les arts, et qui fuit toujours ceux qui la cherchent. Douce et modeste, instruite et spirituelle, rien ne pouvait éclipser Marianina si ce n'était sa mère.

Avez-vous jamais rencontré de ces femmes dont la beauté foudroyante défie les atteintes de l'âge, et qui semblent à trente-six ans plus désirables qu'elles ne devaient l'être quinze ans plus tôt? Leur visage est une âme passionnée ; il étincelle ; chaque trait y brille d'intelligence ; chaque pore possède un éclat particulier, surtout aux lumières. Leurs yeux séduisans attirent, refusent, parlent ou se taisent ; leur démarche est innocemment savante ; leur voix déploie les mélodieuses richesses des tons les plus coquettement doux et tendres. Fondés sur des comparaisons, leurs éloges caressent l'amour-propre le plus chatouilleux. Un mouvement de leurs sourcils, le moindre jeu de l'œil, leur lèvre qui se fronce, impriment une sorte de terreur à ceux qui font dépendre d'elles leur vie et leur bonheur. Inexpériente de l'amour et docile au discours, une jeune fille peut se laisser séduire ; mais pour ces sortes de femmes, un homme doit savoir, comme monsieur de Jaucourt, ne pas crier quand, en se cachant au fond d'un cabinet, la femme de chambre lui brise deux doigts dans la jointure d'une porte. Aimer ces puissantes sirènes, n'est-ce pas jouer sa vie ? Et voilà pourquoi peut-être les aimons-nous si passionnément ! Telle était la comtesse de Lanty.

Filippo, frère de Marianina, tenait, comme sa sœur, de la beauté merveilleuse de la comtesse. Pour tout dire en un mot, ce jeune homme était une image vivante de l'Antinoüs, avec des formes plus grêles. Mais comme ces maigres et délicates proportions s'allient bien à la jeunesse quand un teint olivâtre, des sourcils vigoureux et le feu d'un œil velouté promettent pour l'avenir des passions mâles, des idées généreuses ! Si Filippo restait, dans tous les cœurs de jeunes filles, comme un type, il demeurait également, dans le souvenir de toutes les mères, comme le meilleur parti de France.

La beauté, la fortune, l'esprit, les grâces de ces deux enfans venaient uniquement de leur mère. Le comte de Lanty était petit, laid et grêlé ; sombre comme un Espagnol, ennuyeux comme un banquier. Il passait d'ailleurs pour un profond politique, peut-être parce qu'il riait rarement, et citait toujours monsieur de Metternich ou Wellington.

Cette mystérieuse famille avait tout l'attrait d'un poëme de lord Byron, dont les difficultés étaient traduites d'une manière différente par chaque personne du beau monde : un chant obscur et sublime de strophe en strophe. La réserve que monsieur et madame de Lanty gardaient sur leur origine, sur leur existence passée et sur leurs relations avec les quatre parties du monde n'eût pas été long-temps un sujet d'étonnement à Paris. En nul pays peut-être l'axiome de Vespasien n'est mieux compris. Là, les écus même tachés de sang ou de boue ne trahissent rien et représentent tout. Pourvu que la haute société sache le chiffre de votre fortune, vous êtes classé parmi les sommes qui vous sont égales, et personne ne vous demande à voir vos parchemins, parce que tout le monde sait combien peu ils coûtent. En une ville où les problèmes sociaux se résolvent par des équations algébriques, les aventuriers ont en leur faveur d'excellentes chances. En supposant que cette famille eût été bohémienne d'origine, elle était si riche, si attrayante, que la haute société pouvait bien lui pardonner ses petits mystères. Mais, par malheur, l'histoire énigmatique de la maison Lanty offrait un perpétuel intérêt de curiosité, assez semblable à celui des romans d'Anne Radcliffe.

Les observateurs, ces gens qui tiennent à savoir dans quel magasin vous achetez vos candélabres, ou qui vous demandent le prix du loyer quand votre appartement leur semble beau, avaient remarqué, de loin en loin, au milieu des fêtes, des concerts, des bals, des raouts donnés par la comtesse, l'apparition d'un personnage étrange. C'était un homme. La première fois qu'il se montra dans l'hôtel, ce fut pendant un concert, où il semblait avoir été attiré vers le salon par la voix enchanteresse de Marianina.

— Depuis un moment j'ai froid, dit à sa voisine une dame placée près de la porte.

L'inconnu, qui se trouvait près de cette femme, s'en alla.

— Voilà qui est singulier! j'ai chaud, dit la femme après le départ de l'étranger. Et vous me taxerez peut-être de folie; mais je ne saurais m'empêcher de penser que mon voisin, ce monsieur vêtu de noir qui vient de partir, causait ce froid.

Bientôt l'exagération naturelle aux gens de la haute société fit naître et accumuler les idées les plus plaisantes, les expressions les plus bizarres, les contes les plus ridicules sur ce personnage mystérieux. Sans être précisément un vampire, une goule, un homme artificiel, une espèce de Faust ou de Robin des bois, il participait, au dire des gens amis du fantastique, de toutes ces natures anthropomorphes. Il se rencontrait, çà et là, des Allemands qui prenaient pour des réalités ces railleries ingénieuses de la médisance parisienne. L'étranger était simplement *un vieillard.* Plusieurs de ces jeunes hommes habitués à décider, tous les matins, l'avenir de l'Europe, dans quelques phrases élégantes, voulaient voir en l'inconnu quelque grand criminel, possesseur d'immenses richesses. Des romanciers racontaient la vie de ce vieillard, et vous donnaient des détails véritablement curieux sur les atrocités commises par lui pendant le temps qu'il était au service du prince de Mysore. Des banquiers, gens plus positifs, établissaient une fable spécieuse : — Bah! disaient-ils en haussant leurs larges épaules par un mouvement de pitié, ce petit vieux est une *tête génoise !*

— Monsieur, si ce n'est pas une indiscrétion, pourriez-vous avoir la bonté de m'expliquer ce que vous entendez par une tête génoise?

— Monsieur, c'est un homme sur la vie duquel reposent d'énormes capitaux, et de sa bonne santé dépendent sans doute les revenus de cette famille.

Je me souviens d'avoir entendu chez madame de Briche un magnétiseur prouver, par des considérations historiques très-spécieuses, que ce vieillard, mis sous verre, était le fameux Balsamo, dit Cagliostro. Selon ce moderne alchimiste, l'aventurier sicilien avait échappé à la mort, et s'amusait à faire de l'or pour ses petits-enfans. Enfin, le bailli de Ferette prétendait avoir reconnu dans ce singulier personnage le comte de Saint-Germain. Ces niaiseries, dites avec le ton spirituel, avec l'air railleur qui, de nos jours, caractérise une société sans croyance, entretenaient de vagues soupçons sur la maison de Lanty. Enfin, par un singulier concours de circonstances, les membres de cette famille justifiaient les conjectures du monde, en tenant une conduite assez mystérieuse avec ce vieillard, dont la vie était en quelque sorte dérobée à toutes les investigations.

Ce personnage franchissait-il le seuil de l'appartement qu'il était censé occuper à l'hôtel de Lanty, son apparition causait toujours une grande sensation dans la famille. On eût dit un événement de haute importance. Filippo, Marianina, madame de Lanty et un vieux domestique avaient seuls le privilége d'aider l'inconnu à marcher, à se lever, à s'asseoir. Chacun en surveillait les moindres mouvemens. Il semblait que ce fût une personne enchantée d'où dépendissent le bonheur, la vie et la fortune de tous. Était-ce crainte ou affection? Les gens du monde ne pouvaient découvrir aucune induction qui les aidât à résoudre ce problème. Caché pendant des mois entiers au fond d'un sanctuaire inconnu, ce génie familier en sortait tout-à-coup comme furtivement, sans être attendu, et apparaissait au milieu des salons comme ces fées d'autrefois qui descendaient de leurs dragons volans pour venir troubler les solennités auxquelles elles n'avaient pas été conviées. Alors les observateurs les plus exercés pouvaient seuls deviner l'inquiétude des maîtres du logis, qui savaient dissimuler leurs sentimens avec une singulière habileté. Mais parfois, tout en dansant dans un quadrille, la trop naïve Marianina jetait un regard de terreur sur le vieillard qu'elle surveillait au sein des groupes. Ou bien Filippo s'élançait en se glissant à travers la foule, pour le joindre, et restait auprès de lui, tendre et attentif, comme si le contact des hommes ou le moindre souffle dût briser cette créature bizarre. La comtesse tâchait de s'en approcher, sans paraître avoir eu l'intention de le rejoindre; puis, en prenant des manières et une physionomie autant empreintes de servilité que de tendresse, de soumission que de despotisme, elle disait deux ou trois mots auxquels déférait presque toujours le vieillard. Il disparaissait emmené, ou, pour mieux dire, emporté par elle. Si madame de Lanty n'était pas là, le comte employait mille stratagèmes pour arriver à lui; mais il avait l'air de s'en faire écouter difficilement, et le traitait comme un enfant gâté dont la mère écoute les caprices ou redoute la mutinerie. Quelques indiscrets s'étant hasardés à questionner étourdiment le comte de Lanty, cet homme froid et réservé n'avait jamais paru comprendre l'interrogation des curieux. Aussi, après bien des tentatives, que la circonspection de tous les membres de cette famille rendit vaines, personne ne chercha-t-il à découvrir un secret si bien gardé. Les espions de bonne compagnie, les gobe-mouches

et les politiques avaient fini, de guerre lasse, par
ne plus s'occuper de ce mystère.

Mais, en ce moment, il y avait peut-être, au sein
de ces salons resplendissans des philosophes qui, tout
en prenant une glace, un sorbet, ou en posant sur
une console leur verre vide de punch, se disaient :

— Je ne serais-pas étonné d'apprendre que ces gens-
là sont des fripons. Ce vieux, qui se cache et n'ap-
paraît qu'aux équinoxes ou aux solstices, m'a tout
l'air d'un assassin....

— Ou d'un banqueroutier....

— C'est à peu près la même chose. Tuer la fortune d'un homme, c'est quelquefois pis que de le
tuer lui-même.

— Monsieur, j'ai parié vingt louis, il m'en revient
quarante.

— Ma foi! monsieur, il n'en reste que trente sur
le tapis....

— Eh bien! voyez-vous comme la société est mêlée
ici. On n'y peut pas jouer.

— C'est vrai. Mais voilà bientôt six mois que nous
n'avons aperçu l'Esprit. Croyez-vous que ce soit un
être vivant?

— Hé! hé! tout au plus....

Ces derniers mots étaient dits, autour de moi,
par des inconnus qui s'en allèrent au moment où
je résumais, dans une dernière pensée, mes réflexions
mélangées de noir et de blanc, de vie et de mort.
Ma folle imagination, autant que mes yeux, contem-

plaît tour à tour et la fête, arrivée à son plus haut degré de splendeur, et le sombre tableau des jardins. Je ne sais combien de temps je méditai sur ces deux côtés de la médaille humaine; mais soudain le rire étouffé d'une jeune femme me réveilla. Je restai stupéfait à l'aspect de l'image qui s'offrit à mes regards. Par un des plus rares caprices de la nature, la pensée en demi-deuil qui se roulait dans ma cervelle en était sortie. Elle se trouvait devant moi, personnifiée, vivante. Elle avait jailli comme Minerve de la tête de Jupiter, grande et forte. Elle avait tout à la fois cent ans et vingt-deux ans, elle était vivante et morte. Échappé de sa chambre comme un fou de sa loge, le petit vieillard s'était sans doute adroitement coulé derrière une haie de gens attentifs à la voix de Marianina, qui finissait la cavatine de *Tancrède*. Il semblait être sorti de dessous terre, poussé par quelque mécanisme de théâtre. Immobile et sombre, il resta pendant un moment à regarder cette fête, dont il avait peut-être entendu le murmure. Sa préoccupation, presque somnambulique, était si concentrée sur les choses, qu'il se trouvait au milieu du monde sans voir le monde. Il avait surgi sans cérémonie auprès d'une des plus ravissantes femmes de Paris, danseuse élégante et jeune, aux formes délicates, une de ces figures aussi fraîches que l'est celle d'un enfant, blanches et roses, et si frêles, si transparentes, qu'un regard d'homme semble devoir les pénétrer, comme les rayons du soleil traversent une glace pure. Ils étaient là, devant moi, tous deux, ensemble, unis et si serrés, que l'étranger froissait et la robe de gaze, e les guirlandes de fleurs, et les cheveux légèrement crêpés, et la ceinture flottante.

J'avais amené cette jeune femme au bal de madame de Lanty. Comme elle venait pour la première fois dans cette maison, je lui pardonnai son rire étouffé ; mais je lui fis vivement je ne sais quel signe impérieux qui la rendit toute interdite, et lui donna du respect pour son voisin. Elle s'assit près de moi. Le vieillard ne voulut pas quitter cette délicieuse créature, à laquelle il s'attacha capricieusement avec cette obstination muette et sans cause apparente, dont les gens extrêmement âgés sont susceptibles, et qui les fait ressembler à des enfans. Pour s'asseoir auprès de la jeune dame, il lui fallut prendre un pliant. Ses moindres mouvemens furent empreints de cette lourdeur froide, de cette stupide indécision qui caractérisent les gestes d'un paralytique. Il se posa lentement sur son siége, avec circonspection, et en grommelant quelques paroles inintelligibles. Sa voix cassée ressembla au bruit que fait une pierre en tombant dans un puits. La jeune femme me pressa vivement la main, comme si elle eût cherché à se garantir d'un précipice, et frissonna quand cet homme, qu'elle regardait, tourna sur elle deux yeux sans chaleur, deux yeux glauques, qui ne pouvaient se comparer qu'à de la nacre ternie.

— J'ai peur, me dit-elle en se penchant à mon oreille.

— Vous pouvez parler, répondis-je. Il entend très-difficilement.

— Vous le connaissez donc ?

— Oui.

Alors elle s'enhardit assez pour examiner pendant un moment cette créature, sans nom dans le langage humain, forme sans substance, être sans vie, ou vie sans action. Elle était sous le charme de cette craintive curiosité qui pousse les femmes à se procurer des émotions dangereuses, à voir des tigres enchaînés, à regarder des boas, en s'effrayant de n'en être séparées que par de faibles barrières. Quoique le petit vieillard eût le dos courbé comme celui d'un journalier, on s'apercevait facilement que sa taille avait dû être ordinaire. Son excessive maigreur, la délicatesse de ses membres, prouvaient que ses proportions étaient toujours restées sveltes. Il portait une culotte de soie noire, qui flottait autour de ses cuisses décharnées, en décrivant des plis comme une voile abattue. Un anatomiste eût reconnu soudain les symptômes d'une affreuse éthisie, en voyant les petites jambes qui servaient à soutenir ce corps étrange. Vous eussiez dit de deux os mis en croix sur une tombe. Un sentiment de profonde horreur pour l'homme saisissait le cœur quand une fatale attention vous dévoilait les marques imprimées par la décrépitude à cette casuelle machine. L'inconnu portait un gilet blanc brodé d'or, à l'ancienne mode, et son linge était d'une blancheur éclatante. Un jabot de dentelle d'Angleterre assez roux, dont la richesse

eût été enviée par une reine, formait des ruches
jaunes sur sa poitrine ; mais sur lui cette dentelle
était plutôt un haillon qu'un ornement. Au milieu
de ce jabot, un diamant de valeur incalculable scintillait comme le soleil. Ce luxe suranné, ce trésor
intrinsèque et sans goût faisaient encore mieux ressortir la figure de cet être bizarre. Le cadre était
digne du portrait. Ce visage noir était anguleux
et creusé dans tous les sens. Le menton était
creux ; les tempes étaient creuses ; les yeux étaient
perdus en de jaunâtres orbites. Les os maxillaires,
rendus saillans par une maigreur indescriptible, des-
sinaient des cavités au milieu de chaque joue. Ces
gibbosités, plus ou moins éclairées par les lumières,
produisaient des ombres et des reflets curieux qui
achevaient d'ôter à ce visage les caractères de la
face humaine. Puis, les années avaient si fortement
collé sur les os la peau jaune et fine de ce visage
qu'elle y décrivait partout une multitude de rides,
ou circulaires comme les replis de l'eau troublée
par un caillou que jette un enfant, ou étoilées comme
une fêlure de vitre, mais toujours profondes et aussi
pressées que les feuillets dans la tranche d'un livre.
Quelques vieillards nous présentent souvent des portraits plus hideux ; mais ce qui contribuait le plus
à donner l'apparence d'une création artificielle au
spectre survenu devant nous, était le rouge et le
blanc dont il reluisait. Les sourcils de son masque
recevaient de la lumière un lustre qui révélait une
peinture très-bien exécutée. Heureusement pour la

vue attristée de tant de ruines, son crâne cadavéreux était caché sous une perruque blonde, dont les boucles innombrables trahissaient une prétention extraordinaire. Du reste, la coquetterie féminine de ce personnage fantasmagorique était assez énergiquement annoncée par les boucles d'or qui pendaient à ses oreilles, par les anneaux dont ses doigts ossifiés faisaient briller les admirables pierreries, et par une chaîne de montre qui scintillait comme les chatons d'une rivière au cou d'une femme. Enfin, cette espèce d'idole japonaise conservait sur ses lèvres bleuâtres un rire fixe et arrêté, un rire implacable et goguenard, comme celui d'une tête de mort. Silencieuse, immobile autant qu'une statue, elle exhalait l'odeur musquée des vieilles brocs que les héritiers d'une duchesse exhument de ses tiroirs pendant un inventaire. Si le vieillard tournait les yeux vers l'assemblée, il semblait que les mouvemens de ces globes incapables de réfléchir une lueur se fussent accomplis par un artifice imperceptible; et quand les yeux s'arrêtaient, celui qui les examinait finissait par douter qu'ils eussent remué. Voir, auprès de ces débris humains, une jeune femme dont le cou, les bras et le corsage étaient nus et blancs; dont les formes pleines et verdoyantes de beautés, dont les cheveux bien plantés sur un front d'albâtre, inspiraient l'amour, dont les yeux ne recevaient pas, mais répandaient la lumière; qui était suave, fraîche, et dont les boucles vaporeuses, dont l'haleine embaumée, semblaient trop lourdes, trop dures, trop puissantes pour cette ombre, pour cet homme en poussière ; ah ! c'était bien la mort et la vie, ma pensée, une arabesque imaginaire, une chimère hideuse à moitié, divinement femelle par le corsage.

— Il y a pourtant de ces mariages-là qui s'accomplissent assez souvent dans le monde, me dis-je.

— Il sent le cimetière, s'écria la jeune femme épouvantée, mais qui me pressa comme pour s'assurer de ma protection, et dont les mouvemens tumultueux me dirent qu'elle avait grand'peur. — C'est une horrible vision, reprit-elle, je ne saurais rester là plus long-temps. Si je le regarde encore, je croirai que la mort elle-même est venue me chercher. Mais vit-il ?

Elle porta la main sur le phénomène avec cette hardiesse que les femmes puisent dans la violence de leurs désirs; mais une sueur froide sortit de ses pores, car aussitôt qu'elle eut touché le vieillard, elle entendit un cri semblable à celui d'une crécelle. Cette aigre voix, si c'était une voix, s'échappa d'un gosier presque desséché. Puis, à cette clameur succéda vivement une petite toux d'enfant, convulsive et d'une sonoréité particulière. A ce bruit, Marianina, Filippo et madame de Lanty jetèrent les yeux sur nous, et leurs regards furent comme des éclairs. La jeune femme aurait voulu être au fond de la Seine. Elle prit mon bras et m'entraîna vers un boudoir. Hommes et femmes, tout le monde nous fit place. Parvenus au fond des appartemens de réception, nous entrâmes dans un petit cabinet demi-circulaire. Ma compagne se jeta sur un divan, palpitante d'effroi, sans savoir où elle était.

— Madame, vous êtes folle, lui dis-je.

— Mais, reprit-elle après un moment de silence pendant lequel je l'admirai, est-ce ma faute? Pourquoi madame de Lanty laisse-t-elle errer des revenans dans son hôtel?

— Allons, répondis-je, vous imitez les sots. Vous prenez un petit vieillard pour un spectre.

— Taisez-vous, répliqua-t-elle avec cet air imposant et railleur que toutes les femmes savent si bien prendre quand elles veulent avoir raison.

— Le joli boudoir! s'écria-t-elle en regardant autour d'elle. Le satin bleu fait toujours à merveille en tenture. Est-ce frais! Ah! le beau tableau! ajouta-t-elle en se levant, et allant se mettre en face d'une toile magnifiquement encadrée.

Nous restâmes pendant un moment dans la contemplation de cette merveille, qui semblait due à quelque pinceau surnaturel. Il représentait Adonis étendu sur une peau de lion. La lampe suspendue au milieu du boudoir et contenue dans un vase d'albâtre, illuminait alors ce tableau d'une lueur douce qui nous permit d'en saisir toutes les beautés.

— Un être aussi parfait existe-t-il? me demanda-t-elle, après avoir examiné, non sans un doux sourire de contentement, la grâce exquise des contours, la pose, la couleur, les cheveux, tout enfin.

— Il est trop beau pour un homme, ajouta-t-elle.

Oh! comme je ressentis alors les atteintes de cette

jalousie à laquelle un poëte avait essayé vainement de me faire croire! la jalousie des gravures, des tableaux, des statues, où les artistes exagèrent la beauté humaine, par suite de la doctrine qui les porte à tout idéaliser.

C'est un portrait, lui répondis-je. Il est dû au talent de Girodet. Mais ce peintre, cher aux poëtes, n'a jamais vu l'original, et votre admiration sera moins vive peut-être quand vous saurez que cette académie a été faite d'après une statue de femme.

— Mais qui est-ce?

J'hésitai.

— Je veux le savoir, ajouta-t-elle vivement.

— Je crois, lui dis-je, que cet Adonis représente un.... un.... un parent de madame de Lanty.

J'eus la douleur de la voir abîmée dans la contemplation de cette figure. Elle s'assit en silence, je me mis auprès d'elle, et lui pris la main sans qu'elle s'en aperçût! Oublié pour un portrait! En ce moment le bruit léger des pas d'une femme, dont la robe frémissait, retentit dans le silence. Nous vîmes entrer la jeune Marianina, plus brillante encore par son expression d'innocence que par sa grâce et par sa fraîche toilette. Elle marchait alors lentement, et tenait avec un soin maternel, avec une filiale sollicitude, le spectre habillé qui nous avait fait fuir du salon de musique. Elle le conduisit en le regardant avec une espèce d'inquiétude poser lentement ses pieds débiles. Ils arrivèrent assez péniblement à une porte cachée dans la tenture. Là, Marianina frappa doucement. Aussitôt apparut, comme par magie, un grand hommec sec, espèce de génie familier. Avant de confier le vieillard à ce gardien mystérieux, la jeune enfant baisa respectueusement le cadavre ambulant, et sa chaste caresse ne fut pas exempte de cette câlinerie gracieuse dont quelques femmes ont le secret.

— *Addio, addio !* disait-elle avec les inflexions les plus jolies de sa jeune voix.

Elle ajouta même sur la dernière syllabe une roulade admirablement bien exécutée, mais à voix basse, et comme pour peindre l'effusion de son cœur par une expression poétique. Le vieillard, frappé subitement par quelque souvenir, resta sur le seuil de ce réduit secret. Alors nous entendîmes, grâce à un profond silence, le soupir lourd qui sortit de sa poitrine ; il tira la plus belle des bagues dont ses doigts de squelette étaient chargés, et la plaça dans le sein de Marianina. La jeune folle se mit à rire, reprit la bague, la glissa par-dessus son gant à l'un de ses doigts, et s'élança vivement vers le salon, où retentirent en ce moment les préludes d'une contredanse. Elle nous aperçut.

— Ah ! vous étiez là ? dit-elle en rougissant.

Après nous avoir regardés comme pour nous interroger, elle courut à son danseur avec l'insouciante pétulance de son âge.

— Qu'est-ce que cela veut dire ? me demanda ma jeune partenaire. Est-ce son mari ? Je crois rêver. Où suis-je ?

— Vous! répondis-je, vous, madame, qui êtes exaltée, et qui, comprenant si bien les émotions les plus imperceptibles, savez cultiver dans un cœur d'homme le plus délicat des sentimens sans le flétrir, sans le briser dès le premier jour ; vous qui avez pitié des peines du cœur, et qui à l'esprit d'une Parisienne joignez une âme passionnée digne de l'Italie ou de l'Espagne...

Elle vit bien que mon langage était empreint d'une ironie amère. Alors, sans avoir l'air d'y prendre garde, elle m'interrompit pour dire : — Oh! vous me faites à votre goût. Singulière tyrannie! Vous voulez que je ne sois pas *moi*.

— Oh! je ne veux rien, m'écriai-je, épouvanté de son attitude sévère. Au moins est-il vrai que vous aimez à entendre raconter l'histoire de ces passions énergiques enfantées dans nos cœurs par les ravissantes femmes du Midi?

— Oui. Hé bien?

— Hé bien! j'irai demain soir chez vous vers neuf heures, et je vous révélerai ce mystère.

— Non, répondit-elle d'un air mutin, je veux l'apprendre sur-le-champ.

— Vous ne m'avez pas encore donné le droit de vous obéir quand vous dites : Je veux.

— En ce moment, répondit-elle avec une coquetterie désespérante, j'ai le plus vif désir de connaitre ce secret. Demain, je ne vous écouterai peut-être pas...

Elle sourit, et nous nous séparâmes; elle, toujours aussi fière, aussi rude, quoique veuve; et moi toujours aussi ridicule. Elle eut l'audace de valser avec un jeune aide-de-camp, et je restai tour à tour fâché, boudeur, admirant, aimant, jaloux.

— A demain, me dit-elle vers deux heures du matin, quand elle sortit du bal.

— Je n'irai pas, pensais-je, et je t'abandonne. Tu es plus capricieuse, plus fantasque mille fois peut-être... que mon imagination.

Le lendemain, nous étions devant un bon feu, dans un petit salon élégant, assis tous deux, elle sur une causeuse; moi, sur des coussins, presque à ses pieds, et mon œil sous le sien. La rue était silencieuse. La lampe jetait une clarté douce. C'était une de ces soirées délicieuses à l'âme, un de ces momens qui ne s'oublient jamais, une de ces heures passées dans la paix et le désir, et dont, plus tard, nous regrettons le charme, même quand nous nous trouvons plus heureux. Qui peut effacer la vive empreinte des premières sollicitations de l'amour?

— Allons, dit-elle, j'écoute.

— Mais je n'ose commencer. L'aventure a des passages dangereux pour le narrateur. Si je m'enthousiasme, vous me ferez taire.

— Parlez.

— J'obéis.

II.

UNE PASSION D'ARTISTE.

Ernest-Jean Sarrasine était le seul fils d'un procureur de la Franche-Comté. Son père avait assez loyalement gagné six à huit mille livres de rente, fortune de praticien qui, jadis en province, passait pour colossale. Le vieux maître Sarrasine, n'ayant qu'un enfant, ne voulut rien négliger pour son éducation. Il espérait en faire un magistrat, et vivre assez long-temps pour voir, dans ses vieux jours, le petit-fils de Matthieu Sarrasine, laboureur au pays de Saint-Dié, s'asseoir sur les lis et dormir à l'audience pour la plus grande gloire du parlement; mais le ciel ne réservait pas cette joie au procureur.

Le jeune Sarrasine, confié de bonne heure aux jésuites, donna les preuves d'une turbulence peu commune. Il eut l'enfance d'un homme de talent. Il ne voulait étudier qu'à sa guise, se révoltait souvent, et restait parfois des heures entières plongé dans de confuses méditations, occupé, tantôt à contempler ses camarades quand ils jouaient, tantôt à se représenter les héros d'Homère. Puis, s'il lui arrivait de se divertir, il mettait une ardeur extraordinaire dans ses jeux. Lorsqu'une lutte s'élevait entre un camarade et lui, rarement le combat finissait sans qu'il y eût du sang répandu. S'il était le plus faible, il mordait. Tour à tour agissant ou passif, sans aptitude ou merveilleusement intelligent, son caractère bizarre le fit redouter de ses maîtres autant que de ses camarades. Au lieu d'apprendre les élémens de la langue grecque, il dessinait le révérend père qui leur expliquait un passage de Thucydide, croquait le maître de mathématiques, le préfet, les valets, le correcteur, et barbouillait tous les murs d'esquisses informes. Au lieu de chanter les louanges du Seigneur à l'église, il s'amusait, pendant les offices, à déchiqueter un banc; ou quand il s'était précautionné d'un morceau de bois, il sculptait quelque figure de sainte. Si le bois, la pierre ou le crayon lui manquaient, il rendait ses idées avec de la mie de pain. Soit qu'il copiât les personnages des tableaux qui garnissaient le chœur, soit qu'il improvisât, il laissait toujours à sa place de grossières ébauches, dont le caractère licencieux désespérait les plus jeunes pères. Les médisans prétendaient que les vieux jésuites en souriaient. Enfin, s'il faut en croire la chronique du collége, il fut chassé pour avoir, en attendant son tour au confessionnal, un vendredi-saint, sculpté une grosse bûche en forme de Christ. L'impiété gravée sur cette statue était trop forte pour ne pas attirer un châtiment à l'artiste. N'avait-il pas eu l'audace de placer sur le haut du tabernacle cette figure passablement cynique!

Sarrasine vint chercher à Paris un refuge contre les menaces de la malédiction paternelle. Ayant une de ces volontés fortes qui ne connaissent pas d'obstacles, il obéit aux ordres de son génie et entra dans l'atelier de Bouchardon. Il travaillait pendant toute la journée, et, le soir, allait mendier sa subsistance. Bouchardon, émerveillé des progrès et de l'intelligence du jeune artiste, devina bientôt la misère dans laquelle se trouvait son élève. Il le secourut, le prit en affection, et le traita comme son enfant. Puis, lorsque le génie de Sarrasine se fut dévoilé par une de ces œuvres où le talent à venir lutte contre l'effervescence de la jeunesse, le généreux Bouchardon essaya de le remettre dans les bonnes grâces du vieux procureur. Devant l'autorité du sculpteur célèbre, le courroux paternel s'apaisa. Besançon tout entier se félicita d'avoir donné le jour à un grand homme futur. Dans le premier moment d'extase où le plongea sa vanité flattée, le praticien avare mit son fils en état de paraître avec avantage dans le monde. Les longues et laborieuses études exigées par la sculpture domptèrent pendant long-temps le caractère impétueux et le génie sauvage de Sarrasine. Bouchardon, prévoyant la violence avec laquelle les passions se déchaîneraient dans cette jeune âme, peut-être aussi vigoureusement trempée que celle de Michel-Ange, en étouffa l'énergie sous des travaux continus. Il réussit à maintenir dans de justes bornes la fougue extraordinaire de Sarrasine, en lui défendant de travailler, en lui proposant des distractions quand il le voyait emporté par la furie de quelque pensée, ou en lui confiant d'importans travaux au moment où il était prêt à se livrer à la dissipation.

Mais, auprès de cette âme passionnée, la douceur fut toujours la plus puissante de toutes les armes, et le maître ne prit un grand empire sur son élève qu'en en excitant la reconnaissance par une bonté paternelle.

A l'âge de vingt-deux ans, Sarrasine fut forcément soustrait à la salutaire influence que Bouchardon exerçait sur ses mœurs et sur ses habitudes. Il porta les peines de son génie en gagnant le prix de sculpture fondé par monsieur le marquis de Marigny. Diderot vanta comme un chef-d'œuvre la statue de l'élève de Bouchardon. Ce ne fut pas sans une profonde douleur que le sculpteur du roi vit partir pour l'Italie un jeune homme dont, par principe, il avait entretenu l'ignorance profonde sur les choses de la vie.

Sarrasine était depuis six ans le commensal de Bouchardon. Fanatique de son art comme Canova le fut depuis, il se levait au jour, entrait dans l'atelier pour n'en sortir qu'à la nuit, et ne vivait qu'avec sa Muse. S'il allait à la Comédie-Française, il y était entraîné par son maître. Il se sentait si gêné chez madame Geoffrin et dans le grand monde où Bouchardon essaya de l'introduire, qu'il préféra rester seul, et répudia les plaisirs de cette époque licencieuse. Il n'eut pas d'autre maîtresse que la Sculpture et Clotilde, l'une des célébrités de l'Opéra. Encore cette intrigue ne dura-t-elle pas. Sarrasine était assez laid, toujours mal mis et, de sa nature, si libre, si peu régulier dans sa vie privée, que l'illustre nymphe, redoutant quelque catastrophe, rendit bientôt le sculpteur à l'amour des arts. Sophie Arnould a dit je ne sais quel bon mot à ce sujet. Elle s'étonna, je crois, que sa camarade eût pu l'emporter sur des statues.

Sarrasine partit pour l'Italie en 1758. Pendant le voyage, son imagination ardente s'enflamma sous un ciel de cuivre et à l'aspect des monumens merveilleux dont la patrie des arts est semée. Il admira les statues, les fresques, les tableaux; et, plein d'émulation, il vint à Rome, en proie au désir d'inscrire son nom entre les noms de Michel-Ange et de monsieur Bouchardon. Aussi, pendant les premiers jours partagea-t-il son temps entre ses travaux d'atelier et l'examen des œuvres d'art qui abondent à Rome. Il avait déjà passé quinze jours dans l'état d'extase qui saisit toutes les jeunes imaginations à l'aspect de la reine des ruines, quand, un soir, il entra au théâtre d'*Argentina*, devant lequel se pressait une grande foule. Il s'enquit des causes de cette affluence, et le monde répondit par deux noms : — Zambinella! Jomelli! Il entre et s'assied au parterre, pressé par deux *abbati* notablement gros; mais il était assez heureusement placé près de la scène. La toile se leva. Pour la première fois de sa vie il entendit cette musique dont monsieur Jean-Jacques Rousseau lui avait si éloquemment vanté les délices pendant une soirée du baron d'Holbach. Les sens du jeune sculpteur furent, pour ainsi dire, lubréfiés par les accens de la sublime harmonie de Jomelli.

Les langoureuses originalités de ces voix italiennes habilement mariées le plongèrent dans une ravissante extase. Il resta muet, immobile, ne se sentant pas même foulé par deux prêtres. Son âme passa dans ses oreilles et dans ses yeux. Il crut écouter par chacun de ses pores. Tout-à-coup des applaudissemens à faire crouler la salle accueillirent l'entrée en scène de la *prima donna*. Elle s'avança par coquetterie sur le devant du théâtre, et salua le public avec une grâce infinie. Les lumières, l'enthousiasme de tout un peuple, l'illusion de la scène, le prestige d'une toilette qui, à cette époque, était assez engageante, conspirèrent en faveur de cette femme. Sarrasine poussa des cris de plaisir.

Il admirait en ce moment la beauté idéale dont il avait jusqu'alors cherché çà et là les perfections dans la nature, en demandant à un modèle, souvent ignoble, les rondeurs d'une jambe accomplie; à tel autre, les contours du sein; à celui-là, ses blanches épaules; prenant enfin le cou d'une jeune fille, et les mains de cette femme, et les genoux polis de cet enfant, sans rencontrer jamais sous le ciel froid de Paris les riches et suaves créations de la Grèce antique. La Zambinella lui montrait réunies, bien vivantes et délicates, ces exquises proportions de la nature féminine si ardemment désirées, dont un sculpteur est tout à la fois le juge le plus sévère et le plus passionné. C'était une bouche expressive, des yeux d'amour, un teint d'une blancheur éblouissante. Et joignez à ces détails, qui eussent ravi un peintre, toutes les merveilles des Vénus rêvées et rendues par le ciseau des Grecs. L'artiste ne se lassait pas d'admirer la grâce inimitable avec laquelle les bras étaient attachés au buste, la rondeur prestigieuse du cou, les lignes harmonieusement décrites par les sourcils, par le nez, puis l'ovale parfait du visage, la pureté de ses contours vifs et l'effet des cils fournis, recourbés qui terminaient de larges et voluptueuses paupières. C'était plus qu'une femme, c'était un chef-d'œuvre! Il se trouvait dans cette création inespérée de l'amour à ravir tous les hommes, et des beautés dignes de satisfaire un critique. Sarrasine dévorait des yeux la statue de Pygmalion pour lui descendue de son piédestal. Quand la Zambinella chanta, ce fut un délire. L'artiste eut froid; puis, il sentit un foyer qui pétilla soudain dans les profondeurs de son être intime, de ce que nous nommons le cœur, faute de mot! Il n'applaudit pas, il ne dit rien, il éprouvait un mouvement de folie, espèce de frénésie qui ne nous agite qu'à cet âge où le désir a je ne sais quoi de terrible et d'infernal. Sarrasine voulait s'élancer sur le théâtre et s'emparer de cette femme. Sa force, centuplée par une dépression morale impossible à expliquer, puisque ces phénomènes se passent dans une sphère inaccessible à l'observation humaine, tendait à se projeter avec une violence douloureuse. A le voir, on eût dit un homme froid et stupide. Gloire, science, avenir, existence, couronnes, tout s'écroula.

— Être aimé d'elle ou mourir! tel fut l'arrêt que

Sarrasine porta sur lui-même. Il était si complètement ivre qu'il ne voyait plus ni salle, ni spectateurs, ni acteurs, n'entendait plus de musique. Bien mieux, il n'existait pas de distance entre lui et la Zambinella. Il la possédait. Ses yeux attachés sur elle s'emparaient d'elle. Une puissance presque diabolique lui permettait de sentir le vent de sa voix, de respirer la poudre embaumée dont ses cheveux étaient imprégnés, de voir les méplats de son visage, d'y compter les veines bleues qui en nuançaient la peau satinée. Enfin, cette voix agile, fraîche et d'un timbre argenté, souple comme un fil auquel le moindre souffle d'air donne une forme, qu'il roule et déroule, développe et disperse, cette voix attaquait si vivement son âme, qu'il laissa plus d'une fois échapper de ces cris involontaires arrachés par les délices convulsives trop rarement données par les passions humaines. Bientôt il fut obligé de quitter le théâtre. Ses jambes tremblantes refusaient presque de le soutenir. Il était abattu, faible comme un homme nerveux qui s'est livré à quelque effroyable colère. Il avait eu tant de plaisir, ou peut-être avait-il tant souffert, que sa vie s'était écoulée comme l'eau d'un vase renversée par un choc. Il sentait en lui un vide, un anéantissement semblable à ces atonies qui désespèrent les convalescens au sortir d'une forte maladie.

Envahi par une tristesse inexplicable, il alla s'asseoir sur les marches d'une église. Là, le dos appuyé contre une colonne, il se perdit dans une méditation confuse comme un rêve. La passion l'avait foudroyé. De retour au logis, il tomba dans un de ces paroxismes d'activité qui nous révèlent la présence de principes nouveaux dans notre existence. En proie à cette première fièvre d'amour qui tient autant au plaisir qu'à la douleur, il voulut tromper son impatience et son délire en dessinant la Zambinella de mémoire. Ce fut une sorte de méditation matérielle. Sur telle feuille, la Zambinella se trouvait dans cette attitude, calme et froide en apparence, affectionnée par Raphaël, par le Giorgion et par tous les grands peintres. Sur telle autre, elle tournait la tête avec finesse en achevant une roulade, et semblait s'écouter elle-même. Sarrasine la crayonna dans toutes les poses. Il la fit sans voile, assise, debout, couchée, ou chaste, ou amoureuse, en réalisant, grâce au délire de ses crayons, toutes les idées capricieuses qui sollicitent notre imagination quand nous pensons fortement à une maîtresse. Mais sa pensée furieuse alla plus loin que le dessin. Il voyait la Zambinella, lui parlait, la suppliait, épuisait mille années de vie et de bonheur avec elle, en la plaçant dans toutes les situations imaginables ; en essayant, pour ainsi dire, l'avenir avec elle.

Le lendemain, il envoya son laquais louer, pour toute la saison, une loge voisine de la scène. Puis, comme tous les jeunes gens dont l'âme est puissante, il s'exagéra les difficultés de son entreprise, et donna, pour première pâture à sa passion, le bonheur de pouvoir admirer sa maîtresse sans obstacles.

Cet âge d'or de l'amour pendant lequel nous jouissons de notre propre sentiment, et où nous nous trouvons heureux presque par nous-mêmes, ne devait pas durer long-temps chez Sarrasine. Cependant les événemens le surprirent quand il était encore sous le charme de cette printanière hallucination, aussi naïve que voluptueuse. Pendant une huitaine de jours, il vécut toute une vie, occupé le matin à pétrir la glaise à l'aide de laquelle il réussissait à copier la Zambinella, malgré les voiles, les jupes, les corsets et les nœuds de rubans qui la lui dérobaient. Le soir, installé de bonne heure dans sa loge, seul, couché sur un sofa, il se faisait, semblable à un Turc enivré d'opium, un bonheur aussi fécond, aussi prodigue qu'il le souhaitait. D'abord il se familiarisa graduellement avec les émotions trop vives que lui donnait le chant de sa maîtresse; puis, il apprivoisa ses yeux à la voir, et finit par contempler la *donna* sans redouter l'explosion de la sourde rage dont il avait été animé le premier jour. Sa passion devint plus profonde, en devenant plus tranquille. Du reste, le farouche sculpteur ne souffrait pas que sa solitude, peuplée d'images, parée des fantaisies de l'espérance et pleine de bonheur, fût troublée par ses camarades. Il aimait avec tant de force et si naïvement qu'il eut à subir les innocens scrupules dont nous sommes assaillis quand nous aimons pour la première fois. En commençant à entrevoir qu'il faudrait bientôt agir, s'intriguer, demander où demeurait la Zambinella, savoir si elle avait une mère, un oncle, un tuteur, une famille ; en songeant enfin aux moyens de la voir, de lui parler, il sentait son cœur se gonfler si fort à des idées aussi ambitieuses, qu'il remettait ces soins au lendemain, heureux de ses souffrances physiques autant que de ses plaisirs intellectuels.

— Mais, me dit la comtesse Fœdora en m'interrompant, je ne vois encore ni Marianina, ni son petit vieillard.

— Vous ne voyez que lui, m'écriai-je, impatienté comme un auteur auquel on fait manquer l'effet d'un vers final.

— Depuis quelques jours, repris-je après une pause, Sarrasine était si fidèlement venu s'installer dans sa loge, et ses regards exprimaient tant d'amour, que sa passion pour la voix de Zambinella aurait été la nouvelle de tout Paris, si cette aventure s'y fût passée ; mais en Italie, madame, au spectacle, chacun y assiste pour son compte, avec ses passions, avec un intérêt de cœur qui exclut l'espionnage des lorgnettes. Cependant la frénésie du sculpteur ne devait pas échapper long-temps aux regards des chanteurs et des cantatrices. Un soir, le Français s'aperçut qu'on riait de lui dans les coulisses. Il eût été difficile de savoir à quelles extrémités il se serait porté si la Zambinella n'était pas entrée en scène. Elle jeta sur Sarrasine un des coups d'œil éloquens qui disent souvent beaucoup plus de choses que les femmes ne le veulent. Ce regard fut toute une révélation. Sarrasine était aimé !

— Si ce n'est qu'un caprice, pensa-t-il en accusant déjà sa maîtresse de trop d'ardeur, elle ne connaît pas la domination sous laquelle elle va tomber. Son caprice durera, j'espère, autant que ma vie.

En ce moment, trois coups légèrement frappés à la porte de la loge excitèrent l'attention de l'artiste. Il ouvrit. Une vieille femme entra mystérieusement.

— Jeune homme, dit-elle, si vous voulez être heureux, ayez de la prudence, enveloppez-vous d'une cape, abaissez sur vos yeux un grand chapeau; puis, vers dix heures du soir, trouvez-vous dans la rue du Corso, devant l'hôtel d'Espagne.

— J'y serai, répondit-il en mettant deux louis dans la main ridée de la duègne.

Il s'échappa de sa loge, après avoir fait un signe d'intelligence à la Zambinella, qui baissa timidement ses voluptueuses paupières, comme une femme heureuse d'être enfin comprise. Puis il courut chez lui, afin d'emprunter à la toilette toutes les séductions qu'elle pourrait lui prêter. En sortant du théâtre, un inconnu l'arrêta par le bras.

— Prenez garde à vous, seigneur Français, lui dit-il à l'oreille. Il s'agit de vie et de mort. Le cardinal Cicognara est son protecteur, et ne badine pas.

Quand un démon aurait mis entre Sarrasine et la Zambinella les profondeurs de l'enfer, en ce moment il eût tout traversé d'une enjambée. Semblable aux chevaux des immortels dont Homère a décrit le pas, l'amour du sculpteur avait franchi en un clin d'œil d'immenses espaces.

— La mort dût-elle m'attendre au sortir de la maison, j'irais encore plus vite, répondit-il.

— *Poverino!* s'écria l'inconnu en disparaissant.

Parler de dangers à un amoureux, n'est-ce pas lui vendre des plaisirs? Jamais le laquais de Sarrasine n'avait vu son maître si minutieux en fait de toilette. Sa plus belle épée, présent de Bouchardon, le nœud que Clotilde lui avait donné, son habit pailleté, son gilet de drap d'argent, sa tabatière d'or, ses montres précieuses, tout fut tiré des coffres, et il se para comme une jeune fille qui doit se promener devant son premier amant. A l'heure dite, ivre d'amour et bouillant d'espérance, Sarrasine, le nez dans son manteau, courut au rendez-vous donné par la vieille. La duègne attendait.

— Vous avez bien tardé! lui dit-elle. Venez.

Elle entraîna le Français dans plusieurs petites rues, et s'arrêta devant un palais d'assez belle apparence. Elle frappa. La porte s'ouvrit. Elle conduisit Sarrasine à travers un labyrinthe d'escaliers, de galeries et d'appartemens qui n'étaient éclairés que par les lueurs incertaines de la lune, et arriva bientôt à une porte, entre les fentes de laquelle s'échappaient de vives lumières, d'où partaient les joyeux éclats de plusieurs voix. Tout-à-coup Sarrasine fut ébloui, quand, sur un mot de la vieille, il fut admis dans ce mystérieux appartement, et se trouva dans un salon aussi brillamment éclairé que somptueusement meublé, au milieu duquel s'élevait une table bien servie, chargée de sacro-saintes bouteilles, de rians flacons dont les facettes rougies étincelaient. Il reconnut les chanteurs et les cantatrices du théâtre, mêlés à des femmes charmantes, tous prêts à commencer une orgie d'artistes qui n'attendait plus que lui. Sarrasine réprima un mouvement de dépit, et fit bonne contenance. Il avait espéré une chambre mal éclairée, sa maîtresse auprès d'un brasier, un jaloux à deux pas, la mort et l'amour, des confidences échangées à voix basse, cœur à cœur, des baisers périlleux, et les visages si voisins que les cheveux de la Zambinella eussent caressé son front chargé de désirs, brûlant de bonheur.

— Vive la folie! s'écria-t-il; *signori e belle donne*, vous me permettrez de prendre plus tard ma revanche, et de vous témoigner ma reconnaissance pour la manière dont vous accueillez un pauvre sculpteur.

Après avoir reçu les complimens assez affectueux de la plupart des personnes présentes, qu'il connaissait de vue, il tâcha de s'approcher de la bergère sur laquelle la Zambinella était nonchalamment étendue. Oh! comme son cœur battit quand il aperçut un pied mignon, chaussé de ces mules qui, permettez-moi de le dire, madame, donnaient jadis au pied des femmes une expression si coquette, si voluptueuse, que je ne sais pas comment les hommes y pouvaient résister. Les bas blancs bien tirés et à coins verts, les jupes courtes, les mules pointues et à talons hauts du règne de Louis XV ont peut-être un peu contribué à démoraliser l'Europe et le clergé.

— Un peu! dit-elle. Vous n'avez donc rien lu?

— La Zambinella, repris-je en souriant, s'était effrontément croisé les jambes, et agitait en badinant celle qui se trouvait dessus, attitude de duchesse, qui allait bien à son genre de beauté capricieuse et pleine d'une certaine mollesse engageante. Elle avait quitté ses habits de théâtre, et portait un corps qui dessinait une taille svelte et que faisaient valoir des paniers et une robe de satin brodée de fleurs bleues. Sa poitrine, dont une dentelle dissimulait les trésors par un luxe de coquetterie, étincelait de blancheur. Coiffée à peu près comme se coiffait madame Dubarry, sa figure, quoique surchargée d'un large bonnet, n'en paraissait que plus mignonne, et la poudre lui seyait bien. La voir ainsi, c'était l'adorer. Elle sourit gracieusement au sculpteur. Sarrasine, tout mécontent de ne pouvoir lui parler que devant témoin, s'assit poliment auprès d'elle, et l'entretint de musique, en la louant sur son prodigieux talent; mais sa voix tremblait d'amour, de crainte et d'espérance.

— Que craignez-vous? lui dit Vitagliani, le chanteur le plus célèbre de la troupe. Allez, vous n'avez pas un seul rival à craindre ici.

Le Ténor sourit silencieusement. Ce sourire se répéta sur les lèvres de tous les convives, dont l'attention avait une certaine malice cachée dont un amoureux ne devait pas s'apercevoir. Cette publicité fut comme un coup de poignard que Sarrasine aurait soudainement reçu dans le cœur. Quoique doué d'une certaine force de caractère, et bien qu'aucune circonstance ne dût influer sur son amour, il n'avait peut-être pas encore songé que Zambinella était presque une courtisane, et qu'il ne pouvait pas avoir, tout à la fois, les jouissances pures qui rendent l'amour d'une jeune fille chose si délicieuse, et les emportemens fougueux par lesquels une femme de théâtre fait acheter les trésors de sa passion. Il réfléchit et se résigna. Le souper fut servi. Sarrasine et la Zambinella se mirent sans cérémonie à côté l'un de l'autre. Pendant la moitié du festin, les artistes gardèrent quelque mesure, et le sculpteur put causer avec la cantatrice. Il lui trouva de l'esprit, de la finesse ; mais elle était d'une ignorance surprenante, et se montra faible et superstitieuse. La délicatesse de ses organes se reproduisait dans son entendement. Quand Vitagliani déboucha la première bouteille de vin de Champagne, Sarrasine lut dans les yeux de sa voisine une crainte assez vive de la petite détonation produite par le dégagement du gaz. Le tressaillement involontaire de cette organisation féminine fut interprété par l'amoureux artiste comme l'indice d'une excessive sensibilité. Cette faiblesse charma le Français. Il entre tant de protection dans l'amour d'un homme !

— Vous disposerez de ma puissance comme d'un bouclier ! Cette phrase n'est-elle pas écrite au fond de toutes les déclarations d'amour ?

Sarrasine, trop passionné pour débiter des galanteries à la belle Italienne, était, comme tous les amans, tour à tour grave, rieur ou recueilli. Quoiqu'il parût écouter les convives, il n'entendait pas un mot de ce qu'ils disaient, tant il s'adonnait au plaisir de se trouver près d'elle, de lui effleurer la main, de la servir. Il nageait dans une joie secrète. Malgré l'éloquence de quelques regards mutuels, il fut étonné de la réserve dans laquelle la Zambinella se tint avec lui. Elle avait bien commencé la première à lui presser le pied et à l'agacer avec la malice d'une femme libre et amoureuse ; mais soudain elle s'était enveloppée dans une modestie de jeune fille, après avoir entendu raconter par Sarrasine un trait qui peignit l'excessive violence de son caractère. Quand le souper devint une orgie, les convives se mirent à chanter, inspirés par le peralta et le pedro ximénès. Ce furent des duos ravissans, des airs de la Calabre, des seguidilles espagnoles, des canzonettes napolitaines. L'ivresse était dans tous les yeux, dans la musique, dans les cœurs et dans la voix. Il déborda tout-à-coup une vivacité enchanteresse, un abandon cordial, une bonhomie italienne dont rien ne peut donner l'idée à ceux qui ne connaissent que les assemblées de Paris, les raouts de Londres ou les cercles de Vienne. Les plaisanteries et les mots d'amour se croisaient, comme des balles dans une bataille, à travers les rires, les impiétés, les invocations à la sainte Vierge ou *al Bambino*. L'un se coucha sur un sofa, et se mit à dormir. Une jeune fille écoutait une déclaration sans savoir qu'elle répandait du xérès sur la nappe. Au milieu de ce désordre, la Zambinella, comme frappée de terreur, resta pensive. Elle refusa de boire, mangea peut-être un peu trop; mais la gourmandise est, dit-on, une grâce chez les femmes. En admirant la pudeur de sa maîtresse, Sarrasine fit de sérieuses réflexions pour l'avenir.

— Elle veut sans doute être épousée, se dit-il.

Alors il s'abandonna aux délices de ce mariage. Sa vie entière ne lui semblait pas assez longue pour épuiser la source de bonheur qu'il trouvait au fond de son âme. Vitagliani, son voisin, lui versa si souvent à boire que, vers les trois heures du matin, sans être complètement ivre, Sarrasine se trouva sans force contre son délire. Dans un moment de fougue, il emporta cette femme, en se sauvant dans une espèce de boudoir qui communiquait au salon, et sur la porte duquel il avait plus d'une fois tourné les yeux. L'Italienne était armée d'un poignard.

— Si tu approches, dit-elle, je serai forcée de te plonger cette arme dans le cœur. Va! tu me mépriserais. J'ai conçu trop de respect pour ton caractère pour me livrer ainsi. Je ne veux pas déchoir du sentiment que tu m'accordes.

— Ah! ah! dit Sarrasine, c'est un mauvais moyen pour éteindre une passion que de l'exciter. Es-tu donc déjà corrompue à ce point que, vieille de cœur, tu agirais comme une jeune courtisane, qui aiguise les émotions dont elle fait commerce?

— Mais c'est aujourd'hui vendredi, répondit-elle, effrayée de la violence du Français.

Sarrasine, qui n'était pas dévot, se prit à rire. La Zambinella bondit comme un jeune chevreuil et s'élança dans la salle du festin. Quand Sarrasine y apparut, courant après elle, il fut accueilli par un rire infernal. Il vit la Zambinella évanouie sur un sofa. Elle était pâle et comme épuisée par l'effort extraordinaire qu'elle venait de faire. Quoique Sarrasine sût peu d'italien, il entendit sa maîtresse disant à voix basse à Vitagliani : — Mais il me tuera !

Cette scène étrange rendit le sculpteur tout confus. La raison lui revint. Il resta d'abord immobile; puis il retrouva la parole, s'assit auprès de sa maîtresse et protesta de son respect. Il trouva la force de donner le change à sa passion, en disant à cette femme les discours les plus exaltés ; et, pour peindre son amour, il déploya les trésors de cette éloquence magique, officieux interprète que les femmes refusent rarement de croire. Au moment où les premières lueurs du matin surprirent les convives, une femme proposa d'aller à Frascati. Tous accueillirent par de vives acclamations l'idée de passer la journée à la villa Ludovisi. Vitagliani descendit pour louer des voitures. Sarrasine eut le bonheur de conduire la Zambinella dans un phaéton. Une fois sortis de Rome, la gaieté, un moment réprimée par les combats que chacun avait livrés au sommeil, se réveilla soudain. Hommes et femmes, tous paraissaient habitués à cette vie étrange, à ces plaisirs continus, à cet entraînement d'artiste qui fait de la vie une fête perpétuelle où l'on rit sans arrière-pensées. La compagne du sculpteur était la seule qui parût abattue.

— Êtes-vous malade? lui dit Sarrasine. Aimeriez-vous mieux rentrer chez vous?

— Je ne suis pas assez forte pour supporter tous ces excès, répondit-elle. J'ai besoin de grands ménagemens; mais, près de vous, je me sens si bien! Sans vous, je ne serais pas restée à ce souper; une nuit passée me fait perdre toute ma fraîcheur.

— Vous êtes si délicate! reprit Sarrasine en contemplant les traits mignons de cette charmante créature.

— Les orgies m'abîment la voix.

— Maintenant que nous sommes seuls, s'écria l'artiste, et que vous n'avez plus à craindre l'effervescence de ma passion, dites-moi que vous m'aimez.

—Pourquoi? répliqua-t-elle. A quoi bon? Je vous ai semblé jolie. Mais vous êtes Français, et votre sentiment passera. Oh! vous ne m'aimeriez pas comme je voudrais être aimée.

— Comment?

— Sans but de passion vulgaire, purement. J'abhorre les hommes encore plus peut-être que je ne hais les femmes. J'ai besoin de me réfugier dans l'amitié. Le monde est désert pour moi. Je suis une créature maudite, condamnée à comprendre le bonheur, à le sentir, à le désirer, et, comme tant d'autres, forcée de le voir me fuir à toute heure. Souvenez-vous, seigneur, que je ne vous aurai pas trompé. Je vous défends de m'aimer. Je puis être un ami dévoué pour vous, car j'admire votre force et votre caractère. J'ai besoin d'un frère, d'un protecteur. Soyez tout cela pour moi, mais rien de plus!

— Ne pas vous aimer! s'écria Sarrasine; mais, chère ange, tu es ma vie, mon bonheur.

— Si je disais un mot, vous me repousseriez avec horreur.

— Coquette, rien ne peut m'effrayer. Dis-moi que tu me coûteras l'avenir, que dans deux mois je mourrai, que je serai damné pour t'avoir seulement embrassée.

Il l'embrassa, malgré les efforts que fit la Zambinella pour se soustraire à ce baiser passionné.

— Dis-moi que tu es un démon, qu'il te faut ma fortune, mon nom, toute ma célébrité. Veux-tu que je ne sois pas sculpteur? Parle.

— Si je n'étais pas une femme? demanda timidement la Zambinella d'une voix argentine et douce.

— La bonne plaisanterie! s'écria Sarrasine. Crois-tu pouvoir tromper l'œil d'un artiste? N'ai-je pas, depuis dix jours, dévoré, scruté, admiré tes perfections? Une femme seule peut avoir ce bras rond et moelleux, ces contours élégans. Ah! tu veux des complimens.

Elle sourit tristement, et dit en murmurant: — Fatale beauté!

Elle leva les yeux au ciel. En ce moment son regard eut je ne sais quelle expression d'horreur si puissante, si vive, que Sarrasine en tressaillit.

— Seigneur Français, reprit-elle, oubliez à jamais un instant de folie. Je vous estime; mais quant à de l'amour, ne m'en demandez pas ; ce sentiment est étouffé dans mon cœur. Je n'ai pas de cœur ! s'écria-t-elle en pleurant. Le théâtre sur lequel vous m'avez vue, ces applaudissemens, cette musique, cette gloire à laquelle on m'a condamnée, voilà ma vie, je n'en ai pas d'autre. Dans quelques heures vous ne me verrez plus des mêmes yeux, la femme que vous aimez sera morte.

Le sculpteur ne répondit pas. Il était la proie d'une sourde rage qui lui pressait le cœur. Il ne pouvait que regarder cette femme extraordinaire avec des yeux enflammés qui brûlaient. Cette voix empreinte de faiblesse, l'attitude, les manières et les gestes de Zambinella, marqués de tristesse, de mélancolie et de découragement, réveillaient dans son âme toutes les richesses de la passion. Chaque parole était un aiguillon. En ce moment, ils étaient arrivés à Frascati. Quand l'artiste tendit les bras à sa maîtresse pour l'aider à descendre, il la sentit toute frissonnante.

— Qu'avez-vous ? Vous me feriez mourir, s'écria-t-il en la voyant pâlir, si vous aviez la moindre douleur dont je fusse la cause même innocente.

— Un serpent, dit-elle en montrant une couleuvre qui se glissait le long d'un fossé. J'ai peur de ces odieuses bêtes.

Sarrasine écrasa la tête de la couleuvre d'un coup de pied.

— Comment avez-vous assez de courage ! reprit

la Zambinella, en contemplant avec un effroi visible le reptile mort.

— Eh bien ! dit l'artiste en souriant, oserez-vous bien prétendre que vous n'êtes pas femme?

Ils rejoignirent leurs compagnons, et se promenèrent dans les bois de la villa Ludovisi, qui appartenait alors au cardinal Cicognara. Cette matinée s'écoula trop vite pour l'amoureux sculpteur, mais elle fut remplie par une foule d'incidens qui lui dévoilèrent la coquetterie, la faiblesse, la mignardise de cette âme molle et sans énergie. C'était la femme avec ses peurs soudaines, ses caprices sans raison, ses troubles instinctifs, ses audaces sans cause, ses bravades et sa délicieuse finesse de sentiment. Il y eut un moment où, s'aventurant dans la campagne, la petite troupe des joyeux chanteurs vit de loin quelques hommes armés jusqu'aux dents, et dont le costume n'avait rien de rassurant. A ce mot : — Voici des brigands ! chacun doubla le pas pour se mettre à l'abri dans l'enceinte de la villa du cardinal. En cet instant critique, Sarrasine s'aperçut à la pâleur de la Zambinella qu'elle n'avait plus assez de force pour marcher; il la prit dans ses bras, et la porta pendant quelque temps en courant. Quand il se fut rapproché d'une vigne voisine, il mit sa maîtresse à terre.

— Expliquez-moi, lui dit-il, comment cette extrême faiblesse qui, chez toute autre femme, serait hideuse, me déplairait, et dont la moindre preuve suffirait presque pour éteindre mon amour, en vous me plaît, me charme? — Oh! combien je vous aime! reprit-il. Tous vos défauts, vos terreurs, vos petitesses, ajoutent je ne sais quelle grâce à votre âme. Je sens que je détesterais une femme forte, une Sapho courageuse, pleine d'énergie, de passion. O frêle et douce créature! comment peux-tu être autrement? Cette voix d'ange, cette voix délicate, eût été un contre-sens si elle fût sortie d'un corps autre que le tien.

— Je ne puis, lui dit-elle, vous donner aucun espoir. Cessez de me parler ainsi, car l'on se moquerait de vous. Il m'est impossible de vous interdire l'entrée du théâtre; mais si vous m'aimez ou si vous êtes sage, vous n'y viendrez plus. Écoutez, monsieur, dit-elle d'une voix grave.

— Oh! tais-toi! dit l'artiste enivré. Les obstacles attisent l'amour dans mon cœur.

La Zambinella resta dans une attitude gracieuse et modeste, mais elle se tut, comme si une pensée terrible lui eût révélé quelque malheur. Quand il fallut revenir à Rome, elle monta dans une berline à quatre places, en ordonnant au sculpteur, d'un air impérieusement cruel, d'y retourner seul avec le phaéton. Pendant le chemin, Sarrasine résolut d'enlever la Zambinella. Il passa toute la journée occupé à former des plans plus extravagans les uns que les autres. A la nuit tombante, au moment où il sortit pour aller demander à quelques personnes où était situé le palais habité par sa maîtresse, il rencontra l'un de ses camarades sur le seuil de la porte.

— Mon cher, lui dit ce dernier, je suis chargé par notre ambassadeur de t'inviter à venir ce soir chez lui. Il donne un concert magnifique, et quand tu sauras que Zambinella y sera....

— Zambinella! s'écria Sarrasine en délire à ce nom, j'en suis fou.

— Tu es comme tout le monde, lui répondit son camarade.

— Mais si vous êtes mes amis, toi, Vien, Lauterbourg et Allegrain, vous me prêterez votre assistance pour un coup de main après la fête, demanda Sarrasine.

— Il n'y a pas de cardinal à tuer, pas de...

— Non, non, dit Sarrasine, je ne vous demande rien que d'honnêtes gens ne puissent faire.

En peu de temps le sculpteur disposa tout pour le succès de son entreprise. Il arriva l'un des derniers chez l'ambassadeur, mais il y vint dans une voiture de voyage attelée de chevaux vigoureux menés par l'un des plus entreprenans *veturini* de Rome. Le palais de l'ambassadeur étant plein de monde, ce ne fut pas sans peine que le sculpteur, inconnu à tous les assistans, parvint au salon où dans ce moment Zambinella chantait.

— C'est sans doute par égard pour les cardinaux, les évêques et les abbés qui sont ici, demanda Sarrasine, qu'*elle* est habillée en homme, qu'elle a une bourse derrière la tête, les cheveux crêpés et une épée au côté.

— Elle! Qui, elle? répondit le vieux seigneur auquel s'adressait Sarrasine.

— La Zambinella.

— La Zambinella? reprit le prince romain. Vous moquez-vous? D'où venez-vous? Est-il jamais monté de femme sur les théâtres de Rome? Et ne savez-vous pas par quelles créatures les rôles de femme sont remplis dans les états du Pape? C'est moi, monsieur, qui ai doté Zambinella de sa voix. J'ai tout payé à ce drôle-là, même son maître à chanter. Eh bien! il a si peu de reconnaissance du service que je lui ai rendu, qu'il n'a jamais voulu remettre les pieds chez moi. Et cependant, s'il fait fortune, il me la devra tout entière.

Le prince Chigi aurait pu parler, certes, longtemps, Sarrasine ne l'écoutait pas. Une affreuse vérité avait pénétré dans son âme. Il était frappé comme d'un coup de foudre. Il resta immobile, les yeux attachés sur le prétendu chanteur. Son regard flamboyant eut une sorte d'influence magnétique sur Zambinella, car le *musico* finit par détourner furtivement la vue vers Sarrasine, et alors sa voix céleste s'altéra. Il trembla! Un murmure involontaire échappé à l'assemblée, qu'il tenait comme attachée à ses lèvres, acheva de le troubler; il s'assit, et discontinua son air. Le cardinal Cicognara, qui avait épié du coin de l'œil la direction que prit le regard de son protégé, aperçut alors le Français, il se pencha vers un de ses aides-de-camp ecclésiastiques, et parut demander le nom du sculpteur.

Quand il eut obtenu la réponse qu'il désirait, il contempla fort attentivement l'artiste, et donna des ordres à un abbé qui disparut avec prestesse. Cependant Zambinella, s'étant remis, recommença le morceau qu'il avait interrompu si capricieusement ; mais il l'exécuta mal, et refusa, malgré toutes les instances qui lui furent faites, de chanter autre chose. Ce fut la première fois qu'il exerça publiquement cette tyrannie capricieuse, qui, plus tard, ne le rendit pas moins célèbre que son talent et son immense fortune due, dit-on, non moins à sa voix qu'à sa beauté.

— C'est une femme, dit Sarrasine, en se croyant seul. Il y a là-dessous quelque intrigue secrète. Le cardinal Cicognara trompe le pape et toute la ville de Rome !

Aussitôt le sculpteur sortit du salon, rassembla ses amis, et les embusqua dans la cour du palais. Quand Zambinella se fut assuré du départ de Sarrasine, il parut recouvrer quelque tranquillité. Vers minuit, après avoir erré dans les salons, en homme qui cherche un ennemi, le *musico* quitta l'assemblée. Au moment où il franchissait la porte du palais, il fut adroitement saisi par des hommes qui le bâillonnèrent avec un mouchoir et le mirent dans la voiture louée par Sarrasine. Glacé d'horreur, Zambinella resta dans un coin sans oser faire un mouvement. Il voyait devant lui la figure terrible de l'artiste qui gardait un silence de mort. Le trajet fut court. Zambinella, enlevé par Sarrasine, se trouva bientôt dans un atelier sombre et nu. Le chanteur, à moitié mort, demeura sur une chaise, sans oser regarder une statue de femme, dans laquelle il reconnut ses traits. Il ne proféra pas une parole ; mais ses dents claquaient. Il était transi de peur. Sarrasine se promenait à grands pas. Tout à coup il s'arrêta devant Zambinella.

— Dis-moi la vérité, demanda-t-il d'une voix sourde et altérée. Tu es une femme. Le cardinal Cicognara...

Zambinella tomba sur ses genoux, et ne répondit qu'en baissant la tête.

— Ah! tu es une femme, s'écria l'artiste en délire, car même un... Il n'acheva pas. — Non, reprit-il, *il* n'aurait pas tant de bassesse.

— Ah! ne me tuez pas, s'écria Zambinella, fondant en larmes. Je n'ai consenti à vous tromper que pour plaire à mes camarades qui voulaient rire.

— Rire ! répondit le sculpteur d'une voix qui eut un éclat infernal. Rire, rire ! Tu as osé te jouer d'une passion d'homme, toi ?

— Oh, grâce ! répliqua Zambinella.

— Je devrais te faire mourir ! cria Sarrasine en tirant son épée par un mouvement de violence. Mais, reprit-il avec un dédain froid, en fouillant ton être avec un poignard, y trouverais-je un sentiment à éteindre, une vengeance à satisfaire ? Tu n'es rien. Homme ou femme, je te tuerais ! mais...

Sarrasine fit un geste de dégoût, qui l'obligea de détourner sa tête, et alors il regarda la statue.

— Et c'est une illusion! s'écria-t-il. Puis se tournant vers Zambinella : — Un cœur de femme était pour moi un asile, une patrie. As-tu des sœurs qui te ressemblent? Non. Eh bien, meurs! Mais non, tu vivras. Te laisser la vie n'est-ce pas te vouer à quelque chose de pire que la mort? Ce n'est ni mon sang ni mon existence que je regrette, mais l'avenir, et ma fortune de cœur. Ta main débile a renversé mon bonheur. Quelle espérance puis-je te ravir pour toutes celles que tu as flétries? Tu m'as ravalé jusqu'à toi. *Aimer, être aimé!* sont désormais des mots vides de sens pour moi, comme pour toi. Sans cesse je penserai à cette femme imaginaire en voyant une femme réelle.

Il montra la statue par un geste de désespoir.

— J'aurai toujours dans le souvenir une harpie céleste qui viendra enfoncer ses griffes dans tous mes sentimens d'homme, et qui signera toutes les autres femmes d'un cachet d'imperfection! Monstre! toi qui ne peux donner la vie à rien, tu m'as dépeuplé la terre de toutes ses femmes.

Sarrasine s'assit en face du chanteur épouvanté. Deux grosses larmes sortirent de ses yeux secs, roulèrent le long de ses joues mâles et tombèrent à terre ; deux larmes de rage, deux larmes âcres et brûlantes.

— Plus d'amour! je suis mort à tout plaisir, à toutes les émotions humaines.

A ces mots, il saisit un marteau et le lança sur la statue avec une force si extravagante qu'il la manqua. Il crut avoir détruit ce monument de sa folie, et alors il reprit son épée et la brandit pour tuer le chanteur. Zambinella jeta des cris perçans. En ce moment trois hommes entrèrent, et soudain le sculpteur tomba percé de trois coups de stylet.

— De la part du cardinal Cicognara, dit l'un d'eux.

— C'est un bienfait digne d'un chrétien, répondit le Français en expirant.

Ces sombres émissaires apprirent à Zambinella l'inquiétude de son protecteur, qui attendait à la porte dans une voiture fermée, afin de pouvoir l'emmener aussitôt qu'il serait délivré.

— Mais, me dit Fœdora, quel rapport existe-t-il entre cette histoire et le petit vieillard que j'ai vu chez les Lanty?

— Madame, le cardinal Cicognara se rendit maître de la statue de Zambinella et la fit exécuter en marbre. Elle est aujourd'hui dans le musée Albani. C'est là qu'en 1791 la famille Lanty la retrouva. Elle pria Girodet de la copier. Le portrait qui vous a montré Zambinella à vingt ans, un instant après l'avoir vu centenaire, lui a servi plus tard pour son Endymion, dont vous avez pu reconnaître le type dans l'Adonis.

— Mais ce ou cette Zambinella?

— Ne saurait être, madame, que le grand-oncle de Marianina. Vous devez concevoir maintenant l'intérêt que madame de Lanty peut avoir à cacher la source d'une fortune qui provient...

— Assez! dit-elle en me faisant un geste impérieux.

Nous restâmes pendant un moment plongés dans le plus profond silence.

— Hé bien? lui dis-je.

— Ah! s'écria-t-elle en se levant et se promenant à grands pas dans la chambre.

Elle vint me regarder, et me dit d'une voix altérée : — Vous m'avez dégoûtée de la vie et des passions pour long-temps. Au monstre près, tous les sentimens humains ne se dénouent-ils pas ainsi, par d'atroces déceptions? Mères, des enfans nous assassinent, ou par leur mauvaise conduite, ou par leur froideur. Épouses, nous sommes trahies. Amantes, nous sommes délaissées, abandonnées. L'amitié! existe-t-elle? Demain je me ferais dévote si je ne savais pouvoir rester comme un roc inaccessible au milieu des orages de la vie. Si l'avenir du chrétien est encore une illusion, au moins elle ne se détruit qu'après la mort. Laissez-moi seule.

— Ah! lui dis-je, vous savez punir.

— Aurais-je tort?

— Oui, répondis-je avec une sorte de courage. En achevant cette histoire assez connue en Italie, je puis vous donner une haute idée des progrès faits par la civilisation actuelle. On n'y fait plus de ces malheureuses créatures.

— Paris, dit-elle, est une terre bien hospitalière; il accueille tout, et les fortunes honteuses, et les fortunes ensanglantées. Le crime et l'infamie y ont droit d'asile, y rencontrent des sympathies; la vertu seule y est sans autels. Oui, les âmes pures ont une patrie dans le ciel! Personne ne m'aura connue! J'en suis fière.

Et la comtesse resta pensive.

Paris, novembre 1830.

LE PAPA GOBSECK.

A une heure du matin, pendant l'hiver de 1829 à 1830, il se trouvait encore dans le salon de la vicomtesse de Grandlieu deux personnes étrangères à sa famille. Un jeune et joli homme sortit en entendant sonner la pendule. Quand le bruit de sa voiture retentit dans la cour, la vicomtesse, ne voyant plus que son frère et un ami de la famille, qui achevaient leur piquet, s'avança vers sa fille pour lui parler à voix basse. Debout devant la cheminée du salon, cette jeune personne semblait examiner un garde-vue en lithophanie, nouveauté qui venait de paraître; mais elle écoutait effectivement le bruit du cabriolet d'un air qui justifiait les craintes de sa mère.

— Camille, si vous continuez à tenir avec le jeune comte de Restaud la conduite que vous avez eue ce soir, vous m'obligerez à ne plus le recevoir. Écoutez, mon enfant : si vous avez confiance en ma tendresse, laissez-moi vous guider dans la vie. A dix-sept ans, l'on ne sait juger ni de l'avenir, ni du passé, ni de certaines considérations sociales. Je ne vous ferai qu'une seule observation. Monsieur de Restaud a une mère qui mangerait des millions, une femme mal née, une demoiselle Goriot qui, jadis, a fait beaucoup parler d'elle. Elle s'est si mal comportée avec son père qu'elle ne mérite certes pas d'avoir un aussi bon fils. Le jeune comte l'adore et la soutient avec une piété filiale digne des plus grands éloges ; il a surtout de son frère et de sa sœur un soin extrême. — Quelque admirable que soit cette conduite, ajouta la comtesse d'un air fin, tant que sa mère existera, toutes les familles trembleront de confier à monsieur de Restaud l'avenir et la fortune d'une jeune fille.

— J'ai entendu quelques mots qui me donnent envie d'intervenir entre vous et mademoiselle de Grandlieu ! s'écria l'ami de la famille. — J'ai gagné, monsieur le comte, dit-il en s'adressant à son adversaire. Je vous laisse pour courir au secours de votre nièce.

— Voilà ce qui s'appelle avoir des oreilles d'avoué ! s'écria la vicomtesse. Mon cher Derville, comment avez-vous pu entendre ce que je disais tout bas à Camille ?

— J'ai compris vos regards, répondit l'avoué en s'asseyant dans une bergère au coin de la cheminée.

L'oncle se mit à côté de sa nièce, et madame de Grandlieu prit place sur une chauffeuse, entre sa fille et l'avoué.

— Il est temps, madame la vicomtesse, que je

vous conte une histoire qui vous fera modifier le jugement que vous portez sur la fortune du comte Ernest de Restaud.

— Une histoire ! s'écria Camille. Commencez donc vite, monsieur.

L'avoué jeta sur madame de Grandlieu un regard qui lui fit comprendre que ce récit devait l'intéresser. La vicomtesse de Grandlieu était, par sa fortune et par l'antiquité de son nom, une des femmes les plus remarquables du faubourg Saint-Germain ; et, s'il ne semble pas naturel qu'un avoué de Paris pût lui parler aussi familièrement et se comportât chez elle d'une manière aussi cavalière, il est néanmoins facile d'expliquer ce phénomène. Madame de Grandlieu, rentrée en France avec la famille royale, était venue habiter Paris, où elle n'avait d'abord vécu que des secours accordés par Louis XVIII sur les fonds de la liste civile, situation insupportable. L'avoué eut l'occasion de découvrir quelques vices de forme dans la vente que la République avait jadis faite de l'hôtel de Grandlieu, et prétendit qu'il devait être restitué à la vicomtesse. Il entreprit ce procès moyennant un forfait, et le gagna. Encouragé par ce succès, il chicana si bien je ne sais quel hospice, qu'il en obtint la restitution de la forêt de Grandlieu. Puis, il fit encore recouvrer quelques actions sur le canal d'Orléans, et certains immeubles assez importans dont l'empereur avait doté des établissemens publics. Ainsi rétablie par l'habileté du jeune avoué, la fortune de madame de Grandlieu s'était élevée à un revenu de cent mille francs environ, lors de la loi sur l'indemnité qui lui avait rendu des sommes énormes. Homme de haute probité, savant, modeste et de bonne compagnie, cet avoué devint donc l'ami de la famille. Quoique sa conduite envers madame de Grandlieu lui eût mérité l'estime et la clientelle des meilleures maisons du faubourg Saint-Germain, il ne profitait pas de cette faveur comme en aurait pu profiter un homme ambitieux. Il résistait aux offres de la vicomtesse qui voulait lui faire vendre son étude et le jeter dans la magistrature, carrière où, par ses protections, il aurait obtenu le plus rapide avancement. A l'exception de l'hôtel de Grandlieu, où il passait quelquefois la soirée, il n'allait dans le monde que pour y entretenir le courant de ses affaires, et faire *venir l'eau au moulin*, suivant une expression du métier. Il était fort heureux que sa probité, ses talens eussent été mis en lumière par son dévouement à madame de Grandlieu, car il aurait couru le risque de laisser dépérir son étude; il n'avait pas une âme d'avoué.

Depuis que le comte Ernest de Restaud s'était introduit chez la vicomtesse, et que Derville avait découvert la sympathie de Camille pour ce jeune homme, il était devenu aussi assidu chez madame de Grandlieu que l'aurait été un dandy de la Chaussée-d'Antin nouvellement admis dans les cercles du noble faubourg. Quelques jours auparavant, il s'était trouvé dans un bal auprès de Camille, et lui avait dit en montrant le jeune comte : — Il est dommage que ce garçon-là n'ait pas deux ou trois millions, n'est-ce pas?

— Est-ce un malheur? Je ne le crois pas, avait-elle répondu. Monsieur de Restaud a beaucoup de talent, il est instruit, et bien vu du ministre auprès duquel il a été placé. Je ne doute pas qu'il ne devienne un homme très-remarquable. *Ce garçon-là trouvera tout autant de fortune qu'il en voudra, le jour où il sera parvenu au pouvoir.*

— Oui, mais s'il était déjà riche?

— S'il était riche, dit Camille en rougissant. Mais toutes les jeunes personnes qui sont ici se le disputeraient, ajouta-t-elle en montrant les quadrilles.

— Et alors, avait repris l'avoué, mademoiselle de Grandlieu ne serait plus la seule vers laquelle il tournerait les yeux. Voilà pourquoi vous rougissez? Vous vous sentez du goût pour lui, n'est-ce pas? Allons, dites.

Camille s'était brusquement levée. — Elle l'aime, avait pensé Derville. Depuis ce jour, Camille avait eu pour l'avoué des attentions inaccoutumées, en s'apercevant qu'il approuvait son inclination pour le jeune comte Ernest de Restaud. Jusque-là, quoiqu'elle n'ignorât aucune des obligations de sa famille envers Derville, elle avait eu pour lui plus d'égards que d'amitié vraie, plus de politesse que de sentiment. Ses manières aussi bien que le ton de sa voix lui avaient toujours fait sentir la distance que les lois sociales mettaient entre eux. La reconnaissance est une dette que les enfans n'acceptent jamais que sous bénéfice d'inventaire.

— Cette aventure, dit Derville après une pause, me rappelle les seules circonstances romanesques de ma vie. Vous riez déjà, reprit-il, en entendant un avoué vous parler d'un roman dans sa vie ! Mais j'ai eu vingt-cinq ans comme tout le monde; et, à cet âge, j'avais déjà vu d'étranges choses dans la vie. Je dois commencer par vous parler d'un personnage dont vous ne pouvez vous faire une idée, il s'agit d'un usurier. Saisirez-vous bien sa figure pâle et blafarde à laquelle je voudrais que l'Académie me permît de donner le nom de face *lunaire,* et qui ressemblait à du vermeil dédoré ? Les cheveux de mon usurier étaient plats, soigneusement peignés, et d'un gris cendré. Les traits de son visage impassible autant que celui de monsieur de Talleyrand, paraissaient avoir été coulés en bronze. Jaunes comme ceux d'une fouine, ses petits yeux n'avaient presque point de cils, et craignaient la lumière, dont ils étaient garantis par l'abat-jour d'une vieille casquette verte. Son nez pointu était si grêlé dans le bout que vous l'eussiez comparé à une vrille. Il avait les lèvres minces de ces alchimistes et de ces petits vieillards peints par Rembrandt ou par Metzu. Cet homme parlait bas, d'un ton doux, et ne s'emportait jamais. Son âge était un problème : on ne pouvait pas savoir s'il était vieux avant le temps, ou s'il avait ménagé sa jeunesse afin qu'elle lui servît toujours. Tout était propre et râpé dans sa chambre, pareille, depuis le drap vert du bureau jusqu'au tapis du lit, au froid sanctuaire de ces vieilles filles qui passent la journée à frotter leurs meubles. En hiver, les tisons de son foyer, toujours enterrés dans un talus de cendres, y fumaient sans flamber. Ses actions, depuis l'heure de son lever jusqu'à ses accès de toux le soir, étaient soumises à la régularité d'une pendule. C'était, en quelque sorte, un *homme-modèle* que le sommeil remontait. Si vous touchez un cloporte cheminant sur un papier, il s'arrête et fait le mort; de même, cet homme s'interrompait au milieu de son discours et se taisait au passage d'une voiture, afin de ne pas forcer sa voix. A l'imitation de Fontenelle, il économisait le mouvement vital, et concentrait tous les sentimens humains dans le moi. Aussi sa vie s'écoulait-elle sans faire plus de bruit que le sable d'une horloge antique. Quelquefois ses victimes criaient beaucoup, s'emportaient; puis, il se faisait chez lui un grand silence, comme dans une cuisine où l'on égorge un canard. Vers le soir, l'homme-billet se changeait en un homme ordinaire, et ses métaux se métamorphosaient en cœur humain. S'il était content de sa journée, il se frottait les mains en laissant échapper par les rides crevassées de son visage une fumée de gaieté, car il est impossible d'exprimer autrement le jeu muet de ses muscles où se peignait une sensation comparable au rire à vide de *Bas-de-Cuir*. Enfin, dans ses plus grands accès de joie, sa conversation restait monosyllabique, et sa contenance était toujours négative.

Voilà le voisin dont le hasard m'avait gratifié dans la maison que j'habitais, rue des Grès, quand je n'étais encore que second clerc et que j'achevais ma troisième année de droit. Cette maison, qui n'a pas de cour, est humide et sombre, les appartemens ne tirent leur jour que de la rue. La distribution claustrale qui divise le bâtiment en chambres d'égale grandeur, en ne leur laissant d'autre issue qu'un long corridor éclairé par des jours de souffrance, annonce que la maison a jadis fait partie d'un couvent. A ce triste aspect, la gaieté d'un fils de famille expirait avant qu'il n'entrât chez mon voisin : la maison et lui se ressemblaient, vous eussiez dit de l'huître et son rocher. Le seul être avec lequel il communiquait, socialement parlant, était moi. Il venait me demander du feu, m'empruntait un livre, un journal, et me permettait le soir d'entrer dans sa cellule où nous causions quand il était de bonne humeur. Ces marques de confiance étaient le fruit d'un voisinage de quatre années et de ma sage conduite qui, faute d'argent, ressemblait beaucoup à la sienne. Avait-il des parens, des amis? Était-il riche ou pauvre? Personne n'aurait pu répondre à ces questions. Je ne voyais jamais d'argent chez lui. Sa fortune se trouvait sans doute dans les caves de la Banque. Il recevait lui-même ses billets, en courant dans Paris d'une jambe sèche comme celle d'un cerf. Il était d'ailleurs martyr de sa prudence. Un jour, par hasard, il portait de l'or ; un double napoléon se fit jour, on ne sait comment, à travers son gousset; un locataire qui le suivait dans l'escalier le ramassa et le lui présenta : — Cela ne m'appartient pas, répondit-il avec un geste de surprise. A moi de l'or! Vivrais-je comme je vis, si j'étais riche? Le matin, il apprêtait lui-même son café sur un réchaud de tôle qui restait toujours dans l'angle noir de sa cheminée. Un rôtisseur lui apportait son dîner. Notre vieille portière montait à une heure fixe pour approprier la chambre. Enfin, par une singularité que Sterne appellerait une prédestination, cet homme se nommait Gobseck. Quand plus tard je fis ses affaires, j'appris qu'au moment où nous nous connûmes, il avait environ soixante-seize ans. Il était né vers 1740, dans les faubourgs d'Anvers, d'une Juive et d'un Hollandais, et se nommait Jean-Esther Van Gobseck. Vous savez combien Paris s'occupa de l'assassinat d'une femme nommée *la belle Hollandaise?* quand j'en parlai par hasard à mon ancien voisin, il me dit sans exprimer ni le moindre intérêt, ni la plus légère surprise : — « C'est ma nièce. » Cette parole fut tout ce que lui arracha la mort de sa seule et unique héritière, la petite-fille de sa sœur. Les débats m'apprirent que la belle Hollandaise se nommait en effet Sara Gobseck. Lorsque je lui demandai par quelle bizarrerie sa petite-nièce portait son nom : — « Les femmes ne se sont jamais mariées dans notre famille, » me répondit-il en souriant. Cet homme singulier n'avait jamais voulu voir une seule personne des quatre générations femelles où se trouvaient ses parens. Il abhorrait ses héritiers et ne concevait pas que sa fortune pût être possédée par d'autres que lui, même après sa mort. Sa mère l'avait embarqué dès l'âge de dix ans, en qualité de mousse, pour les possessions hollandaises dans les grandes Indes, où il avait roulé pendant vingt années. Aussi les rides de son front jaunâtre gardaient-elles les secrets d'événemens horribles, de terreurs soudaines, de hasards inespérés, de traverses romanesques, de joies infinies : la faim supportée, l'amour foulé aux pieds, la fortune compromise, perdue, retrouvée, la vie maintes fois en danger et sauvée peut-être par ces déterminations dont la rapide urgence excuse la cruauté. Il avait connu monsieur de Lally, monsieur d'Estaing, monsieur de Suffren, lord Cornwallis, lord Hastings, le père de Tippo-Saeb et Tippo-Saeb lui-même. Ce Savoyard, le mari de mademoiselle d'Osmond, qui servit Madhadjy-Sindiah, le roi de Delhy, et qui contribua tant à fonder la puissance des Marhattes, avait fait des affaires avec lui. Il avait eu des relations avec Victor Hughes et plusieurs célèbres corsaires, car il avait long-temps séjourné à Saint-Thomas. Il avait si bien tout tenté pour faire fortune, qu'il avait essayé de découvrir l'or de cette tribu de sauvages si célèbres aux environs de Buenos-Ayres. Enfin il n'était étranger à aucun des événemens de la guerre de l'indépendance américaine. Mais quand il parlait des Indes ou de l'Amérique, ce qui ne lui arrivait avec personne, et fort rarement avec moi, il semblait que ce fût une indiscrétion dont il paraissait se repentir. Si l'humanité, si la sociabilité sont une religion, il pouvait être considéré comme un athée. Quoique je me fusse proposé de l'examiner, je dois avouer à ma honte que jusqu'au dernier moment son cœur fut impénétrable. Je me suis quelquefois demandé à quel sexe il appartenait ; et je crois que, si les usuriers lui ressemblent, ils sont tous d'un genre neutre. Était-il resté fidèle à la religion de sa mère, et regardait-il les chrétiens comme sa proie ? s'était-il fait catholique, mahométan, brahme ou luthérien ? je n'ai jamais rien su de ses opinions religieuses. Il me paraissait être plus indifférent qu'incrédule. Un soir, j'entrai chez cet homme qui s'était fait or, et que, par antiphrase ou par raillerie, ses victimes, qu'il nommait ses cliens, appelaient *Papa Gobseck*. Je le trouvai sur son fauteuil, immobile comme une statue, les yeux arrêtés sur le manteau de la cheminée où il semblait relire ses bordereaux d'escompte. Une fumeuse et sale lampette de portier, dont le pied avait été jadis vert, jetait une lueur rougeâtre sur ce visage pâle. Il me regarda silencieusement et me montra ma chaise qui m'attendait.

— A quoi cet être-là pense-t-il ? me dis-je. Sait-il s'il existe un Dieu, un sentiment, des femmes, un bonheur ?

Je le plaignis comme j'aurais plaint un malade ; mais je comprenais bien aussi que, s'il avait des millions à la Banque, il pouvait posséder par la pensée la terre qu'il avait parcourue, fouillée, souspesée, évaluée, exploitée.

— Bonjour, papa Gobseck, lui dis-je.

Il tourna la tête vers moi; ses gros sourcils noirs se rapprochèrent légèrement; et, chez lui, cette inflexion caractéristique équivalait au plus gai sourire d'un Méridional.

— Vous êtes aussi sombre que le jour où l'on est venu vous annoncer la faillite de ce libraire dont vous avez tant admiré l'adresse, quoique vous en ayez été la victime.

— Victime? dit-il d'un air étonné.

— Afin d'obtenir son concordat, ne vous avait-il pas réglé votre créance en billets signés de la raison de commerce en faillite; et quand il a été rétabli, ne vous les a-t-il pas soumis à la réduction voulue par le concordat?

— Il était fin, répondit-il, mais je l'ai repincé!

— Avez-vous donc quelques billets à protester? nous sommes le 31, je crois.

Je lui parlais d'argent pour la première fois. Il leva sur moi ses yeux par un mouvement railleur; puis, de sa voix douce dont les accens ressemblaient aux sons que tire de sa flûte un élève qui n'en a pas l'embouchure: — Je m'amuse, me dit-il.

— Vous vous amusez donc quelquefois?

— Croyez-vous qu'il n'y ait de poètes que ceux qui impriment des vers? me demanda-t-il en haussant les épaules et me jetant un regard de pitié.

— De la poésie dans cette tête! pensai-je, car je ne connaissais encore rien de sa vie.

— Quelle existence pourrait être aussi brillante

que l'est la mienne? dit-il en continuant, et son œil s'anima. Vous êtes jeune, vous avez les idées de votre sang, vous voyez des figures de femme dans vos tisons, moi je n'aperçois que des charbons dans les miens. Vous croyez à tout; moi, je ne crois à rien. Gardez vos illusions, si vous le pouvez, après m'avoir entendu. Soit que vous voyagiez, soit que vous restiez au coin de votre cheminée et de votre femme, il arrive toujours un âge auquel la vie n'est plus qu'une habitude exercée dans un certain milieu préféré, et où le bonheur consiste dans l'exercice de nos facultés appliquées à des réalités. Hors ces deux préceptes, tout est faux. Mes principes ont varié comme ceux des hommes, j'en ai dû changer à chaque latitude. Ce que l'Europe admire, l'Asie le punit; ce qui est un vice à Paris est une nécessité quand on a passé les Açores. Rien n'est fixe ici-bas. Il n'y existe que des conventions qui se modifient suivant les climats. Pour qui s'est jeté forcément dans tous les moules sociaux, les convictions et les morales ne sont plus que des mots sans valeur. Reste en nous le seul sentiment vrai que la nature y ait mis, l'instinct de notre conservation. Dans vos sociétés européennes, cet instinct se nomme *intérêt personnel*. Si vous aviez vécu autant que moi vous sauriez qu'il n'est qu'une seule chose matérielle dont la valeur soit assez certaine pour qu'un homme s'en occupe. Cette chose est L'OR! L'or représente toutes les forces humaines. J'ai voyagé, j'ai vu qu'il y avait partout des plaines ou des montagnes, les plaines ennuient, les montagnes fatiguent ; les lieux ne signifient donc rien. Quant aux mœurs, l'homme est le même partout : partout le combat entre le pauvre et le riche est établi ; partout il est inévitable. Il vaut donc mieux être l'exploitant que d'être l'exploité. Partout il se rencontre des gens musculeux qui travaillent et des gens oisifs qui se tourmentent ; partout les plaisirs sont les mêmes, car partout les sens s'épuisent et la vanité leur survit. La vanité ne se satisfait que par la possession de l'or. Nos fantaisies veulent du temps, des moyens physiques ou des soins. Eh bien, l'or contient tout en germe, et donne tout en réalité. Il n'y a que des fous ou des malades qui puissent trouver du bonheur à battre les cartes tous les soirs pour savoir s'ils gagneront quelques sous. Il n'y a que des sots qui puissent employer leur temps à se demander ce qui se passe, si madame une telle s'est couchée sur son canapé seule ou en compagnie, si elle a plus de sang que de lymphe, plus de tempérament que de vertu. Il n'y a que des dupes qui puissent se croire utiles à leurs semblables en s'occupant à tracer des principes politiques pour gouverner des événemens toujours imprévus. Il n'y a que des niais qui puissent aimer à parler des acteurs, à répéter leurs mots ; à faire tous les jours, mais sur un plus grand espace, la promenade que fait un animal dans sa loge ; à s'habiller pour les autres, à manger pour les autres ; à se glorifier d'un cheval ou d'une voiture que le voisin ne peut avoir que trois mois après eux. N'est-ce pas la vie de vos Parisiens traduite en quelques phrases ? Voyons l'existence de plus haut qu'ils ne la voient. Le bonheur consiste ou en émotions fortes qui usent la vie, ou en occupations réglées qui en font une mécanique anglaise fonctionnant par temps réguliers. Au-dessus de ces bonheurs, il existe une curiosité, prétendue noble, de connaître les secrets de la nature ou d'obtenir une certaine imitation de ses effets. N'est-ce pas, en deux mots, l'Art ou la Science, la Passion ou le Calme ? Hé bien, toutes les passions humaines, agrandies par le jeu de vos intérêts sociaux, viennent parader devant moi qui vis dans le calme. Puis, votre curiosité scientifique, espèce de lutte où l'homme a toujours le dessous, je la remplace par la pénétration de tous les ressorts qui font mouvoir l'humanité. En un mot, je possède le monde sans fatigue. — Écoutez-moi, reprit-il. Par le récit des événemens de la matinée, vous devinerez mes plaisirs.

Il se leva, alla pousser le verrou de sa porte, tira un rideau de vieille tapisserie dont les anneaux crièrent sur la tringle, et revint s'asseoir.

— Ce matin, me dit-il, je n'avais que deux effets à recevoir, les autres avaient été donnés la veille comme comptant à mes pratiques. Autant de gagné ! car, à l'escompte, je déduis la course que me nécessite la recette, en prenant quarante sous pour un cabriolet de fantaisie. Ne serait-il pas plaisant qu'une pratique me fit traverser Paris pour six francs d'escompte, moi qui n'obéis à rien ! moi qui ne paie que sept francs de contributions! Le premier billet, valeur de mille francs présentée par un jeune homme, beau fils à gilets pailletés, à lorgnon, à tilbury, cheval anglais, etc., était signé par l'une des plus jolies femmes de Paris, mariée à quelque riche propriétaire, un comte. Pourquoi cette comtesse avait-elle souscrit une lettre de change, nulle en droit, mais excellente en fait? car ces pauvres femmes craignent le scandale que produirait un protêt dans leur ménage, et se donneraient en paiement plutôt que de ne pas payer! Je voulais connaître la valeur secrète de cette lettre de change. Était-ce bêtise, imprudence, amour ou charité? Le second billet, d'égale somme, signé Fanny Malvaut, m'avait été présenté par un marchand de toiles en train de se ruiner. Aucune personne ayant quelque crédit à la Banque ne vient dans ma boutique, où le premier pas fait de ma porte à mon bureau dénonce un désespoir, une faillite prête à éclore, et surtout un refus d'argent éprouvé chez tous les banquiers. Aussi ne vois-je que des cerfs aux abois, traqués par la meute de leurs créanciers. La comtesse demeurait rue du Helder, et ma Fanny rue Montmartre. Combien de conjectures n'ai-je pas faites en m'en allant d'ici ce matin! Si ces deux femmes n'étaient pas en mesure, elles allaient me recevoir avec plus de respect que si j'eusse été leur propre père. Combien de singeries la comtesse ne me jouerait-elle pas pour mille francs? Elle allait prendre un air affectueux, me parler de cette voix dont elle réserve les câlineries à l'endosseur du billet ; me prodiguer des paroles caressantes, me supplier peut-être, et moi... Là, le vieillard me jeta son regard blanc. — Et moi, inébranlable! reprit-il. Je suis là comme un vengeur..., j'apparais comme un remords. Laissons les hypothèses. J'arrive. — Madame la comtesse est couchée, me dit une femme de chambre. — Quand sera-t-elle visible? — A midi. — Madame la comtesse serait-elle malade? — Non monsieur ; mais elle est rentrée du bal à trois heures. — Je m'appelle Gobseck, dites-lui mon nom, je serai ici à midi. Et je m'en vais en signant ma présence sur le tapis qui couvrait les dalles de l'escalier. J'aime à crotter les tapis de l'homme riche, non par petitesse, mais pour leur faire sentir la griffe de la Nécessité. Parvenu rue Montmartre, à une maison de peu d'apparence, je pousse une vieille porte cochère, et vois une de ces cours obscures où le soleil ne pénètre jamais. La loge du portier était noire, le vitrage ressemblait à la manche d'une douillette trop longtemps portée, il était gras, brun, lézardé. — Mademoiselle Fanny Malvaut? — Elle est sortie ; mais si vous venez pour un billet, l'argent est là. — Je reviendrai, dis-je. Du moment où le portier avait la somme, je voulais connaître la jeune fille, je me figurais qu'elle était jolie. Je passe la matinée à voir les gravures étalées sur le boulevard ; puis à midi sonnant, je traversais le salon qui précède la chambre de la comtesse. — Madame me sonne à l'instant, me dit la femme de chambre, je ne crois pas qu'elle soit visible. — J'attendrai, répondis-je en m'asseyant sur un fauteuil. Les persiennes s'ouvrent, la femme de chambre accourt et me dit : — Entrez, monsieur. A la douceur de sa voix, je devinai que sa maîtresse ne devait pas être en mesure. Combien était belle la femme que je vis alors ! Elle avait jeté à la hâte sur ses épaules nues un châle de cachemire dans lequel elle s'enveloppait si bien que ses formes pouvaient se deviner dans leur nudité. Elle était vêtue d'un peignoir garni de ruches blanches comme neige, et qui annonçait une dépense annuelle d'environ dix mille francs chez la blanchisseuse en fin. Ses cheveux noirs s'échappaient en grosses boucles d'un joli madras négligemment noué sur sa tête à la manière des créoles. Son lit offrait le tableau d'un désordre produit sans doute par un sommeil agité. Un peintre aurait payé pour rester pendant quelques momens au milieu de cette scène. Sous des draperies voluptueusement attachées, un oreiller enfoncé sur un édredon de soie bleue, et dont les garnitures en dentelle se détachaient vivement sur ce fond d'azur, offrait l'empreinte de formes indécises qui réveillaient l'imagination. Sur une large peau d'ours, étendue aux pieds des lions ciselés dans l'acajou du lit, brillaient deux souliers de satin blanc, jetés avec l'incurie que cause la lassitude d'un bal. Sur une chaise était une robe froissée dont les manches touchaient à terre. Des bas que le moindre souffle d'air aurait emportés étaient tortillés dans le pied d'un fauteuil. De blanches jarretières flottaient le long d'une causeuse.

Un éventail de prix, à moitié déplié, reluisait sur la cheminée. Les tiroirs de la commode restaient ouverts. Des fleurs, des diamans, des gants, un bouquet, une ceinture gisaient çà et là. Je respirais une vague odeur de parfums. Tout était luxe et désordre, beauté sans harmonie. Mais déjà pour elle ou pour son amant, la Misère tapie là-dessous dressait la tête et leur faisait sentir ses dents aiguës. La figure fatiguée de la comtesse ressemblait à cette chambre parsemée des débris d'une fête. Ces brimborions épars me faisaient pitié; rassemblés, ils avaient causé la veille quelque délire. Ces vestiges d'un amour foudroyé par le remords, cette image d'une vie de dissipation, de luxe et de bruit, trahissaient des efforts de Tantale pour embrasser de fuyans plaisirs. Quelques rougeurs semées sur le visage de la jeune femme attestaient la finesse de sa peau; mais ses traits étaient comme grossis, et le cercle brun qui se dessinait sous ses yeux semblait être plus fortement marqué qu'à l'ordinaire. Néanmoins, la nature avait assez d'énergie en elle pour que ces indices de folie n'altérassent pas sa beauté. Ses yeux étincelaient. Semblable à l'une de ces Hérodiades dues au pinceau de Léonard de Vinci (j'ai brocanté les tableaux), elle était magnifique de vie et de force; rien de mesquin dans ses contours, ni dans ses traits; elle inspirait l'amour, et me semblait devoir être plus forte que l'amour. Elle me plut. Il y avait long-temps que mon cœur n'avait battu. J'étais donc déjà payé! je donnerais mille francs d'une sensation qui me ferait souvenir de ma jeunesse. — Monsieur, me dit-elle en me présentant une chaise, auriez-vous la complaisance d'attendre? — Jusqu'à demain midi, madame, répondis-je en repliant le billet que je lui avais présenté, je n'ai le droit de protester qu'à cette heure-là. Puis en moi-même je me disais : — Paie ton luxe, paie ton nom, paie ton bonheur, paie le monopole dont tu jouis. Pour se garantir leurs biens, les riches ont inventé des tribunaux, des juges, et cette guillotine, espèce de bougie où viennent se brûler les ignorans. Mais, pour vous qui couchez sur la soie et sous la soie, il est des remords, des grincemens de dents cachés sous un sourire, et des gueules de lion qui vous donnent un coup de dent au cœur. — Un protêt ! y pensez-vous ? s'écria-t-elle en me regardant ; vous auriez aussi peu d'égards pour moi ? — Si le roi me devait, madame, et qu'il ne me payât pas, je l'assignerais encore plus promptement que tout autre débiteur. En ce moment, nous entendîmes frapper doucement à la porte de la chambre. — Je n'y suis pas ! dit impérieusement la jeune femme. — Anastasie, je voudrais cependant bien vous voir. — Pas en ce moment, mon cher, répondit-elle d'une voix moins dure, mais néanmoins sans douceur. — Quelle plaisanterie ! vous parlez à quelqu'un, répondit en entrant un homme qui ne pouvait être que le comte. La comtesse me regarda, je la compris, elle devint mon esclave. Il fut un temps, jeune homme, où j'aurais été peut-être assez bête pour ne pas protester. En 1760, à Pondichéry, j'ai fait grâce à une femme qui m'a joliment roué. Je le méritais, pourquoi m'étais-je fié à elle? — Que veut monsieur? me demanda le comte. Je vis la femme frissonnant de la tête aux pieds; la peau blanche et satinée de son cou devint rude; elle avait, suivant un terme familier, la chair de poule. Moi je riais, sans qu'aucun de mes muscles ne tressaillît. — Monsieur est un de mes fournisseurs, dit-elle. Le comte me tourna le dos, je tirai le billet à moitié hors de ma poche. A ce mouvement inexorable, la jeune femme vint à moi, me présenta un diamant : — Prenez, dit-elle, et allez-vous-en. Nous échangeâmes les deux valeurs, et je sortis en la saluant. Le diamant valait bien une douzaine de cents francs pour moi. Je trouvai dans la cour une nuée de valets qui brossaient leurs livrées, ciraient leurs bottes ou nettoyaient de somptueux équipages. — Voilà, me dis-je, ce qui amène ces gens-là chez moi; voilà ce qui les pousse à voler décemment des millions, à trahir leur patrie. Pour ne pas se crotter en allant à pied, le grand seigneur ou celui qui le singe, prend une bonne fois un bain de boue! En ce moment, la grande porte s'ouvrit, et livra passage au cabriolet du jeune homme qui m'avait présenté le billet. — Monsieur, lui dis-je quand il fut descendu, voici deux cents francs que je vous prie de rendre à madame la comtesse, et vous lui ferez observer que je tiendrai à sa disposition, pendant huit jours, le gage qu'elle m'a remis ce matin. Il prit les deux cents francs, et laissa échapper un sourire moqueur,

8

comme s'il eût dit : — Ha ! elle a payé. Ma foi, tant mieux. J'ai lu sur cette physionomie l'avenir de la comtesse. Ce joli monsieur blond, froid, joueur sans âme, se ruinera, la ruinera, ruinera le mari, ruinera les enfans, mangera leurs dots, et causera plus de ravages à travers les salons que n'en causerait une batterie d'obusiers dans un régiment. Je me rendis rue Montmartre, chez mademoiselle Fanny. Je montai un petit escalier bien raide. Arrivé au cinquième étage, je fus introduit dans un appartement composé de deux chambres où tout était propre comme un ducat neuf. Je n'aperçus pas la moindre trace de poussière sur les meubles de la première pièce, où me reçut mademoiselle Fanny, jeune fille parisienne, vêtue simplement : tête élégante et fraîche, air avenant, des cheveux châtains bien peignés qui, retroussés en deux arcs sur les tempes, donnaient de la finesse à des yeux bleus purs comme du cristal. Le jour, passant à travers de petits rideaux tendus aux carreaux, jetait une lueur douce sur sa modeste figure. Autour d'elle, de nombreux morceaux de toile taillés me dénoncèrent ses occupations habituelles, elle ouvrait du linge. Elle était là comme le génie de la solitude. Quand je lui présentai le billet, je lui dis que je ne l'avais pas trouvée le matin. — Mais, dit-elle, les fonds étaient chez la portière. Je feignis de ne pas entendre. — Mademoiselle sort de bonne heure, à ce qu'il paraît ? — Je suis rarement hors de chez moi ; mais quand on travaille la nuit, il faut bien quelquefois se baigner.

Je la regardai. D'un coup d'œil, je devinai tout. C'était une fille condamnée au travail par le malheur, et qui appartenait à quelque famille d'honnêtes fermiers, car elle avait quelques-uns de ces grains de rousseur particuliers aux personnes nées à la campagne. Je ne sais quel air de vertu respirait dans ses traits. Il me sembla que j'habitais une atmosphère de sincérité, de candeur, où mes poumons se rafraîchissaient. Pauvre innocente! elle croyait à quelque chose : sa simple couchette en bois peint était surmontée d'un crucifix orné de deux branches de buis. Je fus quasi touché. Je me sentais disposé à lui offrir de l'argent à douze pour cent seulement, afin de lui faciliter l'achat de quelque bon établissement. — Mais, me dis-je, elle a peut-être un petit cousin qui se ferait de l'argent avec sa signature, et grugerait la pauvre fille. Je m'en suis donc allé, me mettant en garde contre mes idées généreuses, car j'ai souvent eu l'occasion d'observer que quand la bienfaisance ne nuit pas au bienfaiteur, elle tue l'obligé. Lorsque vous êtes entré, je pensais que Fanny Malvaut serait une bonne petite femme, j'opposais sa vie pure et solitaire à celle de cette comtesse qui, déjà tombée dans la lettre de change, va rouler dans le vice! — Eh bien! reprit-il après un moment de silence profond, pendant lequel je l'examinais, croyez-vous que ce ne soit rien que de pénétrer ainsi dans les plus secrets replis du cœur humain, d'épouser la vie des autres, et de la voir à nu? Ce sont des spectacles toujours variés : des plaies hideuses, des chagrins mortels, des scènes d'amour, des misères que les eaux de la Seine attendent, des joies de jeune homme qui mènent à l'échafaud, des rires de désespoir et des fêtes somptueuses. Hier, une tragédie : quelque bonhomme de père qui s'asphyxie parce qu'il ne peut plus nourrir ses enfans. Demain, une comédie : un jeune homme essaiera de me jouer la scène de monsieur Dimanche, avec les variantes de notre époque. Vous avez entendu vanter l'éloquence des derniers prédicateurs, j'ai parfois été perdre mon temps à les écouter, ils m'ont fait changer d'opinion, mais de conduite, comme disait je ne sais qui, jamais. Hé bien! ces bons prêtres, votre Mirabeau, Vergniaud et les autres ne sont que des bègues auprès de mes orateurs. Souvent une jeune fille amoureuse, un vieux négociant sur le penchant de sa faillite, une mère qui veut cacher la faute de son fils, un artiste sans pain, un grand sur le déclin de la faveur, et qui, faute d'argent, va perdre le fruit de ses efforts, m'ont fait frissonner par la puissance de leur parole. Ces sublimes acteurs jouaient pour moi seul, sans pouvoir me tromper. Mon regard est comme celui de Dieu, je vois dans les cœurs. Rien ne m'est caché. L'on ne refuse rien à qui lie et délie les cordons d'un sac. Je suis assez riche pour acheter les consciences de ceux qui font mouvoir les ministres, depuis leurs garçons de bureau jusqu'à leurs maîtresses, n'est-ce pas le Pouvoir? Je puis avoir les plus belles femmes et leurs plus tendres caresses, n'est-ce pas le Plaisir?

Le Pouvoir et le Plaisir ne résument-ils pas tout votre Ordre Social? Nous sommes dans Paris une trentaine ainsi, tous rois silencieux et inconnus, les arbitres de vos destinées. La vie n'est-elle pas une machine dont l'argent est le mouvement? Sachez-le! les moyens se confondent toujours avec les résultats, car vous n'arriverez jamais à séparer l'âme des sens, l'esprit de la matière; et l'or!... l'or est le spiritualisme de vos sociétés actuelles. Liés par le même intérêt, nous nous rassemblons à certains jours de la semaine dans un café près du Pont-Neuf. Là, nous nous révélons les mystères de la finance. Aucune fortune ne peut nous mentir, nous possédons les secrets de toutes les familles. Nous avons une espèce de *livre noir* où s'inscrivent les notes les plus importantes sur le crédit public, sur la banque, sur le commerce. Casuistes de la Bourse, nous formons un Saint-Office où se jugent et s'analysent les actions les plus indifférentes de tous les gens qui possèdent une fortune quelconque, et nous devinons toujours vrai. Celui-ci surveille la masse judiciaire, celui-là la masse financière, l'un la masse administrative, l'autre la masse commerciale.. Moi j'ai l'œil sur les fils de famille, les artistes, les gens du monde et les joueurs, la partie la plus émouvante de Paris. Chacun nous dit les secrets du voisin. Les passions trompées, les vanités froissées sont bavardes. Les vices, les désappointemens, les vengeances sont les meilleurs agens de police. Comme moi, tous mes confrères ont joui de tout, se sont rassasiés de tout, et sont arrivés à n'aimer le pouvoir et l'argent que pour le pouvoir et l'argent même. Ici, dit-il, en me montrant sa chambre nue et froide, l'amant le plus fougueux qui s'irrite ailleurs d'une parole et tire l'épée pour un mot, prie à mains jointes ; ici le négociant le plus orgueilleux, ici la femme la plus vaine de sa beauté, ici le militaire le plus fier, prient tous ; la larme à l'œil ou de rage ou de douleur ; ici prient l'artiste le plus célèbre et l'écrivain dont les noms sont promis à la postérité ! Ici enfin, ajouta-t-il en portant la main à son front, se trouve une balance dans laquelle se pèsent les successions et les intérêts de Paris tout entier. Croyez-vous maintenant qu'il n'y ait pas de jouissances sous ce masque blanc dont l'immobilité vous a si souvent étonné? dit-il en me tendant son visage blême qui sentait l'argent.

Je retournai chez moi stupéfait. Ce petit vieillard sec avait grandi. Il s'était changé à mes yeux en une image fantastique où se personnifiait le pouvoir de l'Or. La vie, les hommes me faisaient horreur. — Tout doit-il donc se résoudre par l'argent? me demandais-je. Je me souviens de ne m'être endormi que très-tard. Je voyais des monceaux d'or autour de moi. La belle comtesse m'occupa. J'avouerai à ma honte qu'elle éclipsait complétement l'image de la simple et chaste créature vouée au travail et à l'obscurité ; mais le lendemain matin, à travers les nuées de mon réveil, la douce Fanny m'apparut dans toute sa beauté, je ne pensai plus qu'à elle.

— Voulez-vous un verre d'eau sucrée? dit la vicomtesse en interrompant l'avoué.

— Volontiers, répondit-il.

— Mais je ne vois-là dedans rien qui puisse nous concerner, dit madame de Grandlieu en sonnant.

—Sardanapale! s'écria l'avoué (c'était son juron), je vais bien réveiller mademoiselle Camille en lui disant que son bonheur dépendait naguère du papa Gobseck; mais comme le bonhomme est mort à l'âge de quatre-vingt-neuf ans, monsieur de Restaud entrera bientôt en possession d'une belle fortune. Ceci veut des explications. Quant à Fanny Malvaut, vous la connaissez, c'est ma femme!

— Le pauvre garçon, répliqua la vicomtesse, avouerait cela devant vingt personnes avec sa franchise ordinaire.

— Je le crierais à tout l'univers, dit l'avoué.

— Buvez, buvez, mon pauvre Derville. Vous ne serez jamais rien que le plus heureux et le meilleur des hommes.

— Je vous ai laissé, rue du Helder, chez une comtesse, s'écria l'oncle en relevant sa tête légèrement assoupie. Qu'en avez-vous fait?

— Quelques jours après la conversation que j'avais eue avec le vieux Hollandais, je passai ma thèse, reprit l'avoué. Je fus reçu licencié en droit, et puis avocat. La confiance que le vieil avare avait en moi s'accrut beaucoup. Il me consultait gratuitement sur les affaires épineuses dans lesquelles il s'embarquait d'après des données sûres, et qui eussent semblé mauvaises à tous les praticiens. Cet homme, sur lequel personne n'aurait pu prendre le moindre empire, écoutait mes conseils avec une sorte de respect. Il est vrai qu'il s'en était toujours très-bien trouvé. Enfin, le jour où je fus nommé maître-clerc de l'étude où je travaillais depuis trois ans, je quittai la maison de la rue des Grès, et j'allai demeurer chez mon patron, qui me donna la table, le logement et cent cinquante francs par mois. Ce fut un beau jour! Quand je fis mes adieux à l'usurier, il ne me témoigna ni amitié ni déplaisir, il ne m'engagea pas à le venir voir; il me jeta seulement un de ces regards qui, chez lui, semblent en quelque sorte trahir le don de seconde vue. Au bout de huit jours, je reçus la visite de mon ancien voisin. Il m'apportait une affaire assez difficile, une expropriation. Il continua ses consultations gratuites avec autant de liberté que s'il me payait. A la fin de la seconde année, de 1815 à 1816, mon patron, homme de plaisir et fort dépensier, se trouva dans une gêne considérable et fut obligé de vendre sa charge. Quoiqu'en ce moment les études n'eussent pas acquis la valeur exorbitante à laquelle elles sont montées aujourd'hui, mon patron donnait la sienne en n'en demandant que cent cinquante mille francs. Un homme actif, instruit, intelligent pouvait vivre honorablement, payer les intérêts de cette somme, et s'en libérer en cinq années pour peu qu'il inspirât de confiance. Moi, le septième enfant d'un petit bourgeois de Noyon, je ne possédais pas une obole, et ne connaissais dans le monde d'autre capitaliste que le papa Gobseck. Une pensée ambitieuse et je ne sais quelle lueur d'espoir me prêtèrent le courage d'aller le trouver. Un soir donc, je cheminai lentement jusqu'à la rue des Grès. Le cœur me battit bien fortement quand je frappai à la sombre maison. Je me souvenais de tout ce que m'avait dit autrefois le vieil avare, dans un temps où j'étais bien loin de soupçonner la violence des angoisses qui commençaient au seuil de cette porte. J'allais donc le prier comme tant d'autres. — Eh bien! non, me dis-je, un honnête homme doit partout garder sa dignité. La fortune ne vaut pas une lâcheté, montrons-nous positif autant que lui. Depuis mon départ, le papa Gobseck avait loué ma chambre pour ne pas avoir de voisin. Il avait aussi fait poser une petite chattière grillée au milieu de sa porte, et ne m'ouvrit qu'après avoir reconnu ma figure.

— Hé bien! me dit-il de sa petite voix flûtée, votre patron vend son étude.

— Comment savez-vous cela? Il n'en a encore parlé qu'à moi.

Les deux lèvres du vieillard se tirèrent vers les coins de sa bouche absolument comme des rideaux, et ce sourire muet fut accompagné d'un regard froid.

— Il fallait cela pour que je vous visse chez moi, ajouta-t-il d'un ton sec et après une pause pendant laquelle je demeurai confondu.

— Écoutez-moi, monsieur Gobseck, repris-je

avec autant de calme que je pus en affecter devant ce vieillard qui fixait sur moi des yeux impassibles dont le feu clair me troublait.

Il fit un geste comme pour me dire : — Parlez.

— Je sais qu'il est fort difficile de vous émouvoir. Aussi, ne perdrai-je pas mon éloquence à essayer de vous peindre la situation d'un clerc sans le sou ; qui n'espère qu'en vous, et n'a dans le monde d'autre cœur que le vôtre dans lequel il puisse trouver l'intelligence de son avenir. Laissons le cœur. Les affaires se font comme des affaires ; et non comme des romans, avec de la sensiblerie. Voici le fait. L'étude de mon patron rapporte annuellement entre ses mains une trentaine de mille francs ; mais je crois qu'entre les miennes, elle en vaudra cinquante. Il veut la vendre cinquante mille écus. Je sens là, dis-je en me frappant le front, que si vous pouviez me prêter la somme nécessaire à cette acquisition, je serais libéré dans six ans.

— Voilà parler, répondit le papa Gobseck qui me tendit la main et serra la mienne. Jamais, depuis que je suis dans les affaires, reprit-il, personne ne m'a déduit plus clairement les motifs de sa visite. — Des garanties? dit-il en me toisant de la tête aux pieds. — Néant, ajouta-t-il après une pause. Quel âge avez-vous?

— Vingt-cinq ans, dans deux mois, répondis-je, sans cela je ne pourrais traiter.

— Juste!
— Hé bien!

— Possible.

— Ma foi, il faut aller vite; sans cela, j'aurai des enchérisseurs.

— Apportez-moi demain matin votre extrait de naissance, et nous parlerons de votre affaire, j'y songerai.

Le lendemain, à huit heures, j'étais chez le vieillard. Il prit le papier officiel, mit ses lunettes, toussa, cracha, s'enveloppa dans sa houppelande noire, et lut l'extrait des registres de la mairie tout entier. Puis il le tourna, le retourna, me regarda, retoussa, s'agita sur sa chaise, et il me dit : — C'est une affaire que nous allons tâcher d'arranger.

Je tressaillis.

— Je tire cinquante pour cent de mes fonds, reprit-il, quelquefois cent, deux cents, cinq cents pour cent. A ces mots je pâlis. — Mais, en faveur de notre connaissance, je me contenterai de douze et demi pour cent d'intérêt par... Il hésita. — Eh bien oui, pour vous, je me contenterai de treize pour cent par an. Cela vous va-t-il?

— Oui, répondis-je.

— Mais si c'est trop, répliqua-t-il, défendez-vous, Grotius! En vous demandant treize pour cent, je fais mon métier, voyez si vous pouvez les payer. Je n'aime pas un homme qui tope à tout. Est-ce trop?

— Non, dis-je, je serai quitte pour prendre un peu plus de mal.

— Parbleu! dit-il en me jetant son malicieux regard oblique, vos cliens paieront!

— Non, de par tous les diables, m'écriai-je, ce sera moi. Je me couperais la main plutôt que d'écorcher le monde!

— Bonsoir, me dit le papa Gobseck.

— Mais les honoraires sont tarifés, repris-je.

— Ils ne le sont pas, reprit-il, pour les transactions, pour les attermoiemens, pour les conciliations. Là, vous pouvez compter des mille francs, des six mille francs même, suivant l'importance des intérêts, pour vos conférences, vos courses, vos projets d'actes, vos mémoires et votre verbiage. Il faut savoir rechercher ces sortes d'affaires. Je vous recommanderai comme le plus savant et le plus habile des avoués, je vous enverrai tant de procès de ce genre-là, que vous ferez crever vos confrères de jalousie. Werbrust, Palma, Gigonnet, mes confrères, vous donneront leurs expropriations, et Dieu sait s'ils en ont! Vous aurez ainsi deux clientèles, celle que vous achetez et celle que je vous ferai. Vous devriez presque me donner quinze pour cent de mes cent cinquante mille francs.

— Soit, mais pas plus, dis-je avec la fermeté d'un homme qui ne voulait plus rien accorder au-delà.

Le papa Gobseck se radoucit et parut content de moi.

— Je paierai moi-même, reprit-il, la charge à votre patron, de manière à m'établir un privilège bien solide sur le prix et le cautionnement.

— Oh! tout ce que vous voudrez pour les garanties.

— Puis, vous m'en représenterez la valeur en quinze lettres de change acceptées en blanc, chacune pour une somme de dix mille francs.

— Pourvu que cette double valeur soit constatée.

— Non, s'écria Gobseck en m'interrompant. Pourquoi voulez-vous que j'aie plus de confiance en vous que vous n'en avez en moi?

Je gardai le silence.

— Et puis vous ferez, dit-il en continuant avec un ton de bonhomie, mes affaires sans exiger d'honoraires, tant que je vivrai, n'est-ce pas?

— Soit, pourvu qu'il n'y ait pas d'avances de fonds.

— Juste! dit-il. — Ah çà, reprit le vieillard dont la figure avait peine à prendre un air de bonhomie, vous me permettrez d'aller vous voir?

— Vous me ferez toujours plaisir.

— Oui, mais le matin, cela sera bien difficile. Vous aurez vos affaires, et j'ai les miennes.

— Venez le soir.

— Oh! non! répondit-il vivement, vous devez aller dans le monde, voir vos cliens; moi, j'ai mes amis à mon café.

— Ses amis! pensai-je. — Eh bien! dis-je, pourquoi ne pas prendre l'heure du dîner?

— C'est cela, dit Gobseck. Après la Bourse, à cinq heures. Eh bien! vous me verrez tous les mercredis et les samedis. Nous causerons de nos affaires comme un couple d'amis. Ah! ah! je suis gai quelquefois! Donnez-moi une aile de perdrix et un verre de vin de Champagne, nous causerons. Je sais bien des choses qu'aujourd'hui l'on peut dire, et qui vous apprendront à connaître les hommes et surtout les femmes.

— Va pour la perdix et le verre de vin de Champagne.

— Ne faites pas de folies, autrement vous perdriez ma confiance. Ne prenez pas un grand train de maison. Ayez une vieille bonne, une seule. J'irai vous visiter pour m'assurer de votre santé. J'aurai un capital placé sur votre tête, hé! hé! je dois m'informer de vos affaires. Allons, venez ce soir avec votre patron.

— Pourriez-vous me dire, s'il n'y a pas d'indiscrétion à le demander, dis-je au petit vieillard quand nous atteignîmes au seuil de la porte, de quelle importance était mon extrait de baptême dans cette affaire?

Jean-Esther Van Gobseck haussa les épaules, sourit malicieusement et me répondit : — Combien la jeunesse est sotte! Apprenez donc, monsieur l'avoué, car il faut que vous le sachiez pour ne pas vous laisser prendre, qu'avant trente ans la probité et le talent sont encore des espèces d'hypothèques. Passé cet âge, l'on ne peut plus compter sur un homme.

Et il ferma sa porte. Trois mois après j'étais avoué. Bientôt j'eus le bonheur, madame, de pouvoir entreprendre les affaires concernant la restitution de vos propriétés. Le gain de ces procès me fit connaître. Malgré les intérêts énormes que j'avais à payer à Gobseck, en moins de deux ans je me trouvai libre d'engagemens. J'épousai Fanny Malvaut que j'aimais sincèrement. La conformité de nos destinées, de nos travaux, de nos succès, augmentait la force de nos sentimens. Un de ses oncles, fermier devenu riche, était mort en lui laissant soixante-dix mille francs qui m'aidèrent à m'acquitter. Depuis ce jour, ma vie n'a été que bonheur et prospérité. Ne parlons donc plus de moi, rien n'est insupportable comme un homme heureux. Revenons à nos personnages. Trois ans après l'acquisition de mon étude, je fus entraîné, presque malgré moi, dans un déjeûner de garçon. Ce repas était la suite d'une gageure perdue par un de mes camarades contre un jeune homme alors fort en vogue dans le monde élégant. M. de Trailles, la fleur du *dandysme* de ce temps-là, jouissait d'une immense réputation. Nul ne portait mieux un habit, ne conduisait mieux un *tandem*. Il avait le talent de jouer, de manger et de boire avec plus de grace que qui que ce fût au monde. Il se connaissait en chevaux, en chapeaux, en tableaux. Toutes les femmes en raffolaient. Il dépensait près de cent mille francs par an sans qu'on lui connût une seule propriété, ni un seul coupon de rente. Type de la chevalerie errante de nos salons, de nos boudoirs, de nos boulevarts, espèce amphibie qui tient autant de l'homme que de la femme, le comte Maxime de Trailles était un être singulier, bon à tout et propre à rien, craint et méprisé, sachant et ignorant tout, aussi près de commettre un bienfait que de résoudre un crime, tantôt lâche et tantôt noble, plutôt couvert de boue que taché de sang, ayant plus de soucis que de remords, plus occupé de bien digérer que de penser, feignant des passions et ne ressentant rien. Anneau brillant qui pourrait unir le bagne à la haute société, le comte Maxime de Trailles était enfin un homme qui appartenait à cette classe éminemment intelligente d'où s'élancent parfois un Mirabeau, un Pitt, un Richelieu ; mais qui le plus souvent fournit des Jeffries, des Laubardemont et des Coignard. J'avais beaucoup entendu parler de ce personnage par monsieur Goriot, l'un de mes cliens ; mais j'avais évité déjà plusieurs fois le dangereux honneur de sa connaissance quand je le rencontrais dans le monde. Cependant mon camarade me fit de telles instances pour obtenir de moi d'aller à son déjeûner, que je ne pouvais m'en dispenser sans être taxé de *bégueulisme*. Il vous serait difficile de concevoir un déjeûner de garçon. C'est une magnificence et une recherche rares, le luxe d'un avare qui, par vanité, devient fastueux pour un jour. En entrant, on est surpris de l'ordre qui règne sur une table éblouissante d'argent, de cristaux, de linge damassé. La vie est là dans sa fleur ; les jeunes gens sont gracieux, ils sourient, parlent bas et ressemblent à de jeunes mariées. Autour d'eux, tout est vierge. Puis, deux heures plus tard, vous diriez d'un champ de bataille après le combat : partout des verres brisés, des serviettes foulées, chiffonnées ; des mets entamés qui répugnent à voir ; puis, ce sont des cris à fendre la tête, des toasts plaisans, un feu d'épigrammes et de mauvaises plaisanteries, des visages empourprés, des yeux enflammés qui ne disent plus rien, des confidences involontaires qui disent tout. Au milieu d'un tapage infernal, les uns cassent des bouteilles, d'autres entonnent des chansons ; l'on se porte des défis, l'on s'embrasse, ou l'on se bat ; il s'élève un parfum détestable composé de cent odeurs et des cris composés de cent voix ; personne ne sait plus ce qu'il mange, ce qu'il boit, ni ce qu'il dit ; les uns sont tristes, les autres babillent ; celui-ci est monomane et répète le même mot comme une cloche qu'on a mise en branle ; celui-là veut commander au tumulte ; le plus sage propose une orgie. Si quelque homme de sang-froid entrait, il se croirait à quelque bacchanale. Ce fut au milieu d'un tumulte semblable et dont rien ne peut vous donner l'idée, que monsieur de Trailles essaya de s'insinuer dans mes bonnes grâces. J'avais à peu près conservé ma raison, j'étais sur mes gardes. Quant à lui, quoiqu'il affectât d'être décemment ivre, il était plein de sang-froid et songeait à ses affaires. En effet, je ne sais comment cela se fit ; mais, en sortant des salons de Grignon, sur les neuf heures du soir, il m'avait entièrement ensorcelé, et je lui avais promis de l'amener le lendemain chez *notre papa* Gobseck. Les mots : honneur, vertu, comtesse, femme honnête, malheur, s'étaient, grâce à sa langue dorée, placés, comme par magie, dans ses discours. Lorsque je me réveillai le lendemain matin, et que je voulus me souvenir de ce que j'avais fait la veille, j'eus beaucoup de peine à lier quelques idées. Enfin, il me sembla que je ne sais quelle comtesse était en danger de perdre sa réputation, l'estime et l'amour de son mari, si elle ne trouvait pas une cinquantaine de mille francs dans la matinée. Il y avait des dettes de jeu, des mémoires de carrossier, de l'argent perdu je ne sais à quoi. Mon prestigieux convive m'avait assuré qu'elle était assez riche pour réparer, par quelques années d'économie, l'échec qu'elle allait faire à sa fortune. Alors, seulement, je commençai à deviner la cause des instances de mon camarade. J'avoue, à ma honte, que je ne me doutais nullement de l'importance qu'il y avait pour le papa Gobseck à se raccommoder avec ce dandy.

Au moment où je me levais, monsieur de Trailles entra.

— Monsieur le comte, lui dis-je après nous être adressé les complimens d'usage, je ne vois pas que vous ayez besoin de moi pour vous présenter chez Van Gobseck, le plus poli, le plus anodin de tous les capitalistes. Il vous donnera de l'argent s'il en a, ou plutôt si vous lui présentez des garanties suffisantes.

— Monsieur, me répondit-il, il n'entre pas dans

ma pensée de vous forcer à me rendre un service, quand même vous me l'auriez promis.

— Sardanapale! me dis-je en moi-même, laisserai-je croire à cet homme-là que je lui manque de parole?

— J'ai eu l'honneur de vous dire hier que je m'étais fort mal à propos brouillé avec le papa Gobseck. Or, comme il n'y a guère que lui à Paris qui puisse cracher en un moment, et le lendemain d'une fin de mois, une centaine de mille francs, je vous avais prié de faire ma paix avec lui. Mais n'en parlons plus...

Monsieur de Trailles me regarda d'un air poliment insultant, et se disposait à s'en aller, quand je lui dis: — Je suis prêt à vous conduire.

Lorsque nous arrivâmes rue des Grès, le dandy regardait autour de lui avec une attention et une inquiétude qui m'étonnèrent. Son visage devenait livide, rougissait, jaunissait tour à tour, et quelques gouttes de sueur parurent sur son front quand il aperçut la porte de la maison de monsieur Gobseck. Au moment où nous descendîmes du cabriolet, un fiacre entra dans la rue des Grès. L'œil de faucon du jeune homme lui permit de distinguer une femme au fond de cette voiture. Une expression de joie presque sauvage anima sa figure, il appela un petit garçon qui passait et lui donna son cheval à tenir. Nous montâmes chez le vieil escompteur.

— Papa Gobseck, lui dis-je, je vous amène un de mes plus intimes amis (dont je me défie autant que du diable, ajoutai-je à l'oreille du vieillard). A ma considération, vous lui rendrez vos bonnes graces (au taux ordinaire), et vous le tirerez de peine, (si cela vous convient).

Monsieur de Trailles s'inclina devant l'usurier, s'assit, et prit pour l'écouter une de ces attitudes courtisanesques dont il est impossible de rendre la gracieuse bassesse. Le papa Gobseck était resté sur sa chaise, au coin de son feu, immobile, impassible. Il ressemblait à la statue de Voltaire vue le soir sous le péristyle du Théâtre-Français. Il souleva légèrement, comme pour le saluer, la casquette usée dont il se couvrait le chef, et le peu de crâne jaune qu'il montra achevait sa ressemblance avec le marbre.

— Je n'ai d'argent que pour mes pratiques, dit l'usurier.

— Vous êtes donc bien fâché que j'aie été me ruiner ailleurs que chez vous? répondit le comte en riant.

— Ruiner! reprit Gobseck d'un ton d'ironie.

— Allez-vous dire que l'on ne peut pas ruiner un homme qui ne possède rien? Mais je vous défie de trouver à Paris un plus beau *capital* que celui-ci, s'écria le fashionable en se levant et tournant sur ses talons.

Cette bouffonnerie presque sérieuse n'eut pas le don d'émouvoir Gobseck.

— Ne suis-je pas l'ami intime des Ronquerolles, des de Marsay, des Franchessini, des deux Vandenesse, des Ajuda-Pinto, enfin, de tous les jeunes gens les plus à la mode dans Paris? Je suis, au jeu, l'allié d'un prince et d'un ambassadeur que vous connaissez. J'ai mes revenus à Pétersbourg, à Carlsbad, à Baden, à Bath. N'est-ce pas la plus brillante des industries?

— Vrai.

— Vous faites une éponge de moi, mordieu! et vous m'encouragez à me gonfler au milieu du monde, pour me presser dans les momens de crise; mais vous êtes aussi des éponges, et la mort vous pressera.

— Possible.

— Sans les dissipateurs, que deviendriez-vous? nous sommes à nous deux l'âme et le corps.

— Juste.

— Allons, une poignée de main, mon vieux papa Gobseck, et de la magnanimité, si cela est vrai, juste et possible.

— Vous venez à moi, répondit froidement l'usurier, parce que Girard, Palma, Werbrust et Gigonnet ont le ventre plein de vos lettres de change. Ils les offrent partout à cinquante pour cent de perte. Or, comme ils n'ont probablement fourni que moitié de la valeur, elles ne valent pas vingt-cinq. Serviteur! Puis-je décemment, dit Gobseck en continuant, prêter une seule obole à un homme qui doit trente mille francs et ne possède pas un denier? Vous avez perdu dix mille francs, avant-hier, au bal, chez monsieur Laffitte.

— Monsieur, répondit le comte avec une rare impudence, en toisant le vieillard, mes affaires ne vous regardent pas. Qui a terme ne doit rien.

— Vrai !

— Mes lettres de change seront acquittées.

— Possible !

— Et dans ce moment la question entre nous se réduit à savoir si je vous présente des garanties suffisantes pour la somme que je viens vous emprunter.

— Juste.

Le bruit que faisait le fiacre en s'arrêtant à la porte retentit dans la chambre.

— Je vais aller chercher quelque chose qui vous satisfera peut-être, s'écria le jeune homme.

— O mon fils! s'écria le papa Gobseck en se levant et en me tendant les bras, quand l'emprunteur eut disparu ; s'il a de bons gages, tu me sauves la vie! J'en serais mort. Werbrust et Gigonnet ont cru me faire une farce. Grâce à toi, je vais bien rire ce soir à leurs dépens.

La joie du vieillard avait quelque chose d'effrayant. Ce fut le seul moment d'expansion qu'il eut avec moi. Malgré la rapidité de cette joie, elle ne sortira jamais de mon souvenir.

— Faites-moi le plaisir de rester ici, ajouta-t-il. Quoique je sois armé, sûr de mon coup, comme un homme qui jadis a chassé le tigre, et fait sa partie sur un tillac quand il fallait vaincre ou mourir, je me défie de ce monsieur.

Il alla se rasseoir sur un fauteuil, devant son bureau. Sa figure redevint blême et calme.

— Oh, oh! reprit-il en se tournant vers moi, vous allez sans doute voir un personnage dont je vous ai parlé jadis. J'entends dans le corridor un pas aristocratique.

En effet, le jeune homme revint en donnant la main à une femme en qui je reconnus cette comtesse dont Gobseck m'avait autrefois dépeint le lever, et dont je n'ai pas besoin de vous dire le nom. Elle ne me vit pas d'abord, je me tenais dans l'embrasure de la fenêtre, le visage à la vitre. En entrant dans la chambre humide et sombre de l'usurier, elle jeta un regard de défiance sur le comte. Elle était si belle, que malgré ses fautes je la plaignis. Quelque terrible angoisse agitait son cœur, ses traits nobles et fiers avaient une expression convulsive, mal déguisée. Ce jeune homme était devenu pour elle un mauvais génie. J'admirai le papa Gobseck, qui, quatre ans plus tôt, avait compris la destinée de ces deux êtres sur une première lettre de change. — Probablement, me dis-je, ce monstre à visage d'ange la gouverne par tous les ressorts possibles : la vanité, la jalousie, le plaisir, l'entraînement du monde. Les vertus mêmes de cette femme sont pour lui des armes : il lui fait verser des larmes de dévouement, il exalte en elle la générosité naturelle à son sexe, il abuse de sa tendresse, et lui vend bien cher de criminels plaisirs. — Je vous l'avoue, Camille, dit l'avoué en s'adressant à mademoiselle de Grandlieu, je ne pleurai pas sur le sort de cette malheureuse créature, si brillante aux yeux du monde et si épouvantable pour qui lisait dans son cœur ; non, je frémissais d'horreur en contemplant son assassin, ce jeune homme dont le front était si pur, la bouche si fraîche, le sourire si gracieux, les dents si blanches, et qui ressemblait à un ange. Ils étaient en ce moment tous deux devant leur juge, qui les examinait comme un vieux dominicain du seizième siècle devait épier les tortures de deux Maures au fond des souterrains du Saint-Office.

— Monsieur, existe-t-il un moyen d'obtenir le prix des diamans que voici, mais en me réservant le droit de les racheter? dit-elle d'une voix tremblante en lui tendant un écrin.

— Oui, madame, répondis-je en intervenant et me montrant.

Elle me regarda, me reconnut, laissa échapper un frisson, et me lança ce coup-d'œil qui signifie en tout pays : *Taisez-vous !*

— Ceci, dis-je en continuant, constitue un acte que nous appelons vente à réméré, convention qui consiste à céder et transporter une propriété mobilière ou immobilière pour un temps déterminé, à l'expiration duquel on peut rentrer dans l'objet en litige, moyennant une somme fixée.

Elle respira plus facilement. Le comte fronça le sourcil ; il se doutait bien que l'usurier donnerait alors une plus faible somme des diamans, valeur sujette à des baisses. Gobseck, immobile, avait saisi sa loupe et contemplait silencieusement l'écrin. Vivrais-je cent ans, je n'oublierais pas le tableau que nous offrit sa figure. Ses joues pâles s'étaient colorées, ses yeux, où les scintillemens des pierres semblaient se répéter, brillaient d'un feu surnaturel. Il se leva, alla au jour, tint les diamans près de sa bouche démeublée, comme s'il eût voulu les dévorer. Il marmottait de vagues paroles, en soulevant tour à tour les bracelets, les girandoles, les colliers, les diadèmes, qu'il présentait à la lumière pour en juger l'eau, la blancheur, la taille. Il les sortait de l'écrin, les y remettait, les y reprenait encore, les faisait jouer en leur demandant tous leurs feux, plus enfant que vieillard, ou plutôt enfant et vieillard tout ensemble.

— Beaux diamans! Cela aurait valu trois cent mille francs avant la révolution. Quelle eau! Ce sont de vrais diamans d'Asie, venus de Golconde ou de Visapour! En connaissez-vous le prix? Non, non, Gobseck est le seul à Paris qui sache les apprécier. Sous l'empire il aurait encore fallu plus de deux cent mille francs pour faire une parure semblable. Il fit un geste de dégoût et ajouta : — Maintenant le diamant perd tous les jours, le Brésil nous en accable depuis la paix, et jette sur les places des diamans moins blancs que ceux de l'Inde. Les femmes n'en portent plus qu'à la cour. Madame y va? Tout en lançant ces terribles paroles, il examinait avec une joie indicible les pierres l'une après l'autre : — Sans tache, disait-il. Voici une tache. Voici une paille. Beau diamant. Son visage blême était si bien illuminé par les feux de ces pierreries, que je le comparais à ces vieux miroirs verdâtres qu'on trouve dans les auberges de province, qui acceptent les reflets lumineux sans les répéter et donnent la figure d'un homme tombant en apoplexie au voyageur assez hardi pour s'y regarder.

— Eh bien? dit le comte en frappant sur l'épaule de Gobseck.

Le vieil enfant tressaillit. Il laissa ses hochets, les mit sur son bureau, s'assit et redevint usurier, dur, froid et poli comme une colonne de marbre : — Combien vous faut-il?

— Cent mille francs, pour trois ans, dit le comte.

— Possible!

Gobseck tira d'une boîte d'acajou des balances inestimables pour leur justesse, son écrin à lui! Il pesa les pierres en évaluant à vue de pays (et Dieu sait comme!) le poids des montures. Pendant cette opération, la figure de l'escompteur luttait entre la joie et la sévérité. La comtesse était plongée dans une stupeur dont je lui tenais compte, il me sembla qu'elle mesurait la profondeur du précipice où elle tombait. Il y avait encore des remords dans cette âme de femme; il ne fallait peut-être qu'un effort, une main charitablement tendue pour la sauver. Je l'essayai :

— Ces diamans sont à vous, madame? lui demandai-je d'une voix claire.

— Oui, monsieur, répondit-elle en me lançant un regard d'orgueil.

— Faites le réméré, bavard! me dit Gobseck en se levant et me montrant sa place au bureau.

— Madame est sans doute mariée? demandai-je.

Elle inclina vivement la tête.

— Je ne ferai pas l'acte, m'écriai-je.

— Et pourquoi? dit Gobseck.

— Pourquoi? repris-je en entraînant le vieillard dans l'embrasure de la fenêtre pour lui parler à voix basse. Cette femme étant en puissance de mari, le réméré sera nul, vous ne pourriez opposer votre ignorance d'un fait constaté par l'acte même. Vous seriez donc tenu de représenter les diamans dont vous allez être le dépositaire, et dont le poids, les valeurs ou la taille seront décrits.

Gobseck m'interrompit par un signe de tête, et se tourna vers les deux coupables : — Il a raison, dit-il. Tout est changé. Quatre-vingt mille francs comptant, et vous me laisserez les diamans! ajouta-t-il d'une voix sourde et flûtée. En fait de meubles, la possession vaut titre.

— Mais, répliqua le jeune homme.

— A prendre ou à laisser, reprit Gobseck, en remettant l'écrin à la comtesse. J'ai d'ailleurs trop de risques à courir.

— Vous feriez mieux de vous jeter aux pieds de votre mari, lui dis-je à l'oreille, en me penchant vers elle.

L'usurier comprit sans doute mes paroles au mouvement de mes lèvres, et me jeta un regard froid. La figure du jeune homme devint livide. L'hésitation de la comtesse était palpable. Le comte s'approcha d'elle, et quoiqu'il parlât très-bas, j'entendis : — Adieu, chère Anastasie, sois heureuse ! Quant à moi, demain je n'aurai plus de soucis.

— Monsieur, s'écria la jeune femme en s'adressant à Gobseck, j'accepte vos offres.

— Allons donc ! répondit le vieillard, vous êtes bien difficile à confesser, ma belle dame. Il signa un bon de cinquante mille francs sur la Banque, et le remit à la comtesse. — Maintenant, dit-il avec un sourire qui ressemblait assez à celui de Voltaire, je vais vous compléter votre somme par trente mille francs de lettres de change dont vous ne me contesterez pas la bonté. C'est de l'or en barres. Monsieur vient de me dire : *Mes lettres de change seront acquittées*, ajouta-t-il en présentant des traites souscrites par le comte, toutes protestées la veille à la requête de celui de ses confrères qui probablement les lui avait vendues à bas prix. Le jeune homme poussa un rugissement au milieu duquel domina le mot : — Vieux coquin !

Le papa Gobseck ne sourcilla pas, il tira d'un carton sa paire de pistolets, et dit froidement : — En ma qualité d'insulté, je tirerai le premier.

— Maxime ! vous devez des excuses à monsieur, s'écria doucement la tremblante comtesse.

— Je n'ai pas eu l'intention de vous offenser, dit le jeune homme en balbutiant.

— Je le sais bien, répondit tranquillement Gobseck, votre intention était seulement de ne pas payer vos lettres de change.

La comtesse se leva, salua, et disparut, en proie sans doute à une profonde horreur. Monsieur de Trailles fut forcé de la suivre; mais avant de sortir:
— S'il vous échappe une indiscrétion, messieurs, dit-il, j'aurai votre sang ou vous aurez le mien.

— *Amen*, lui répondit Gobseck en serrant ses pistolets, pour jouer son sang, faut en avoir, mon petit.

Quand la porte fut fermée et que les deux voitures partirent, Gobseck se leva, se mit à faire de petits pas de danse en répétant : — J'ai les diamans ! j'ai les diamans ! Les beaux diamans ! quels diamans ! et pas cher ! Ah ! ah ! Werbrust et Gigonnet, vous avez cru attraper le vieux papa Gobseck ! *Ego sum papa!* je suis votre maître à tous ! Intégralement payé ! Comme ils seront sots, ce soir, quand je leur conterai l'affaire, entre deux parties de domino !

Cette joie sombre, cette férocité de sauvage, excitées par la possession de quelques cailloux blancs, me firent tressaillir. J'étais muet et stupéfait.

— Ah ! ah ! te voilà, mon garçon, dit-il. Nous dînerons ensemble. Nous nous amuserons chez toi, je n'ai pas de ménage. Tous ces restaurateurs, avec leurs coulis, leurs sauces, leurs vins, empoisonneraient le diable.

L'expression de mon visage lui rendit subitement sa froide impassibilité.

— Vous ne concevez pas cela, me dit-il en s'asseyant au coin de son foyer où il mit son poêlon de fer-blanc plein de lait sur le réchaud. — Voulez-vous déjeûner avec moi? reprit-il, il y en aura peut-être assez pour deux.

— Merci, répondis-je, je ne déjeûne qu'à midi.

En ce moment, des pas précipités retentirent dans le corridor. L'inconnu qui survenait s'arrêta sur le palier de Gobseck, et frappa plusieurs coups qui eurent un caractère de fureur. L'usurier alla reconnaître par la chattière, et ouvrit à un homme de trente-cinq ans environ, qui sans doute lui parut inoffensif, malgré cette colère. Le survenant, simplement vêtu, ressemblait au feu duc de Richelieu; c'était le comte que vous avez dû rencontrer, et qui avait, passez-moi cette expression, la tournure aristocratique des hommes d'État de votre faubourg.

— Monsieur, dit-il en s'adressant à Gobseck redevenu calme, ma femme sort d'ici.

— Possible.

— Eh bien! monsieur, ne me comprenez-vous pas?

— Je n'ai pas l'honneur de connaître madame votre épouse, répondit l'usurier. J'ai reçu beaucoup de monde, ce matin : des femmes, des hommes, des demoiselles qui ressemblaient à des jeunes gens, et des jeunes gens qui ressemblaient à des demoiselles. Il me serait bien difficile de...

— Trêve de plaisanterie, monsieur, je parle de la femme qui sort à l'instant de chez vous.

— Comment puis-je savoir si elle est votre femme? demanda l'usurier, je n'ai jamais eu l'avantage de vous voir.

— Vous vous trompez, monsieur Gobseck, dit le comte avec un profond accent d'ironie. Nous nous sommes rencontrés dans la chambre de ma femme, un matin. Vous veniez toucher un billet souscrit par elle, un billet qu'elle ne devait pas.

— Ce n'était pas mon affaire de rechercher de quelle manière elle en avait reçu la valeur, répliqua Gobseck en lançant un regard malicieux au comte. J'avais escompté l'effet à l'un de mes confrères. D'ailleurs, monsieur, dit le capitaliste sans s'émouvoir ni presser son débit, et en versant du café dans sa jatte de lait, vous me permettrez de vous faire observer qu'il ne m'est pas prouvé que vous ayez le droit de me faire des remontrances chez moi, je suis majeur depuis l'an soixante et un du siècle dernier.

— Monsieur, vous venez d'acheter à vil prix des diamans de famille qui n'appartenaient pas à ma femme.

— Sans me croire obligé de vous mettre dans le secret de mes affaires, je vous dirai, monsieur le comte, que si vos diamans vous ont été pris par madame la comtesse, vous auriez dû prévenir, par une circulaire, les joailliers de ne pas les acheter, elle a pu les vendre en détail.

— Monsieur! s'écria le comte, vous connaissiez ma femme.

— Vrai?

— Elle est en puissance de mari.

— Possible.

— Elle n'avait pas le droit de disposer de ces diamans.

— Juste.

— Eh bien! monsieur?

— Eh bien! monsieur, je connais votre femme, elle est en puissance de mari, je le veux bien, elle est sous bien des puissances; mais je ne connais pas vos diamans. Si madame la comtesse signe des lettres de change, elle peut sans doute faire le commerce, acheter des diamans, en recevoir pour les vendre, ça s'est vu!

— Adieu, monsieur! s'écria le comte pâle de colère, il y a des tribunaux.

— Juste.

— Monsieur que voici, ajouta-t-il en me montrant, a été témoin de la vente.

— Possible.

Le comte allait sortir. Tout-à-coup, sentant l'importance de cette affaire, je m'interposai entre les parties belligérantes.

— Monsieur le comte, dis-je, vous avez raison, et monsieur Gobseck est sans aucun tort. Vous ne sauriez poursuivre l'acquéreur sans faire mettre en cause votre femme, et l'odieux de cette affaire ne retomberait pas sur elle seulement. Je suis avoué, je me dois à moi-même encore plus qu'au caractère dont je suis revêtu, de vous déclarer que les diamans dont vous parlez ont été achetés par monsieur Gobseck en ma présence ; mais je crois que vous auriez tort de contester la légalité de cette vente, dont les objets sont d'ailleurs peu reconnaissables. En équité, vous auriez raison ; en justice, vous succomberiez. Monsieur Gobseck est trop honnête homme pour nier que cette vente ait été effectuée à son profit ; surtout, quand ma conscience et mon devoir me forcent à l'avouer. Mais, intentassiez-vous un procès, monsieur le comte, l'issue en serait douteuse. Je vous conseille donc de transiger avec monsieur Gobseck, qui peut exciper de sa bonne foi, mais auquel vous devrez toujours rendre le prix de la vente. Consentez à un réméré de sept à huit mois, d'un an même, laps de temps qui vous permettra de rendre la somme empruntée par madame la comtesse, à moins que vous ne préfériez les racheter dès aujourd'hui en donnant des garanties pour le paiement.

L'usurier trempait son pain dans la tasse et mangeait avec une parfaite indifférence ; mais, au mot de transaction, il me regarda comme s'il disait : — Le gaillard ! comme il profite de mes leçons. De mon côté, je lui ripostai par une œillade qu'il comprit à merveille. L'affaire était fort douteuse, ignoble ; il était urgent de transiger. J'aurais dit la vérité, Gobseck n'aurait pas eu la ressource de la dénégation. Le comte me remercia par un bienveillant sourire. Après un débat dans lequel l'adresse et l'avidité de Gobseck auraient mis en défaut toute la diplomatie d'un congrès, je préparai un acte par lequel le comte reconnut avoir reçu de l'usurier une somme de quatre-vingt-cinq mille francs, intérêts compris, et moyennant la reddition de laquelle Gobseck s'engageait à remettre les diamans au comte.

— Quelle dilapidation ! s'écria le mari en signant. Comment jeter un pont sur cet abîme?

— Monsieur, dit gravement le papa Gobseck, avez-vous beaucoup d'enfans?

Cette demande fit tressaillir le comte, comme si, semblable à un savant médecin, l'usurier eût mis tout-à-coup le doigt sur le siége du mal. Le mari ne répondit pas.

— Eh bien ! reprit Gobseck, comprenant le douloureux silence du comte, je sais votre histoire par cœur. Cette femme est un démon que vous aimez peut-être encore ; je le crois bien, elle m'a ému. Peut-être voudriez-vous sauver votre fortune, la réserver à un ou deux de vos enfans. Eh bien ! jetez-vous dans le tourbillon du monde, jouez, perdez cette fortune, venez souvent trouver le papa Gobseck. Le monde dira que je suis un juif, un arabe, un usurier, un corsaire, que je vous aurai ruiné ! Je m'en moque ! Si l'on m'insulte, je mets mon homme à bas, personne ne tire aussi bien le pistolet et l'épée que votre serviteur. On le sait ! Puis, ayez un ami, si vous pouvez en rencontrer un, auquel vous ferez une vente simulée de vos biens. — N'appelez-vous pas cela un fidéicommis? me demanda-t-il en se tournant vers moi.

Le comte parut entièrement absorbé dans ses pensées, et nous quitta en nous disant : — Vous aurez votre argent demain, monsieur, tenez les diamans prêts.

— Ça m'a l'air d'être bête comme un honnête homme ! me dit froidement le papa Gobseck quand le comte fut parti.

— Dites plutôt bête comme un homme passionné.

— Le comte vous doit les frais de l'acte ! s'écria-t-il en me voyant prendre congé de lui.

Quelques jours après cette scène qui m'avait initié aux terribles mystères de la vie d'une femme à la mode, je vis entrer le comte, un matin, dans mon cabinet.

— Monsieur, dit-il, je viens vous consulter sur des intérêts graves, en vous déclarant que j'ai en vous la confiance la plus entière, et j'espère vous en donner des preuves. Votre conduite envers madame de Grandlieu, dit le comte, est au-dessus de tout éloge.

— Vous voyez, madame, dit l'avoué à la vicomtesse, que j'ai mille fois reçu de vous le prix d'une action toute simple. Je m'inclinai respectueusement, et répondis que je n'avais fait que remplir un devoir d'honnête homme.

— Eh bien ! monsieur, j'ai pris beaucoup d'informations sur le singulier personnage auquel vous devez votre état, me dit le comte. D'après tout ce que j'en sais, je reconnais en Gobseck un philosophe de l'école cynique. Que pensez-vous de sa probité?

— Monsieur le comte, répondis-je, monsieur Gobseck est mon bienfaiteur...... à quinze pour cent, ajoutai-je en riant. Mais son avarice ne m'autorise pas à le peindre ressemblant au profit d'un inconnu.

— Parlez, monsieur! Votre franchise ne peut nuire ni à monsieur Gobseck, ni à vous. Je ne m'attends pas à trouver un ange dans un prêteur sur gages.

— Le papa Gobseck, repris-je, est intimement convaincu d'un principe qui domine sa conduite. Selon lui, l'argent est une marchandise que l'on peut, en toute sûreté de conscience, vendre cher ou bon marché, suivant sa rareté. Un capitaliste est, à ses yeux, un homme qui entre, par le fort denier qu'il réclame de son argent, comme associé dans les entreprises et les spéculations lucratives. A part ses principes financiers et ses observations philosophiques sur la nature humaine qui lui permettent de se conduire en apparence comme un usurier, je suis intimement persuadé que, sorti de ses affaires, il est l'homme le plus délicat et le plus probe qu'il y ait à Paris. Il existe deux hommes en lui : il est avare et philosophe, petit et grand. Si je mourais en laissant des enfants, il serait leur tuteur. Voilà, monsieur, sous quel aspect l'expérience m'a montré le papa Gobseck. Je ne connais rien de sa vie passée. Il peut avoir été corsaire, il a peut-être traversé le monde entier en trafiquant des diamans ou des hommes, des femmes ou des secrets d'État, mais je jure qu'aucune âme humaine n'a été ni plus fortement trempée, ni mieux éprouvée. Le jour où je lui ai porté la somme qui m'acquittait envers lui, je lui demandai, non sans quelques précautions oratoires, quel sentiment l'avait poussé à me faire payer d'aussi énormes intérêts, et par quelle raison voulant m'obliger, moi son ami, il ne s'était pas permis un bienfait complet. — « Mon fils, je t'ai dispensé de la reconnaissance en te donnant le droit de croire que tu ne me devais rien, aussi sommes-nous les meilleurs amis du monde. » Cette réponse, monsieur, vous expliquera l'homme mieux que toutes les paroles possibles.

— Mon parti est irrévocablement pris, me dit le comte. Préparez les actes nécessaires pour transporter à monsieur Gobseck la propriété de mes biens. Je ne me fie qu'à vous, monsieur, pour la rédaction de la contre-lettre par laquelle il déclarera que cette vente est simulée, et prendra l'engagement de remettre ma fortune administrée par lui comme il sait administrer, entre les mains de mon fils aîné, à l'époque de sa majorité. Maintenant, monsieur, il faut vous le dire! je craindrais de garder cet acte précieux chez moi. L'attachement de mon fils pour sa mère me fait redouter de lui confier cette contre-lettre. Oserais-je vous prier d'en être le dépositaire? En cas de mort monsieur Gobseck vous instituerait légataire de mes propriétés. Ainsi tout est prévu. Le

21

comte garda le silence pendant un moment et parut très-agité.—Mille pardons, monsieur, me dit-il après une pause, je souffre beaucoup, et ma santé me donne les plus vives craintes. Des chagrins récens ont troublé ma vie d'une manière cruelle et nécessitent la grande mesure que je prends.

— Monsieur, lui dis-je, permettez-moi de vous remercier d'abord de la confiance que vous avez en moi. Mais je dois la justifier en vous faisant observer que, par ces mesures, vous exhérédez complètement vos... autres... enfans. Ils portent votre nom. Ne fussent-ils que les enfans d'une femme autrefois aimée, maintenant déchue, ils ont droit à une certaine existence. Je vous déclare que je n'accepte point la charge dont vous voulez bien m'honorer, si leur sort n'est pas fixé.

Ces paroles firent tressaillir violemment le comte. Quelques larmes lui vinrent aux yeux, il me serra la main en me disant : — Je ne vous connaissais pas encore tout entier. Vous venez de me causer à la fois de la joie et de la peine. Nous fixerons la part de ces enfans par les dispositions de la contre-lettre.

Je le reconduisis jusqu'à la porte de mon étude, et il me sembla voir ses traits épanouis par le sentiment de satisfaction que lui causait cet acte de justice.

— Voilà, Camille, comment de jeunes femmes s'embarquent sur des abîmes. Il suffit quelquefois d'une contre-danse, d'un air chanté au piano, d'une partie de campagne, pour décider d'effroyables malheurs. On y court à la voix présomptueuse de la vanité, de l'orgueil, sur la foi d'un sourire, ou par folie, par étourderie. La Honte, le Remords et la Misère sont trois furies entre les mains desquelles doivent infailliblement tomber les femmes aussitôt qu'elles franchissent les bornes...

— Ma pauvre Camille se meurt de sommeil, dit la vicomtesse en interrompant l'avoué. Va, ma fille, va dormir; ton cœur n'a pas besoin de tableaux effrayans pour rester pur et vertueux.

Camille de Grandlieu comprit sa mère et sortit.

— Vous avez été un peu trop loin, cher monsieur Derville, dit la vicomtesse, les avoués ne sont ni mères de famille, ni prédicateurs.

— Mais les gazettes sont mille fois plus...

— Pauvre Derville! dit la vicomtesse en interrompant l'avoué, je ne vous reconnais pas. Croyez-vous donc que ma fille lise les journaux? — Continuez, ajouta-t-elle après une pause.

— Trois mois après la ratification des ventes consenties par le comte au profit de Gobseck...

— Vous pouvez nommer le comte de Restaud, puisque ma fille n'est plus là, dit la vicomtesse.

— Soit! reprit l'avoué. Un an ou plus après cette scène je n'avais pas encore reçu la contre-lettre qui devait me rester entre les mains. A Paris, les avoués sont tous emportés par un courant qui ne leur permet de porter aux affaires de leurs cliens que le degré d'intérêt qu'ils y portent eux-mêmes. Cependant, un jour que l'usurier dînait chez moi, je lui demandai en sortant de table s'il savait pourquoi je n'avais plus entendu parler de monsieur de Restaud.

— Il y a d'excellentes raisons pour cela, me répondit-il. Le gentilhomme est à la mort. C'est une de ces âmes tendres qui ne connaissant pas la manière de tuer le chagrin, se laissent toujours tuer par lui. La vie est un travail, un métier, qu'il faut se donner la peine d'apprendre. Quand un homme a su la vie à force d'en avoir éprouvé les douleurs, sa fibre se corrobore et acquiert une certaine souplesse qui lui permet de gouverner sa sensibilité ; il fait de ses nerfs des espèces de ressorts d'acier qui plient sans casser. Si l'estomac est bon, un homme ainsi préparé doit vivre aussi long-temps que vivent les cèdres du Liban, qui sont de fameux arbres.

— Le comte serait mourant ! dis-je.

— Possible, dit Gobseck. Vous aurez dans sa succession une affaire juteuse.

Je regardai mon homme et lui dis pour le sonder :

—Expliquez-moi donc pourquoi nous sommes, le comte et moi, les seuls auxquels vous vous soyez intéressé ?

— Parce que vous êtes les seuls qui vous soyez fiés à moi sans finasserie, me répondit-il.

Quoique cette réponse me permît de croire que Gobseck n'abuserait pas de sa position si les contre-lettres se perdaient, je résolus d'aller voir le comte. Je prétextai des affaires, et nous sortîmes. J'arrivai promptement rue du Helder. Je fus introduit dans un salon où la comtesse jouait avec ses enfans. En m'entendant annoncer, elle se leva par un mouvement brusque, vint à ma rencontre, et s'assit sans mot dire en m'indiquant de la main un fauteuil vacant auprès du feu. Elle mit sur sa figure ce masque impénétrable sous lequel les femmes du monde savent si bien cacher leurs passions. Les chagrins avaient déjà fané ce visage dont il ne restait plus que les lignes merveilleuses qui en faisaient autrefois la beauté.

— Il est très-essentiel, madame, que je puisse parler à monsieur le comte...

— Vous seriez donc plus favorisé que je ne le suis, me répondit-elle en m'interrompant. Monsieur de Restaud ne veut voir personne, il souffre à peine que son médecin vienne le voir, et repousse tous les soins, même les miens. Les malades ont des fantaisies si bizarres! ce sont comme des enfans, ils ne savent ce qu'ils veulent.

— Peut-être, comme les enfans, savent-ils très-bien ce qu'ils veulent.

La comtesse rougit. Je me repentis presque d'avoir fait cette réplique digne de Gobseck.

— Mais, repris-je pour changer de conversation, il est impossible, madame, que monsieur de Restaud demeure perpétuellement seul.

— Il a son fils aîné près de lui, dit-elle.

J'eus beau regarder la comtesse, cette fois elle ne rougit plus, et il me parut qu'elle s'était affermie dans la résolution de ne pas me laisser pénétrer ses secrets.

— Vous devez comprendre, madame, que ma démarche n'est point indiscrète, repris-je. Elle est fondée sur des intérêts puissans....

Je me mordis les lèvres, en sentant que je m'embarquais dans une fausse route. Aussi la comtesse profita-t-elle sur-le-champ de mon étourderie.

— Mes intérêts ne sont point séparés de ceux de mon mari, monsieur, dit-elle. Rien ne s'oppose à ce que vous vous adressiez à moi....

— L'affaire qui m'amène ne concerne que monsieur le comte, répondis-je avec fermeté.

— Je le ferai prévenir du désir que vous avez de le voir.

Le ton poli, l'air qu'elle prit pour prononcer cette phrase ne me trompèrent pas. Je devinai qu'elle ne me laisserait jamais parvenir jusqu'à son mari. Je causai pendant un moment de choses indifférentes, afin de pouvoir l'observer; mais, comme toutes les femmes qui ont arrêté de suivre un plan, elle savait dissimuler avec cette rare perfection qui, chez les personnes de votre sexe, est le dernier degré de la perfidie. Oserai-je le dire? j'appréhendais tout d'elle, même un crime, et ce sentiment provenait d'une vue de l'avenir qui se révélait dans ses gestes, dans ses regards, dans ses manières, et jusque dans les intonations de sa voix. Je la quittai. Maintenant je vais vous raconter les scènes qui terminent cette aventure, en y joignant les circonstances que le temps m'a révélées, et les détails que la perspicacité de Gobseck ou la mienne m'ont fait deviner. Du moment où le comte de Restaud parut se plonger dans un tourbillon de plaisirs, et vouloir dissiper sa fortune, il se passa entre les deux époux des scènes dont le secret a été impénétrable et qui permirent au comte de juger sa femme encore plus défavorablement qu'il ne l'avait fait jusqu'alors. Aussitôt qu'il tomba malade, et qu'il fut obligé de s'aliter, se manifesta son aversion pour la comtesse et pour ses deux derniers enfans. Il leur interdit l'entrée de sa chambre, et quand ils essayèrent d'éluder cette consigne, leur désobéissance amena des crises si dangereuses pour monsieur de Restaud, que le médecin conjura la comtesse de ne pas enfreindre les ordres de son mari. Madame de Restaud ayant vu successivement les terres, les propriétés de la famille, et même l'hôtel où elle demeurait, passer entre les mains de Gobseck qui semblait réaliser, quant à leur fortune, le personnage fantastique d'un ogre, comprit sans doute les desseins de son mari. Monsieur de Trailles avait quitté Paris, et lui seul aurait pu apprendre à la comtesse les précautions secrètes que Gobseck avait suggérées à monsieur de Restaud contre elle. On dit qu'elle résista long-temps à donner sa signature, et néanmoins le comte l'obtint. La comtesse croyait que son mari avait capitalisé sa fortune, et que le petit volume de billets qui la représentait serait dans une cachette ou chez un notaire, peut-être à la Banque. Suivant ses calculs, monsieur de Restaud devait posséder nécessairement un acte quelconque pour donner à son fils aîné la facilité de recouvrer ses biens. Elle prit donc le parti d'établir autour de la chambre de son mari la plus exacte surveillance. Elle régna despotiquement dans sa maison, qui fut soumise à son espionnage de femme. Elle restait toute la journée assise dans le salon attenant à la chambre de son mari, et d'où elle pouvait entendre ses moindres paroles et ses plus légers mouvemens. La nuit elle faisait tendre un lit dans cette pièce, et la plupart du temps elle ne dormait pas. Le médecin était entièrement dans ses intérêts. Ce dévouement parut admirable. Elle savait, avec cette finesse naturelle aux personnes perfides, déguiser la répugnance que monsieur de Restaud manifestait pour elle, et jouait si parfaitement la douleur, qu'elle obtint une sorte de célébrité. Quelques prudes trouvèrent même qu'elle rachetait ainsi ses fautes. Mais elle avait toujours devant les yeux la misère qui l'attendait à la mort du comte, si elle manquait de présence d'esprit. Ainsi cette femme, repoussée du lit de douleur où gémissait son mari, avait tracé un cercle magique à l'entour. Elle était là, loin de lui, et près de lui, disgraciée et toute-puissante, épouse dévouée en apparence, mais guettant la mort et la fortune, comme cet insecte des champs qui, au fond du précipice de sable qu'il a su arrondir en spirale, y attend son inévitable proie en écoutant chaque grain de poussière qui tombe. Le censeur le plus sévère ne pouvait s'empêcher de reconnaître que la comtesse portait loin le sentiment de la maternité. La mort de son père fut, dit-on, une leçon pour elle. Idolâtre de ses enfans, elle leur avait dérobé le tableau de ses désordres. Leur âge lui avait permis d'atteindre à son but et de s'en faire aimer. Elle leur a donné la meilleure et la plus brillante éducation. J'avoue que je ne puis me défendre pour cette femme d'un sentiment admiratif et d'une compatissance dont Gobseck me plaisante encore. A cette époque, la comtesse avait reconnu la bassesse de son amant. Elle expiait par des larmes de sang les fautes de sa vie passée. Je le crois. Quelque odieuses que fussent les mesures qu'elle prenait pour reconquérir la fortune de son mari, ne lui étaient-elles pas dictées par son amour maternel et par le désir de réparer ses torts envers ses enfans? Puis, comme plusieurs femmes qui ont subi les orages d'une passion, peut-être éprouvait-elle le besoin de redevenir vertueuse. Peut-être ne connut-elle le prix de la vertu qu'au moment où elle recueillit la triste moisson semée par ses erreurs. Chaque fois que le jeune Ernest sortait de chez son père, il subissait un interrogatoire inquisitorial sur tout ce que le comte avait fait et dit. L'enfant se prêtait complaisamment aux désirs de sa mère qu'il attribuait à un tendre sentiment, et il allait au-devant de toutes les questions. Ma visite fut un trait de lumière pour la comtesse qui voulut voir en moi le ministre des vengeances du comte, et résolut de ne pas me laisser approcher du moribond. Mu par un pressentiment sinistre, je désirais vivement me procurer un entretien avec M. de Restaud, car je n'étais pas sans inquiétude sur la destinée des contre-lettres. Si elles tombaient entre les mains de la comtesse, elle pouvait les faire valoir, et il se serait élevé des procès interminables entre elle et Gobseck. Je connaissais assez l'usurier pour savoir qu'il ne restituerait jamais les biens à la comtesse, et il y avait de nombreux élémens de chicane dans la contexture de ces titres dont l'action ne pouvait être exercée que par moi. Je voulus prévenir tant de malheurs, et j'allai chez la comtesse une seconde fois.

— J'ai remarqué, madame, dit l'avoué à la vicomtesse de Grandlieu en prenant le ton d'une confidence, qu'il existe certains phénomènes moraux auxquels nous ne faisons pas assez attention dans le monde. Naturellement observateur, j'ai porté dans les affaires d'intérêt que je traite et où les passions sont si vivement mises en jeu, un esprit d'analyse involontaire. Or j'ai toujours admiré avec une surprise nouvelle que les intentions secrètes et les idées que portent en eux deux adversaires sont presque toujours réciproquement devinées. Il se rencontre parfois entre deux ennemis la même lucidité de raison, la même puissance de vue intellectuelle qu'entre deux amans qui lisent dans l'âme l'un de l'autre. Ainsi, quand nous fûmes tous deux en présence la comtesse et moi, je compris tout à coup la cause de l'antipathie qu'elle avait pour moi, quoiqu'elle déguisât ses sentimens sous les formes les plus gracieuses de la politesse et de l'aménité. J'étais un confident imposé, et il est impossible qu'une femme ne haïsse pas un homme devant qui elle est obligée de rougir. Quant à elle, elle devina que si j'étais l'homme en qui son mari plaçait sa confiance, il ne m'avait pas encore remis sa fortune. Notre conversation, dont je vous fais grâce, est restée dans mon souvenir comme une des luttes les plus dangereuses que j'aie eu à subir. La comtesse était douée par la nature des qualités nécessaires pour exercer d'irrésistibles séductions. Elle se montra tour à tour souple, fière, caressante, confiante ; elle alla même jusqu'à tenter d'allumer ma curiosité, d'éveiller l'amour dans mon cœur afin de me dominer. Elle échoua. Quand je pris congé d'elle, je surpris dans ses yeux une expression de haine et de fureur qui me fit trembler. Nous nous séparâmes ennemis. Elle aurait voulu pouvoir m'anéantir, et moi je me sentais de la pitié pour elle, sentiment qui, pour certains caractères, équivaut à la plus cruelle injure. Ce sentiment perça dans les dernières considérations que je lui présentai. Je lui laissai, je crois, une profonde terreur dans l'âme en lui déclarant que, de quelque manière qu'elle pût s'y prendre, elle serait nécessairement ruinée.

— Si je voyais monsieur le comte, au moins le bien de vos enfans...

— Je serais à votre merci, dit-elle en m'interrompant par un geste de dégoût.

Une fois les questions posées entre nous d'une manière aussi franche, je résolus de sauver cette famille de la misère qui l'attendait. Déterminé à commettre des illégalités judiciaires, si elles étaient nécessaires pour parvenir à mon but, voici quels furent mes préparatifs. Je fis poursuivre monsieur le comte de Restaud pour une somme due fictivement à Gobseck, et j'obtins des condamnations. La comtesse cacha nécessairement cette procédure, mais j'acquérais ainsi le droit de faire apposer les scellés à la mort du comte. Alors je corrompis un des gens de la maison, et j'obtins de lui la promesse qu'au moment même où son maître serait sur le point d'expirer, il viendrait me prévenir, fût-ce au milieu de la nuit, afin que je pusse intervenir tout-à-coup, effrayer la comtesse en la menaçant d'une subite apposition de scellés, et sauver ainsi les contre-lettres. J'appris plus tard que cette femme étudiait le code en entendant les plaintes de son mari mourant. Quels effroyables tableaux ne présenteraient pas les âmes de ceux qui environnent les lits funèbres, si l'on pouvait en peindre les idées! Et toujours la fortune est le mobile des intrigues qui s'élaborent, des plans qui se forment, des trames qui s'ourdissent! Laissons maintenant de côté ces détails assez fastidieux de leur nature, mais qui ont pu vous permettre de deviner les douleurs de cette femme, celles de son mari, et qui vous ont dévoilé les secrets de quelques intérieurs semblables à celui-ci.

Depuis deux mois le comte de Restaud, résigné

à son sort, demeurait couché, seul, dans sa chambre. Une maladie mortelle avait lentement affaibli son corps et son esprit. En proie à ces fantaisies de malade dont la bizarrerie semble inexplicable, il s'opposait à ce qu'on appropriât son appartement, il se refusait à toute espèce de soin, et même à ce qu'on fît son lit. Cette extrême apathie s'était empreinte autour de lui : les meubles de sa chambre restaient en désordre. La poussière, les toiles d'araignées couvraient les objets les plus délicats. Jadis riche et recherché dans ses goûts, il se complaisait alors dans le triste spectacle que lui offrait cette pièce, où la cheminée, le secrétaire et les chaises étaient encombrés des objets que nécessite une maladie : des fioles vides ou pleines, presque toutes sales ; du linge épars, des assiettes brisées, une bassinoire ouverte devant le feu, une baignoire encore pleine d'eau minérale. Le sentiment de la destruction était exprimé dans chaque détail de ce chaos disgracieux. La mort apparaissait dans les choses avant d'envahir la personne. Le comte avait horreur du jour, les persiennes des fenêtres étaient fermées, et l'obscurité ajoutait encore à la sombre physionomie de ce triste lieu. Le malade avait considérablement maigri. Ses yeux, où la vie semblait s'être réfugiée, étaient restés brillans. La blancheur livide de son visage avait quelque chose d'horrible, que rehaussait encore la longueur extraordinaire de ses cheveux qu'il n'avait jamais voulu laisser couper, et qui descendaient en longues mèches plates le long de ses joues. Il ressemblait aux fanatiques habitans du désert. Le chagrin éteignait tous les sentimens humains en cet homme à peine âgé de trente-huit ans, que tout Paris avait connu si brillant et si heureux.

Au commencement du mois de décembre de l'année 1822, un matin, il regarda son fils Ernest qui était assis au pied de son lit, et qui le contemplait douloureusement.

— Souffrez-vous ? lui avait demandé le jeune vicomte.

— Non ! dit-il avec un effrayant sourire, tout est *ici et autour du cœur !*

Et après avoir montré sa tête, il pressa ses doigts décharnés sur sa poitrine creuse, par un geste qui fit pleurer Ernest.

— Pourquoi donc ne vois-je pas venir monsieur Derville ? demanda-t-il à son valet de chambre, qu'il croyait lui être très-attaché, mais qui était tout-à-fait dans les intérêts de la comtesse. — Comment, Maurice, s'écria le moribond qui se mit sur son séant et parut avoir recouvré toute sa présence d'esprit, voici sept ou huit fois que je vous envoie chez mon avoué depuis quinze jours, et il n'est pas venu ? Croyez-vous que l'on puisse se jouer de moi ? Allez le chercher sur-le-champ, à l'instant, et ramenez-le. Si vous n'exécutez pas mes ordres, je me lèverai moi-même et j'irai...

— Madame, dit le valet de chambre en sortant, vous avez entendu monsieur le comte, que dois-je faire ?

— Vous feindrez d'aller chez l'avoué, et vous reviendrez dire à monsieur que son homme d'affaires est allé à quarante lieues d'ici pour un procès important. Vous ajouterez qu'on l'attend à la fin de la semaine.

— Les malades s'abusent toujours sur leur sort, pensa la comtesse, et il attendra le retour de cet homme.

Le médecin avait déclaré la veille qu'il était difficile que le comte passât la journée. Quand deux heures après le valet de chambre vint faire à son maître cette réponse désespérante, le moribond parut très-agité.

— Mon Dieu! mon Dieu! répéta-t-il à plusieurs reprises, je n'ai confiance qu'en vous.

Il regarda son fils pendant long-temps, et lui dit enfin d'une voix affaiblie : — Ernest, mon enfant, tu es bien jeune ; mais tu as bon cœur, et tu comprends sans doute la sainteté d'une promesse faite à un mourant, à un père. Te sens-tu capable de garder un secret, de l'ensevelir en toi-même de manière à ce que ta mère elle-même ne s'en doute pas? Aujourd'hui, mon fils, il ne reste que toi dans cette maison à qui je puisse me fier. Tu ne trahiras pas ma confiance?

— Non, mon père.

— Eh bien! Ernest, je te remettrai dans quelques momens un paquet cacheté ; il appartient à monsieur Derville. Tu le conserveras de manière à ce que personne ne sache que tu le possèdes, tu t'échapperas de l'hôtel, et tu le jetteras à la petite poste qui est au bout de la rue.

— Oui, mon père.

— Je puis compter sur toi?

— Oui, mon père.

— Viens m'embrasser. Tu me rends ainsi la mort moins amère, mon cher enfant. Dans six ou sept années, tu comprendras l'importance de ce secret, et alors tu seras bien récompensé de ton adresse et de ta fidélité; alors tu sauras combien je t'aime. Laisse-moi seul un moment, et empêche qui que ce soit d'entrer ici.

Ernest sortit, et vit sa mère debout dans le salon.

— Ernest, lui dit-elle, viens ici.

Elle s'assit en prenant son fils entre ses deux genoux, et le pressant avec force sur son cœur, elle l'embrassa.

— Ernest, ton père vient de te parler.

— Oui, maman.

— Que t'a-t-il dit?

— Je ne puis pas le répéter, maman.

— Oh! mon cher enfant, s'écria la comtesse en l'embrassant avec enthousiasme, que ta discrétion me fait plaisir! Ne jamais mentir et rester fidèle à sa parole sont deux principes qu'il ne faut jamais oublier.

— Oh! que tu es belle, maman! Tu n'as jamais menti, toi! j'en suis bien sûr.

— Quelquefois, mon cher Ernest, j'ai menti.

Oui, j'ai manqué à ma parole en des circonstances devant lesquelles cèdent toutes les lois. Écoute, mon Ernest, tu es assez grand, assez raisonnable, pour t'apercevoir que ton père me repousse, ne veut pas de mes soins ; et cela n'est pas naturel, car tu sais combien je l'aime.

— Oui, maman.

— Mon pauvre enfant, dit la comtesse en pleurant, ce malheur est le résultat d'insinuations perfides. De méchantes gens ont cherché à me séparer de ton père, dans le but de satisfaire leur avidité. Ils veulent nous priver de notre fortune et se l'approprier. Si ton père était bien portant, la division qui existe entre nous cesserait bientôt ; il m'écouterait ; et, comme il est bon, aimant, il reconnaîtrait son erreur ; mais sa raison s'est altérée, et les préventions qu'il avait contre moi sont devenues une idée fixe, une espèce de folie, effet de sa maladie. La prédilection que ton père a pour toi est une nouvelle preuve du dérangement de ses facultés. Tu ne t'es jamais aperçu qu'avant sa maladie il aimât moins Pauline et Georges que toi. Tout est caprice chez lui. La tendresse qu'il te porte pourrait lui suggérer l'idée de te donner des ordres à exécuter. Si tu ne veux pas ruiner ta famille, mon cher ange, et ne pas voir ta mère mendiant son pain un jour comme une pauvresse, il faut tout lui dire....

— Ah! ah! s'écria le comte, qui, ayant ouvert la porte, se montra tout-à-coup presque nu, déjà même aussi sec, aussi décharné qu'un squelette.

Ce cri sourd produisit un effet terrible sur la comtesse, qui resta immobile et comme frappée de stupeur. Son mari était si frêle et si pâle, qu'il semblait sortir de la tombe.

— Vous avez abreuvé ma vie de chagrins, et vous voulez troubler ma mort, pervertir la raison de mon fils, en faire un homme vicieux, cria-t-il d'une voix rauque.

La comtesse alla se jeter aux pieds de ce mourant que les dernières émotions de la vie rendaient presque hideux, et y versa un torrent de larmes.

— Grâce ! grâce ! s'écria-t-elle.

— Avez-vous eu de la pitié pour moi ? demanda-t-il. Je vous ai laissée dévorer votre fortune, voulez-vous maintenant dévorer la mienne, ruiner mon fils ?

— Eh bien ! oui, pas de pitié pour moi ; soyez inflexible, dit-elle, mais les enfans ! Condamnez votre veuve à vivre dans un couvent, j'obéirai ; je ferai, pour expier mes fautes envers vous, tout ce qu'il vous plaira de m'ordonner ; mais que les enfans soient heureux ! Oh ! les enfans ! les enfans !

— Je n'ai qu'un enfant, répondit le comte en tendant, par un geste désespéré, son bras décharné vers son fils.

— Pardon ! repentie, repentie !... criait la comtesse, en embrassant les pieds humides de son mari. Les sanglots l'empêchaient de parler, et des mots vagues, incohérens, sortaient de son gosier brûlant.

— Après ce que vous disiez à Ernest, vous osez parler de repentir! dit le moribond, qui renversa la comtesse en agitant le pied. — Vous me glacez! ajouta-t-il avec une indifférence qui eut quelque chose d'effrayant. Vous avez été mauvaise fille, vous avez été mauvaise femme, vous serez mauvaise mère.

La malheureuse femme tomba évanouie. Le mourant regagna son lit, s'y coucha, et perdit connaissance quelques heures après. Les prêtres vinrent lui administrer les sacremens. Il était minuit quand il expira. La scène du matin avait épuisé le reste de ses forces. J'arrivai à minuit avec le papa Gobseck. A la faveur du désordre qui régnait, nous nous introduisîmes jusque dans le petit salon qui précédait la chambre mortuaire, et où nous trouvâmes les trois enfans en pleurs, entre deux prêtres qui devaient passer la nuit près du corps. Ernest vint à moi et me dit que sa mère voulait être seule dans la chambre du comte.

— N'y entrez pas, dit-il avec une expression admirable dans l'accent et le geste, elle y prie!

Gobseck se mit à rire, de ce rire muet qui lui était particulier. Je me sentais trop ému par le sentiment qui éclatait sur la jeune figure d'Ernest, pour partager l'ironie de l'avare. Quand l'enfant vit que nous marchions vers la porte, il alla s'y coller et cria : — Maman, voilà des messieurs noirs qui te cherchent!

Gobseck enleva l'enfant comme si c'eût été une

plume, et ouvrit la porte. Quel spectacle s'offrit à nos regards! Un affreux désordre régnait dans cette chambre. A peine le comte était-il expiré que sa femme avait forcé tous les tiroirs et le secrétaire; autour d'elle le tapis était couvert de débris; quelques meubles et plusieurs portefeuilles avaient été brisés, enfin tout portait l'empreinte de ses mains hardies et spoliatrices. Échevelée par le désespoir, les yeux étincelans, la comtesse demeura debout, interdite, au milieu de hardes, de papiers, de chiffons bouleversés. Confusion horrible à voir en présence de ce mort. Si, d'abord, les recherches de madame de Restaud avaient été vaines, son attitude et son agitation me firent supposer qu'elle avait fini par découvrir les mystérieux papiers. Je jetai un coup d'œil sur le lit. Avec l'instinct que nous donne l'habitude des affaires, je devinai ce qui s'était passé. Le cadavre du comte se trouvait dans la ruelle du lit, presque en travers, le nez tourné vers les matelas, et dédaigneusement jeté comme une des enveloppes de papier qui étaient à terre. Lui aussi n'était plus qu'une enveloppe. Ses membres raidis et inflexibles lui donnaient quelque chose de grotesquement horrible. Le mourant avait sans doute caché la contre-lettre sous son oreiller, comme pour la préserver de toute atteinte jusqu'à sa mort. La comtesse avait deviné la pensée de son mari qui d'ailleurs semblait être écrite dans son dernier geste, dans la convulsion de ses doigts crochus. L'oreiller avait été jeté en bas du lit, et le pied de la comtesse y était encore imprimé. Debout, immobile, elle attendait nos premiers mots en haletant, et nous regardait avec des yeux hagards. A ses pieds, devant elle, je vis un papier cacheté en plusieurs endroits aux armes du comte, je le ramassai vivement, et j'y lus une suscription indiquant que le contenu devait m'en être remis. Je regardai fixement la comtesse avec la sévérité perspicace d'un juge qui interroge un coupable. La flamme du foyer dévorait les papiers. En nous entendant venir, la comtesse les y avait lancés en croyant, à la lecture des premières dispositions que j'avais provoquées en faveur de ses enfans, anéantir un testament qui les privait de leur fortune. Une conscience bourrelée et l'effroi involontaire inspiré par un crime à ceux qui le commettent lui avaient ôté l'usage de la réflexion. En se voyant surprise, elle voyait peut-être l'échafaud et sentait le fer rouge du bourreau.

— Ah! madame, dis-je en retirant de la cheminée un fragment que le feu n'avait pas atteint, vous avez ruiné vos enfans! Ces papiers étaient leurs titres de propriété.

Sa bouche se remua, comme si elle allait avoir une attaque de paralysie.

— Hé! hé! s'écria Gobseck dont l'exclamation de l'usurier nous fit l'effet du grincement produit par un flambeau de cuivre quand on le pousse sur un marbre. Après une pause, le vieillard me dit d'un ton calme : — Voudriez-vous donc faire croire à madame la comtesse que je ne suis pas légitimement propriétaire des biens que m'a vendus monsieur le comte ? Cette maison m'appartient depuis un moment.

Un coup de massue appliqué soudain sur ma tête m'aurait moins causé de douleur et de surprise. La comtesse remarqua le regard indécis que je jetai sur l'usurier.

— Monsieur, monsieur ? lui dit-elle, sans trouver d'autres paroles.

— Vous avez un fidéicommis, lui demandai-je.

— Possible.

— Abuseriez-vous donc du crime commis par madame ?

— Juste.

Je sortis, laissant la comtesse assise auprès du lit de son mari, et pleurant à chaudes larmes. Gobseck me suivit. Quand nous nous trouvâmes dans la rue, je me séparai de lui ; mais il vint à moi, me lança un de ces regards profonds par lesquels il sonde les cœurs, et me dit de sa voix flûtée qui prit des tons aigus : — Tu te mêles de juger ton bienfaiteur ?

Depuis ce temps-là, nous nous sommes peu vus. Gobseck a loué l'hôtel du comte, il va passer les étés dans les terres, fait le seigneur, construit les fermes, répare les moulins, les chemins, et plante des arbres. Un jour je le rencontrai dans une allée aux Tuileries.

— La comtesse mène une vie héroïque, lui dis-je. Elle s'est consacrée à l'éducation de ses enfans qu'elle a parfaitement élevés. L'aîné est un charmant sujet...

— Possible.

— Mais, repris-je, ne devriez-vous pas aider Ernest ?

— Aider Ernest! s'écria Gobseck, non, non. Le malheur est notre plus grand maître, et le malheur lui apprendra la valeur de l'argent, celle des hommes, celle des femmes. Qu'il navigue sur la mer parisienne; quand il sera devenu bon pilote, nous lui donnerons un bâtiment.

Je le quittai sans vouloir m'expliquer le sens de ses paroles. Quoique monsieur de Restaud, auquel sa mère a donné de la répugnance pour moi, soit bien éloigné de me prendre pour conseil, je suis allé la semaine dernière chez Gobseck pour l'instruire de l'amour qu'Ernest porte à mademoiselle Camille, en le pressant d'accomplir son mandat, puisque le jeune comte arrive à sa majorité.

Le vieil escompteur était depuis long-temps au lit et souffrait de la maladie qui devait l'emporter. Il ajourna sa réponse au moment où il pourrait se lever et s'occuper d'affaires. Il voulait sans doute ne se défaire de rien tant qu'il aurait un souffle de vie, sa réponse dilatoire n'avait pas d'autres motifs. En le trouvant beaucoup plus malade qu'il ne croyait l'être, je restai près de lui pendant assez de temps pour reconnaître les progrès d'une passion que l'âge avait convertie en une sorte de folie. Afin de n'avoir personne dans la maison qu'il habitait, il s'en était fait le principal locataire et il en laissait toutes les chambres inoccupées. Il n'y avait rien de changé dans celle où il demeurait. Les meubles que je connaissais si bien depuis seize ans semblaient avoir été conservés sous verre, tant ils étaient exactement les mêmes. Sa vieille et fidèle portière, mariée à un invalide qui gardait la loge, quand elle montait auprès du maître, était toujours sa ménagère, sa femme de confiance, l'introducteur de quiconque le venait voir, et remplissait auprès de lui les fonctions de garde-malade. Malgré son état de faiblesse, Gobseck recevait encore lui-même ses pratiques, ses revenus, et avait si bien simplifié ses affaires qu'il lui suffisait de faire faire quelques commissions par son invalide pour les gérer au dehors. Lors du traité par lequel la France reconnut la république d'Haïti, les connaissances que possédait Gobseck sur l'état des anciennes fortunes à Saint-Domingue et sur les colons ou les ayans-cause auxquels étaient dévolues les indemnités, le firent nommer membre de la commission instituée pour liquider leurs droits et répartir les versemens dus par Haïti. Le génie de Gobseck lui fit inventer une agence pour escompter les créances des colons ou de leurs héritiers, sous les noms de Werbrust et Gigonnet, avec lesquels il partageait les bénéfices, sans avoir besoin d'avancer son argent, car ses lumières avaient constitué sa mise de fonds. Leur agence était comme une distillerie où s'exprimaient les créances des ignorans, des incrédules, ou de ceux dont les droits pouvaient être contestés. Comme liquidateur, Gobseck savait parlementer avec les gros propriétaires qui, soit pour faire évaluer leurs droits à un taux élevé, soit pour les faire promptement admettre, lui offraient des présens proportionnés à l'importance de leurs fortunes. Ainsi les cadeaux constituaient une espèce d'escompte sur les sommes dont il lui était impossible de se rendre maître; puis, son agence lui livrait à vil prix les petites, les douteuses, et celles des gens qui préféraient un paiement immédiat, quelque minime qu'il fût, aux chances des versemens incertains de la république. Gobseck fut donc l'insatiable boa de cette grande affaire. Chaque matin, il recevait ses tributs et les lorgnait comme eût fait le ministre d'un Nabab avant de se décider à signer une grâce. Gobseck prenait tout depuis la bourriche du pauvre diable jusqu'aux livres de bougie des gens scrupuleux, depuis la vaisselle des riches jusqu'aux tabatières d'or des spéculateurs. Personne ne savait ce que devenaient ces présens faits au vieil usurier. Tout entrait chez lui, rien n'en sortait.

— Foi d'honnête femme, me disait la portière, vieille connaissance à moi, je crois qu'il avale tout sans que cela le rende plus gras, car il est sec et maigre comme l'oiseau de mon horloge.

Enfin, lundi dernier, Gobseck m'envoya chercher par l'invalide, qui me dit en entrant dans mon cabinet : — Venez vite, monsieur Derville, le patron va s'en aller rendre ses derniers comptes; il a jauni comme un citron, il est impatient de vous parler, la mort le travaille, et son dernier hoquet lui grouille dans le gosier.

Quand j'entrai dans la chambre du moribond, je le surpris à genoux devant sa cheminée où, s'il n'y avait pas de feu, il y avait un énorme monceau de cendres. Gobseck s'y était traîné de son lit, mais les forces pour revenir se coucher lui manquaient aussi bien que la voix pour se plaindre.

— Mon vieil ami, lui dis-je en le relevant et l'aidant à regagner son lit, vous aviez froid, comment ne faites-vous pas de feu?

— Je n'ai point froid, dit-il, pas de feu! pas de feu! — Je vais je ne sais où, garçon, reprit-il en me jetant un dernier regard blanc et sans chaleur, mais je m'en vais d'ici! — J'ai la *carphologie*, dit-il en soupirant, mais en se servant d'un terme qui annonçait combien son intelligence était nette et précise. J'ai cru voir ma chambre pleine d'or vivant, et je me suis levé pour en prendre. A qui tout le mien ira-t-il? Ne le donne pas au gouvernement! La belle Hollandaise avait une fille que j'ai vue je ne sais où, dans la rue Vivienne, un soir! Je crois qu'elle est surnommée *la Torpille*, elle est jolie comme un amour, cherche-la, Grotius. Tu es mon exécuteur testamentaire, prends ce que tu voudras; mange! Il y a des pâtés de foie gras, des balles de café, des sucres, des cuillers d'or. Donne le service d'Odiot à ta femme! Mais à qui les diamans? Prises-tu, garçon? j'ai des tabacs! vends-les à Londres, ils gagnent *un demi*. Enfin j'ai de tout, et il faut tout quitter!

— Allons, papa Gobseck! se dit-il, pas de faiblesse! Sois toi-même, sois toujours l'homme qui vendit Tippoo-Saëb aux Anglais !

Il se dressa sur son séant, sa figure se dessina nettement sur son oreiller comme si elle eût été de bronze, il étendit son bras sec et sa main osseuse sur sa couverture qu'il serra comme pour se retenir, il regarda son foyer, froid autant que l'était son œil métallique; puis, il mourut avec toute sa raison, en offrant à la portière, à l'invalide et à moi, l'image de ces vieux Romains attentifs que Lethière a peints derrière les consuls, dans son tableau de la mort des enfans de Brutus.

— A-t-il du toupet, le vieux Lascar ! me dit l'invalide dans son langage soldatesque.

Moi j'écoutais encore la fantastique énumération que le moribond avait faite de ses richesses, et mon regard ayant suivi le sien restait sur le monceau de cendres dont la grosseur me frappa. Je pris les pincettes et, quand je les y plongeai, je frappai sur un amas d'or et d'argent, composé sans doute des recettes faites pendant sa maladie, et que sa faiblesse l'avait empêché de cacher, ou que sa défiance ne lui avait pas permis d'envoyer à la banque.

— Courez chez le juge de paix, dis-je au vieil invalide, afin que les scellés soient promptement apposés ici !

Frappé des dernières paroles de Gobseck, et de ce que m'avait récemment dit la portière, je pris les clefs des chambres situées au premier et au second étages pour les aller visiter. J'eus, dans la première pièce que j'ouvris, l'explication de discours que je croyais insensés, en voyant les effets d'une avarice à laquelle il n'était plus resté que cet instinct illogique dont les avares de province offrent tant d'exemples. Dans la chambre voisine de celle où Gobseck était expiré, se trouvaient des pâtés pourris, une foule de comestibles de tout genre, et même des coquillages, des poissons qui avaient de la barbe, et dont les diverses puanteurs faillirent m'asphyxier. Partout fourmillaient des vers et des insectes. Ces présens récemment faits étaient mêlés à des boîtes de toutes formes, à des caisses de thé, à des balles de café. Sur la cheminée, dans une soupière d'argent, étaient des avis d'arrivage de marchandises consignées en son nom au Hâvre, balles de coton, boucauts de sucre, tonneaux de rhum, cafés, indigos, tabacs, tout un bazar de denrées coloniales! Cette pièce était encombrée de meubles, d'argenterie, de lampes, de tableaux, de vases, de livres, de belles gravures roulées, sans cadres, et de curiosités. Peut-être cette immense quantité de valeurs ne provenait pas entièrement de cadeaux, et constituait des gages qui lui étaient restés faute de paiement. Je vis des écrins armoriés ou chiffrés, des services en beau linge, des armes précieuses, mais sans étiquettes. En ouvrant un livre qui me semblait avoir été déplacé, j'y trouvai des billets de mille francs. Je me promis de bien visiter les moindres choses, de sonder les planchers, les plafonds, les corniches et les murs, afin de trouver tout cet or dont le Hollandais était si passionnément avide. Je n'ai jamais vu, dans le cours de ma vie judiciaire, pareils effets d'avarice et d'originalité. Quand je revins dans sa chambre, je trouvai sur son bureau la raison du pêle-mêle progressif et de l'entassement de ces richesses. Il y avait sous un serre-papier une correspondance entre Gobseck et les marchands auxquels il vendait sans doute habituellement ses présens. Or, soit que ces gens eussent été victimes de l'habileté de Gobseck, soit que Gobseck voulût un trop grand prix de ses denrées ou de ses valeurs fabriquées, chaque marché se trouvait en suspens. Il n'avait pas vendu les comestibles à Chevet, parce que Chevet ne voulait les reprendre qu'à trente pour cent de perte; Gobseck chicanait pour quelques francs de différence, et pendant la discussion les marchandises s'avariaient. Pour son argenterie, il refusait de payer les frais de la livraison. Pour ses cafés, il ne voulait pas garantir les déchets. Enfin chaque objet donnait lieu à des contestations qui dénotaient en Gobseck les premiers symptômes de cet enfantillage, de cet entêtement incompréhensibles, auxquels arrivent tous les vieillards chez lesquels une passion forte survit à l'intelligence. Je me dis, comme il se l'était dit à lui-même : — A qui toutes ces richesses iront-elles ?....

En pensant au bizarre renseignement qu'il m'avait fourni sur sa seule héritière, je me vois obligé de faire fouiller toutes les maisons suspectes de Paris pour y jeter à quelque mauvaise femme une immense fortune. Avant tout, sachez que, par des actes en bonne forme, le comte Ernest de Restaud sera sous peu de jours mis en possession d'une fortune qui lui permet d'épouser mademoiselle Camille, en constituant à la comtesse de Restaud, sa mère, à son frère et à sa sœur, des dots et une part suffisantes.

— Eh bien! cher monsieur Derville, nous y penserons, répondit madame de Grandlieu. Monsieur Ernest doit être bien riche pour faire accepter sa mère. Il est vrai que Camille pourra ne pas la voir.

— Madame de Beauséant la recevait, dit le vieil oncle.

— Dans ses raoûts, répliqua la vicomtesse.

Paris, janvier 1830.

LA BOURSE.

Il est une heure délicieuse aux âmes faciles à s'épanouir, âmes fraîches, toujours jeunes et tendres ; cette heure, la plus indécise, la plus variable de toutes celles dont se compose une journée, arrive au moment où la nuit n'est pas encore, mais où le jour n'est plus. La lueur crépusculaire jette alors ses teintes molles et ses reflets bizarres sur tous les objets. De douces rêveries ne manquent jamais d'éclore favorisées par les piéges que produisent les combats de la lumière et de l'ombre. Le silence qui règne presque toujours pendant cet instant fécond en inspirations le rend plus particulièrement cher aux artistes, aux peintres, aux statuaires. Ils se recueillent, se mettent à quelques pas de leurs œuvres auxquelles ils ne peuvent plus travailler, mais qu'ils jugent en s'enivrant du sujet dont alors toutes les beautés éclatent aux yeux intérieurs du génie. Celui qui n'est pas demeuré pensif près d'un ami, dans ce moment de songes poétiques, en comprendra difficilement les indicibles bénéfices. A la faveur du clair-obscur, les ruses matérielles, employées par l'art pour faire croire aux réalités de la vie, disparaissent entièrement; s'il s'agit d'un tableau, les personnages qu'il représente semblent et parler et marcher; l'ombre devient ombre, le jour est jour, la chair est vivante, les yeux remuent, le sang coule dans les veines, et les étoffes chatoient; l'imagination aide au naturel de chaque détail, et ne voit plus que les beautés de l'œuvre. A cette heure, l'illusion règne despotiquement, elle se lève avec la nuit; l'illusion n'est-elle pas pour la pensée une espèce de nuit à laquelle nous aimons à croire? Alors l'illusion a des ailes, elle emporte l'âme dans le monde des fantaisies, monde fertile en voluptueux caprices, et où l'artiste oublie le monde positif, la veille, le lendemain, l'avenir, tout, jusqu'à ses misères, les bonnes comme les mauvaises.

A cette heure de magie, un jeune peintre, homme de talent, et qui dans l'art ne voyait que l'art même, était monté sur la double échelle dont il se servait pour peindre une grande, une haute toile, déjà riche de couleurs. Là, se critiquant, s'admirant avec bonne foi, nageant au cours de ses pensées, il s'était abîmé dans une de ces méditations qui ravissent l'âme et la grandissent, la caressent et la consolent. Sa rêverie dura long-temps sans doute. La nuit vint. Soit qu'il voulût descendre de son échelle, soit qu'il eût fait un mouvement imprudent en se croyant sur le plancher, l'événement ne lui permit pas d'avoir un souvenir exact des causes de son accident, il tomba. Sa tête porta sur un tabouret, il perdit connaissance, et resta sans mouvement pendant un laps de temps dont il ne put assigner la durée. Une douce voix le tira de l'espèce d'engourdissement dans lequel il était plongé. Lorsqu'il ouvrit les yeux, la vue d'une vive lumière les lui fit refermer promptement ; mais à travers le voile dont ses sens étaient couverts, il entendit le chuchotement de deux femmes, et sentit deux jeunes, deux timides mains entre lesquelles reposait sa tête. Il reprit bientôt connaissance, et put apercevoir, à la lueur d'une de ces vieilles lampes dites à *double courant d'air*, la plus délicieuse tête de jeune fille qu'il eût jamais vue, une de ces têtes qui souvent passent pour un caprice du pinceau ; mais qui, tout-à-coup, réalisa pour lui les théories de ce beau idéal que se crée chaque artiste et d'où procède son talent. Ce visage de l'inconnue appartenait, pour ainsi dire, au type fin et délicat de l'école de Prud'hon, et possédait aussi cette poésie fantastique dont Girodet se plaisait à revêtir ses figures. La fraîcheur des tempes, la régularité des sourcils, la pureté des lignes, la virginité fortement empreinte dans tous les traits de cette physionomie, faisaient, de la jeune fille, une création accomplie. Elle avait une taille souple et mince, des formes frêles. Ses vêtemens, quoique simples et propres, n'annonçaient ni fortune ni misère. En reprenant possession de lui-même, le peintre exprima son admiration par un regard de surprise, et balbutia de confus remercîmens. Il trouva son front pressé par un mouchoir, et reconnut, malgré l'odeur particulière aux ateliers, la senteur forte de l'éther, sans doute employé pour le tirer de son évanouissement. Puis il finit par voir une vieille femme, qui ressemblait aux marquises de l'ancien régime, et qui tenait la lampe, en donnant des conseils à la jeune inconnue.

— Monsieur, répondit la jeune fille à l'une des demandes faites par le peintre pendant le moment où il était encore en proie à tout le vague que la chute avait produit dans ses idées ; ma mère et moi, nous avons entendu le bruit de votre corps sur le plancher, nous avons cru distinguer un gémissement ; le silence qui a succédé à la chute nous a effrayées et nous nous sommes empressées de monter. En trouvant la clef sur la porte, nous nous sommes heureusement permis d'entrer, et nous vous avons aperçu étendu par terre, sans mouvement. Ma mère a été chercher tout ce qu'il fallait pour faire une compresse et vous ranimer. Vous êtes blessé au front, là, sentez-vous?

— Oui, maintenant, dit-il.

— Oh! cela ne sera rien, reprit la vieille mère. Votre tête a, par bonheur, porté sur un mannequin.

— Je me sens infiniment mieux, répondit le peintre, je n'ai plus besoin que d'une voiture pour retourner chez moi. La portière ira m'en chercher une.

Il voulut réitérer ses remercîmens aux deux inconnues ; mais à chaque phrase la vieille dame l'interrompait en disant : — Demain, monsieur, ayez bien soin de mettre des sangsues ou de vous faire saigner; buvez quelques tasses d'arnica ou de vulnéraire, soignez-vous, les chutes sont dangereuses.

La jeune fille regardait à la dérobée le peintre et les tableaux de l'atelier; sa contenance et ses regards étaient d'une décence parfaite; sa curiosité ressemblait à de la distraction, et ses yeux paraissaient exprimer cet intérêt que les femmes portent, avec une spontanéité pleine de grâces, à tout ce qui est malheur en nous. Les deux inconnues semblaient oublier les œuvres du peintre, en présence du peintre souffrant. Lorsqu'il les eut rassurées sur sa situation, elles sortirent en l'examinant avec une sollicitude, également dénuée d'emphase et de familiarité, sans lui faire des questions indiscrètes ni sans chercher à lui inspirer le désir de les connaître. Leurs actions furent marquées au coin d'un naturel exquis et du bon goût. Leurs manières nobles et simples produisirent d'abord peu d'effet sur le peintre; mais plus tard, lorsqu'il se souvint de toutes les circonstances de cet événement, il en fut vivement frappé. En arrivant à l'étage au-dessus duquel était situé l'atelier du peintre, la vieille femme s'écria doucement : — Adélaïde, tu as laissé la porte ouverte.

— C'était pour me secourir, répondit le peintre avec un sourire de reconnaissance.

— Ma mère! vous êtes descendue tout à l'heure, répliqua la jeune fille en rougissant.

— Voulez-vous que nous vous accompagnions jusqu'en bas? dit la mère au peintre. L'escalier est sombre.

— Je vous remercie, madame, je suis bien mieux.
— Tenez bien la rampe!

Les deux femmes restèrent sur le palier pour éclairer le jeune homme, en écoutant le bruit de ses pas.

Afin de faire comprendre tout ce que cette scène pouvait avoir de piquant et d'inattendu pour le peintre, il faut ajouter que depuis quelques jours seulement il avait installé son atelier dans le comble de cette maison, située à l'endroit le plus obscur, partant le plus boueux de la rue de Suresne, presque devant l'église de la Madeleine, et à deux pas de son appartement qui se trouvait rue des Champs-Élysées. La célébrité que son talent lui avait acquise ayant fait de lui l'un des artistes les plus chers à la France, il commençait à ne plus connaître le besoin, et jouissait, selon son expression, de ses dernières misères. Au lieu d'aller travailler dans un de ces ateliers situés près des barrières, et dont le loyer modique était jadis en rapport avec la modestie de ses gains et de son nom, il avait satisfait à un désir qui renaissait tous les jours, en s'évitant une longue course, et la perte d'un temps devenu pour lui plus précieux que jamais. Personne au monde n'eût inspiré autant d'intérêt qu'Hyppolite Schinner s'il eût consenti à se faire connaître, mais il ne confiait pas légèrement les secrets de sa vie. Il était l'idole d'une mère pauvre qui l'avait élevé au prix des plus dures privations. Mademoiselle Schinner, fille d'un fermier alsacien, n'avait jamais été mariée; son âme tendre fut jadis cruellement froissée par un homme riche qui ne se piquait pas d'une grande délicatesse en amour. Le jour où, jeune fille, et dans tout l'éclat de sa beauté, dans toute la gloire de sa vie, elle subit, aux dépens de son cœur et de ses belles illusions, ce désenchantement qui nous atteint si lentement et si vite, car nous voulons croire le plus tard possible au mal, et il nous semble toujours venu trop promptement, ce jour fut tout un siècle de réflexions ; ce fut aussi le jour des pensées religieuses et de la résignation. Elle refusa les aumônes de celui qui l'avait trompée, renonça au monde, et se fit une gloire de sa faute. Elle se jeta tout entière dans l'amour maternel, en lui demandant, pour toutes les jouissances sociales qu'elle abdiquait, les secrètes délices d'une vie inconnue. Elle vécut de son travail, en accumulant un trésor dans son fils. Aussi plus tard, un jour, une heure lui paya-t-elle les longs et lents sacrifices de son indigence. A la dernière exposition, son fils avait reçu la croix de la Légion-d'Honneur, et les journaux, unanimes en faveur d'un talent ignoré, retentissaient encore de louanges sincères. Les artistes eux-mêmes reconnaissaient Schinner pour un maître, et ses tableaux étaient couverts d'or. A vingt-cinq ans, Hyppolite Schinner, auquel sa misère avait transmis une âme de femme, avait, mieux que jamais, compris sa situation dans le monde. Voulant rendre à sa mère toutes les jouissances dont la société l'avait privée pendant si longtemps, il vivait pour elle, espérant, à force de gloire et de fortune, la voir un jour heureuse, riche, considérée, entourée d'hommes célèbres. Schinner avait donc choisi ses amis parmi les hommes les plus honorables et les plus distingués. Il était difficile dans le choix de ses relations, et voulait encore élever sa position, déjà si haute par son talent. En le forçant à demeurer dans la solitude, cette mère des grandes pensées, le travail auquel il s'était voué dès sa jeunesse l'avait laissé dans les belles croyances qui décorent les premiers jours de la vie. Son âme adolescente ne méconnaissait aucune des mille pudeurs qui font du jeune homme un être à part, dont le cœur abonde en félicités, en poésies, en espérances vierges, faibles aux yeux des gens blasés, mais profondes parce qu'elles sont simples. Il avait été doué de ces manières douces et polies qui vont si bien à l'âme et séduisent ceux même dont elles ne sont pas comprises. Il était bien fait. Sa voix, qui venait du cœur, y remuait chez les autres des sentimens nobles, et témoignait d'une modestie vraie par une certaine candeur dans l'accent. En le voyant, on se sentait porté vers lui par une de ces attractions morales que les savans ne savent heureusement pas encore analyser; ils y trouveraient quelque phénomène de galvanisme ou le jeu de je ne sais quel fluide, et formuleraient nos sentimens par des proportions d'oxygène et d'électricité.

Ces détails feront peut-être comprendre aux gens hardis par caractère et aux hommes bien cravatés pourquoi, pendant l'absence du portier, qu'il avait

envoyé chercher une voiture au bout de la rue de la
Madeleine, Hyppolite Schinner ne fit à la portière
aucune question sur les deux personnes dont il venait
d'éprouver le bon cœur. Mais quoiqu'il répondît par
oui et non aux demandes, naturelles en semblable
occurrence, qui lui furent faites par cette femme sur
son accident et sur l'intervention officieuse des locataires qui occupaient le quatrième étage, il ne put
l'empêcher d'obéir à l'instinct des portiers; elle lui
parla des deux inconnues selon les intérêts de sa politique et les jugemens souterrains de la loge.

— Ah! dit-elle, c'est sans doute mademoiselle
Leseigneur et sa mère! Elles demeurent ici depuis
quatre ans, et nous ne savons pas encore ce qu'elles
font. Le matin, jusqu'à midi seulement, une vieille
femme de ménage à moitié sourde, et qui ne parle
pas plus qu'un mur, vient les servir. Le soir, deux
ou trois vieux messieurs, décorés comme vous,
monsieur, dont l'un a équipage, des domestiques,
et auquel on donne aux environs de cinquante mille
livres de rente, arrivent chez elles, et restent souvent très-tard. Ce sont d'ailleurs des locataires bien
tranquilles, comme vous, monsieur; mais dam,
c'est économe, ça vit de rien. Aussitôt qu'il arrive
une lettre, elles la paient. C'est drôle, monsieur,
la mère se nomme autrement que sa fille. Ah! quand
elles vont aux Tuileries, mademoiselle est bien flam-
bante, et ne sort pas de fois qu'elle ne soit suivie de
jeunes gens, auxquels elle ferme la porte au nez, et
elle fait bien. Le propriétaire ne souffrirait pas...

La voiture étant arrivée, Hyppolite n'en entendit pas davantage et revint chez lui. Sa mère, à laquelle il raconta son aventure, pansa de nouveau sa blessure, et ne lui permit pas de retourner le lendemain à son atelier. Consultation faite, diverses prescriptions furent ordonnées, et Hyppolite resta deux jours au logis. Pendant cette réclusion, son imagination inoccupée lui rappela vivement, et comme par fragmens, les détails de la scène qu'il avait eue sous les yeux après son évanouissement. Le profil de la jeune fille tranchait vivement sur les ténèbres de sa vision intérieure ; il revoyait le visage flétri de la mère, ou sentait encore les mains d'Adélaïde ; il retrouvait un geste dont il avait été peu frappé d'abord, mais dont le souvenir lui révélait les grâces exquises ; puis une attitude ou les sons d'une voix mélodieuse, embellis par le lointain de la mémoire, reparaissaient tout à coup, comme ces objets qui, plongés au fond des eaux, reviennent à la surface. Aussi, le jour où il lui fut permis de reprendre ses travaux, retourna-t-il de bonne heure à son atelier ; mais la visite qu'il avait incontestablement le droit de faire à ses voisines était la véritable cause de son empressement. Il oubliait déjà ses tableaux commencés. Au moment où une passion brise ses langes, il se rencontre des plaisirs inexplicables que comprendront ceux qui ont aimé ; ainsi quelques personnes sauront pourquoi le peintre monta lentement les marches du quatrième étage, et seront dans le secret des pulsations qui se succédèrent rapidement dans son cœur, au moment où il vit la porte brune du modeste appartement qu'habitait mademoiselle Leseigneur. Cette fille, qui ne portait pas le nom de sa mère, avait réveillé mille sympathies dans l'âme du jeune peintre. Il voulait voir entre eux quelques similitudes de position, et la dotait des malheurs de sa propre origine. Tout en travaillant, il se livra fort complaisamment à des pensées d'amour, et, dans un but qu'il ne s'expliquait pas trop, il fit beaucoup de bruit, comme pour obliger les deux dames à s'occuper de lui ainsi qu'il s'occupait d'elles. Il resta très-tard à son atelier, il y dîna ; puis, vers sept heures, descendit chez ses voisines.

Rarement les peintres de mœurs nous ont initié par la parole ou par leurs écrits aux intérieurs vraiment curieux de certaines existences parisiennes, au secret de ces habitations d'où sortent de si fraîches, de si élégantes toilettes, des femmes si brillantes qui, riches au-dehors, laissent voir partout chez elles les signes d'une fortune équivoque. Si la peinture qui va suivre est trop franchement dessinée, si vous y trouvez des longueurs, n'en accusez pas la description ; elle fait, pour ainsi dire, corps avec l'histoire. En effet, l'aspect de l'appartement habité par ses deux voisines influa beaucoup sur les sentimens et sur les espérances d'Hippolyte Schinner. La maison appartenait à l'un de ces propriétaires chez lesquels préexiste une horreur profonde pour les réparations et les embellissemens, un de ces hommes qui considèrent leur position de propriétaires parisiens comme un état. Dans la grande chaîne des espèces morales, ils tiennent le milieu entre l'avare et l'usurier ; optimistes par calcul, ils sont tous fidèles au *statu quo* de monsieur de Metternich ; si vous parlez de déranger un placard, une porte, ou de pratiquer la plus nécessaire des ventouses, leurs yeux vacillent, leur bile s'émeut, ils se cabrent comme des chevaux effrayés. Quand le vent a renversé quelques faîteaux de leurs cheminées, ils sont malades, et se privent d'aller au Gymnase ou à la Porte-Saint-Martin pour cause de réparations. Hyppolyte, qui, à propos de certains embellissemens à faire dans son atelier, avait eu *gratis* la représentation d'une scène comique avec ce propriétaire, ancien chef au ministère de la guerre, sous monsieur Carnot, Hyppolite ne s'étonna pas des tons noirs et gras, des teintes huileuses, des taches et autres accessoires assez désagréables dont les boiseries étaient décorées. Ces stigmates de misère ne sont pas sans poésie aux yeux d'un artiste.

Mademoiselle Leseigneur vint elle-même ouvrir la porte. En voyant le jeune peintre, elle le salua ; puis, en même temps, avec cette dextérité parisienne et cette présence d'esprit que donne la fierté, elle se retourna pour fermer la porte d'une cloison vitrée à travers laquelle Hyppolite aurait pu voir quelques linges étendus sur des cordes au-dessus des fourneaux économiques, un vieux lit de sangles, la braise, le charbon, les fers à repasser, la fontaine filtrante, la vaisselle et tous les ustensiles particuliers aux petits ménages. Des rideaux de mousseline assez propres cachaient soigneusement ce *capharnaüm*, mot en usage pour désigner familièrement ces espèces de laboratoires ; il était mal éclairé par des jours de souffrance pris sur une cour voisine. Avec ce rapide coup-d'œil si cruel d'observation que possèdent les artistes, Hyppolite vit la destination, les meubles, l'ensemble et l'état de cette première pièce coupée en deux. La partie honorable qui servait à la fois d'antichambre et de salle à manger, était tendue d'un vieux papier de couleur aurore, à bordure veloutée, sans doute fabriqué par Réveillon, et dont les trous ou les taches avaient été soigneusement dissimulés sous des pains à cacheter. Des estampes représentant les batailles d'Alexandre par Lebrun, mais à cadres dédorés, garnissaient symétriquement les murs. Au milieu de cette pièce était une table d'acajou massif, vieille de formes et à bords usés. Un petit poêle, dont le tuyau droit et sans coude s'apercevait à peine, se trouvait devant la cheminée qui contenait une armoire dans son âtre. Les chaises offraient par un contraste bizarre quelques vestiges d'une splendeur passée, elles étaient en acajou sculpté, mais le maroquin rouge du siége, les clous dorés et les cannetilles avaient des cicatrices aussi nombreuses que celles des vieux sergens impériaux. Cette pièce servait de musée à certaines choses qui ne se rencontrent que dans ces sortes de ménages amphibies, objets innommés participant à la fois du luxe et de la misère. Hyppolite y vit, entre autres curiosités, une longue-vue magnifiquement ornée, suspendue au-dessus de la petite glace verdâtre qui décorait la cheminée. Pour appareiller cet étrange mobilier, il y avait entre la cheminée et la cloison un mauvais buffet peint, imitant l'acajou, celui de tous les bois qu'on réussit le moins à simuler. Mais le carreau rouge et glissant, mais les méchans petits tapis placés devant les chaises, mais les meubles, tout reluisait de cette propreté frotteuse qui donne un faux lustre aux vieilleries dont elle accuse encore mieux les défectuosités, l'âge et les longs services. Il régnait dans cette pièce une senteur indéfinissable qui résultait des exhalaisons du capharnaüm mêlées aux vapeurs de la salle à manger et à celles de l'escalier. Cependant la fenêtre était entr'ouverte, et l'air de la rue agitait les rideaux de percale soigneusement étendus, de manière à cacher l'embrasure où tous les précédens locataires avaient signé leur présence par différentes incrustations, espèces de fresques domestiques. Adélaïde ouvrit promptement la porte de l'autre chambre où elle introduisit le peintre avec un certain plaisir. Hyppolite, qui jadis avait vu chez sa mère les mêmes signes d'indigence, les remarqua avec la singulière vivacité d'impression qui caractérise les premières acquisitions de notre mémoire, et entra mieux que tout autre ne l'aurait fait dans les détails de cette existence. En reconnaissant les choses de sa vie d'enfance, il n'eut ni mépris de ce malheur caché, ni orgueil du luxe dont il avait récemment entouré sa mère.

— Eh bien! monsieur, j'espère que vous ne vous sentez plus de votre chute? lui dit la vieille mère en se levant d'une antique bergère placée au coin de la cheminée, et en lui présentant un fauteuil.

— Non, madame, et je viens vous remercier des bons soins que vous m'avez donnés; surtout mademoiselle, qui m'a entendu tomber.

En disant cette phrase empreinte de l'adorable stupidité que donnent à l'âme les premiers troubles de l'amour vrai, Hyppolite regardait la jeune fille. Adélaïde allumait la *lampe à double courant d'air*, afin de faire disparaître une chandelle ornée de quelques cannelures saillantes par un coulage extraordinaire, et contenue dans un grand martinet de cuivre. Elle salua légèrement, alla mettre le martinet dans l'antichambre, revint placer la lampe sur la cheminée, et s'assit près de sa mère, un peu en arrière du peintre, afin de pouvoir le regarder à son aise en paraissant très-occupée de la manière dont irait la lampe. La lumière, saisie par l'humidité d'un verre terni, pétillait en se débattant avec une mèche noire et mal coupée. En voyant la grande glace qui ornait la cheminée, Hyppolite y jeta promptement les yeux pour admirer Adélaïde. La petite ruse de la jeune fille ne servit donc qu'à les embarrasser tous deux. En causant avec madame Leseigneur, car Hyppolite lui donna ce nom à tout hasard, il examina le salon, mais décemment et à la dérobée. Le foyer était si plein de cendres que l'on voyait à peine les figures égyptiennes des chenets en fer. Deux tisons essayaient de se rejoindre devant une bûche de terre, enterrée aussi soigneusement que peut l'être le trésor d'un avare. Un vieux tapis d'Aubusson bien raccommodé, bien passé, usé comme l'habit d'un invalide, était posé sur le carreau dont il amortissait la froideur. Les murs avaient pour ornement un papier rougeâtre, figurant une étoffe en lampasse à dessins jaunes. Au milieu de la paroi opposée à celle où étaient les fenêtres, le peintre vit une fente et les plis faits dans le papier par les deux portes d'une alcôve, où sans doute se trouvait le lit de madame Leseigneur. Un canapé placé devant cette ouverture secrète la déguisait imparfaitement. En face de la cheminée, il y avait une très-belle commode en acajou, dont les ornemens ne manquaient ni de richesse ni de goût; un portrait était accroché au-dessus, et représentait un militaire de haut grade; mais le peu de lumière ne permit pas au peintre de distinguer à quelle arme il appartenait. C'était d'ailleurs une effroyable croûte, plutôt faite en Chine qu'à Paris. Les rideaux des fenêtres étaient en soie rouge, mais décolorés comme le meuble en tapisserie jaune et rouge qui garnissait ce salon à deux fins. Sur le marbre de la commode, un précieux plateau de malachite verte supportait une douzaine de tasses à café, magnifiques de peinture, et sans doute faites à Sèvres; puis, sur la cheminée s'élevait l'éternelle pendule de l'empire, un guerrier guidant les quatre chevaux d'un char, dont chaque rais de la roue porte le chiffre d'une heure. Les bougies des flambeaux étaient jaunies par la fumée, et à chaque coin du chambranle de la cheminée s'élevait un vase en porcelaine, dans lequel se trouvait un bouquet de fleurs artificielles plein de poussière et garni de mousse. Au milieu de la pièce, Hyppolite remarqua une table de jeu toute ouverte et des cartes neuves. Pour un observateur, il y avait je ne sais quoi de désolant dans le spectacle de cette misère fardée comme une vieille femme qui veut faire mentir son visage. A ce spectacle, tout homme de bon sens se serait proposé secrètement, et tout d'abord, cette espèce de dilemme : ou ces deux femmes sont la probité même, ou elles vivent d'intrigues et du jeu. Mais en voyant Adélaïde, un jeune homme aussi pur que l'était Schinner devait croire à l'innocence la plus parfaite, et prêter aux incohérences de ce mobilier les plus honorables causes.

— Ma fille, dit la vieille dame à la jeune personne, j'ai froid, faites-nous un peu de feu, et donnez-moi mon châle.

Adélaïde alla dans une chambre contiguë au salon, et où sans doute elle couchait ; puis, elle en revint, en apportant à sa mère un châle de cachemire, qui, neuf, dut avoir un grand prix ; les dessins en étaient d'une exécution magnifique ; mais, maintenant vieux, sans fraîcheur, plein de reprises habilement faites, il s'harmoniait parfaitement avec tous les meubles. Madame Leseigneur s'en enveloppa très-artistement et avec l'adresse d'une vieille femme qui voulait faire croire à la vérité de ses paroles. La jeune fille courut lestement au capharnaüm, et reparut avec une poignée de menu bois qu'elle jeta dans le feu pour le rallumer. Il serait assez difficile de traduire la conversation qui eut lieu entre ces trois personnes. Guidé par le tact que donnent presque toujours les malheurs éprouvés dès l'enfance, Hyppolite n'osait se permettre la moindre observation relative à la position de ses voisines, en voyant autour de lui les symptômes d'une gêne mal déguisée. La plus simple question eût été indiscrète et ne devait être faite que par une amitié déjà vieille. Cependant, le peintre était profondément préoccupé de cette misère cachée ; son âme généreuse en souffrait ; mais sachant tout ce que la pitié, même la plus amie, peut avoir d'offensif, il se trouvait mal à l'aise du désaccord qui existait entre ses pensées et ses paroles. Les deux dames parlèrent d'abord de peinture, car les femmes devinent très-bien les secrets embarras que cause une première visite, elles les éprouvent peut-être, et la nature de leur esprit leur fournit mille ressources pour les faire cesser. En interrogeant le jeune homme sur les procédés matériels de son art, sur ses études, Adélaïde et sa mère surent l'enhardir à causer. Les riens indéfinissables de leur conversation animée de bienveillance l'amenèrent tout naturellement à faire des remarques ou des réflexions qui peignirent la nature de ses mœurs et de son âme.

Les chagrins avaient prématurément flétri le visage de la vieille dame, sans doute belle autrefois ; il ne lui restait plus que les traits saillans, les contours, en un mot, le squelette d'une physionomie dont l'ensemble indiquait une grande finesse, beaucoup de grâce dans le jeu des yeux, et qui se ressentait de cette expression particulière aux femmes de l'ancienne cour, mais que rien ne saurait définir. Ces traits si fins, si déliés, pouvaient tout aussi bien dénoter des sentimens mauvais, faire supposer l'astuce et la ruse féminines à un haut degré de perversité, que révéler les délicatesses d'une belle âme. En effet, le visage de la femme a cela d'embarrassant pour les observateurs vulgaires, que la différence entre la franchise et la duplicité, entre le génie de l'intrigue et le génie du cœur, y est imperceptible. L'homme doué d'une vue pénétrante devine ces nuances insaisissables. C'est une ligne plus ou moins courbe, une fossette plus ou moins creuse, une saillie plus ou moins bombée ou proéminente. L'appréciation de ces diagnostics est tout entière dans le domaine de l'intuition, qui peut seule faire découvrir ce que chacun est intéressé à cacher. Il en était du visage de cette vieille dame comme de l'appartement qu'elle habitait, il semblait aussi difficile de savoir si cette misère couvrait des vices ou une haute probité, que de reconnaître si la mère d'Adélaïde était une ancienne coquette habituée à tout peser, à tout calculer, à tout vendre, ou une femme aimante, pleine de noblesse et d'aimables qualités.

Mais, à l'âge de Schinner, le premier mouvement du cœur est de croire au bien. Aussi, en contemplant le front noble et presque dédaigneux d'Adélaïde, en regardant ses yeux pleins d'âme et de pensées, respira-t-il, pour ainsi dire, les suaves et modestes parfums de la vertu. Au milieu de la conversation, il saisit l'occasion de parler des portraits en général pour avoir le droit d'examiner l'effroyable pastel, dont toutes les teintes avaient pâli, et dont la poussière était en grande partie tombée.

— Vous tenez sans doute à cette peinture en faveur de la ressemblance, mesdames, car le dessin en est horrible, dit-il en regardant Adélaïde.

— Elle a été faite à Calcutta en grande hâte, répondit la mère d'une voix émue.

Puis elle contempla l'esquisse informe avec cet abandon profond que donnent les souvenirs de bonheur quand ils se réveillent et tombent sur le cœur comme une bienfaisante rosée aux fraîches impressions de laquelle on aime à s'abandonner ; mais il y avait aussi dans l'expression du visage de la vieille dame les vestiges d'un deuil éternel. Le peintre voulut interpréter ainsi l'attitude et la physionomie de sa voisine. Alors, il vint s'asseoir près d'elle, et lui dit d'une voix amie : — Madame, encore un peu de temps, et les couleurs de ce pastel auront disparu. Le portrait n'existera plus que dans votre mémoire. Là où vous verrez une figure qui vous est chère, les autres ne pourront plus rien apercevoir. Voulez-vous me permettre de transporter cette ressemblance sur la toile? elle y sera plus solidement fixée qu'elle ne l'est sur ce papier. Accordez-moi, en faveur de notre voisinage, le plaisir de vous rendre ce service. Il se rencontre des heures pendant lesquelles un artiste aime à se délasser de ses grandes compositions par des travaux d'une portée moins élevée. Ce sera pour moi une distraction que de refaire cette tête.

La vieille dame tressaillit en entendant ces paroles, et Adélaïde jeta sur le peintre, mais à la dérobée, un de ces regards recueillis qui semblent être un jet de l'âme. Hyppolite voulait appartenir à ses deux voisines par quelque lien, et conquérir le droit de se mêler à leur vie. Son offre, en s'adressant aux plus vives affections du cœur, était la seule qu'il lui fût possible de faire; elle contentait sa fierté d'artiste, et n'avait rien de blessant pour les deux dames. Madame Leseigneur accepta sans empressement, ni sans regret, mais avec cette conscience des grandes âmes qui savent l'étendue des liens que nouent de semblables obligations, et qui en font un magnifique éloge, une preuve d'estime.

— Il me semble, dit le peintre, que cet uniforme est celui d'un officier de marine?

— Oui, dit-elle, c'est celui des capitaines de vaisseau. Monsieur de Rouville, mon mari, est mort à Batavia des suites d'une blessure reçue dans un combat contre un vaisseau anglais qui le rencontra sur les côtes d'Asie. Il montait une frégate de soixante canons, et *le Revenge* était un vaisseau de quatre-vingt-seize; la lutte fut très-inégale, mais monsieur de Rouville se défendit si courageusement, qu'il la maintint jusqu'à la nuit, et put échapper. Quand je revins en France, Bonaparte n'avait pas encore le pouvoir, et l'on me refusa une pension. Lorsque, dernièrement, je la sollicitai de nouveau, le ministre me dit avec dureté que si le baron de Rouville eût émigré, je l'aurais conservée ; qu'il serait sans doute aujourd'hui contre-amiral ; enfin, son excellence a fini par m'opposer je ne sais quelle loi sur les déchéances. Si j'ai fait cette démarche, c'était pour ma pauvre Adélaïde ; des amis m'y avaient poussée; j'ai toujours eu de la répugnance à tendre la main au nom d'une douleur qui ôte à une femme sa voix et ses forces. Je n'aime pas cette évaluation pécuniaire d'un sang irréparablement versé....

— Ma mère, ce sujet de conversation vous fait toujours mal.

Sur ce mot d'Adélaïde, la baronne de Rouville inclina la tête et garda le silence.

— Monsieur, dit la jeune fille à Hyppolite, je croyais que les travaux des peintres étaient, en général, peu bruyans ?

A cette question, Schinner se prit à rougir, en se souvenant du tapage qu'il avait fait. Adélaïde n'acheva pas, et lui sauva quelque mensonge, en se levant tout-à-coup au bruit d'une voiture qui s'arrêtait à la porte. Elle alla dans sa chambre, d'où elle revint aussitôt en tenant deux flambeaux dorés garnis de bougies entamées, qu'elle alluma promptement; et, sans attendre le tintement de la sonnette, elle ouvrit la porte de la première pièce, où elle laissa la lampe. Le bruit d'un baiser reçu et donné retentit jusque dans le cœur d'Hyppolite. L'impatience que le jeune homme eut de voir celui qui traitait si familièrement Adélaïde ne fut pas promptement satisfaite; les arrivans eurent avec la jeune fille une conversation à voix basse qu'il trouva bien longue; enfin, mademoiselle Leseigneur reparut suivie de deux hommes dont le costume, la physionomie et l'aspect étaient tout une histoire.

Le premier, âgé d'environ soixante ans, portait un de ces habits inventés, je crois, pour Louis XVIII, alors régnant, et dans lesquels le problème vestimental le plus difficile avait été résolu par un tailleur qui devrait être immortel. Cet artiste connaissait, à coup sûr, l'art des transitions, qui fut tout le génie de ce temps, si politiquement mobile. N'est-ce pas un bien rare mérite que de savoir juger son époque? Cet habit, dont il est peu de jeunes gens qui n'aient gardé le souvenir, n'était ni civil ni militaire, et pouvait passer tour à tour pour militaire et pour civil. Des fleurs de lis brodées ornaient le retroussis des deux pans de derrière; les boutons dorés étaient également fleurdelisés, et sur les épaules deux attentes vides demandaient des épaulettes absentes. Ces deux symptômes de milice étaient là comme une pétition sans apostille. Le pantalon et l'habit du vieillard étaient bleu de roi; il avait à sa boutonnière une croix de Saint-Louis, allait tête nue, portait à la main un chapeau à trois cornes garni de sa ganse d'or, et ses cheveux étaient poudrés. Il semblait ne pas avoir plus de cinquante ans, et paraissait jouir d'une santé robuste. Sa physionomie, tout en accusant le caractère loyal et franc des vieux émigrés, dénotait aussi les mœurs libertines et faciles, les passions gaies et l'insouciance de ces mousquetaires jadis si célèbres dans les fastes de la galanterie. Ses gestes, son allure, ses manières annonçaient qu'il n'avait point encore renoncé aux prétentions de son jeune âge, et qu'il était décidé à ne se corriger ni de son royalisme, ni de sa religion, ni de ses amours.

Une figure toute fantastique le suivait, et pour la bien peindre, il faudrait en faire l'objet principal du tableau, dont elle n'est cependant qu'un accessoire. Figurez-vous un personnage sec et maigre, vêtu comme l'était le premier, mais n'en étant pour ainsi dire que le reflet, ou l'ombre, si vous voulez. L'habit, neuf chez l'un, se trouvait vieux et flétri chez l'autre; la poudre des cheveux semblait moins blanche chez le second, l'or des fleurs de lis moins éclatant, les attentes de l'épaulette plus désespérées, plus recroquevillées; l'intelligence plus faible, la vie plus avancée vers le terme fatal, que chez le premier. Enfin, il réalisait admirablement bien ce mot de Rivarol sur Champcenetz : « C'est mon clair de lune. » Il n'était que le double de l'autre; mais le double pâle et pauvre, car il se trouvait entre eux toute la différence qui existe entre la première et la dernière épreuve d'une lithographie. Ce vieillard muet fut un mystère pour le peintre, et resta constamment un mystère; car il ne parla pas, et personne ne lui parla. Était-ce un ami, un parent pauvre, un homme qui restait près du vieux galant comme une demoiselle de compagnie près d'une vieille femme? Tenait-il le milieu entre le chien, le perroquet et l'ami? Avait-il sauvé la fortune ou seulement la vie de son bienfaiteur? Était-ce le *Trim* d'un autre capitaine Tobie? Ailleurs, comme chez la baronne de Rouville, il excitait toujours la curiosité sans jamais la satisfaire.

Le personnage qui paraissait être le plus neuf de ces deux débris s'avança galamment vers la baronne de Rouville, lui baisa la main, et s'assit à côté d'elle; l'autre la salua, et se mit près de son type à une distance représentée par la place de deux chaises. Adélaïde vint appuyer ses coudes sur le dossier du fauteuil occupé par le vieux gentilhomme, en imitant, sans le savoir, la pose que Guérin a donnée à la sœur de Didon dans son célèbre tableau. La familiarité du gentilhomme était celle d'un frère, et il prenait certaines libertés avec Adélaïde qui, pour le moment, parurent déplaire à la jeune fille.

— Eh bien! tu me boudes? dit-il. Puis, tout en causant, il jetait sur Schinner de ces regards obliques, pleins de finesse et de ruse, regards diplomatiques dont l'expression trahissait la prudente inquiétude, la curiosité muette et polie des nobles bien

élevés qui semblent demander en voyant un inconnu :
— Est-il des nôtres?

— Vous voyez notre voisin, lui dit la vieille dame en lui montrant Hyppolite; monsieur est un peintre célèbre, dont le nom doit être connu de vous malgré votre insouciance pour les arts.

Le gentilhomme reconnut la malice de sa vieille amie dans l'omission qu'elle faisait du nom, et salua le jeune homme.

— Certes! dit-il, j'ai beaucoup entendu parler de ses tableaux au dernier salon. Le talent a de beaux priviléges, monsieur, ajouta-t-il en regardant le ruban rouge de l'artiste. Cette distinction qu'il nous faut acquérir au prix de notre sang et de longs services, vous l'obtenez jeune; mais toutes les gloires sont sœurs.

Et le gentilhomme porta les mains à sa croix de Saint-Louis. Hyppolite balbutia quelques paroles de remercîment, et rentra dans son silence, se contentant d'admirer avec un enthousiasme croissant la belle tête de jeune fille par laquelle il était charmé. Bientôt il s'oublia dans cette contemplation, sans plus songer à la misère profonde du logis. Pour lui, le visage d'Adélaïde se détachait sur une atmosphère lumineuse. Il répondit brièvement aux questions qui lui furent adressées et qu'il entendit heureusement, grâce à une singulière faculté de notre âme, dont la pensée peut en quelque sorte se dédoubler parfois. A qui n'est-il pas arrivé de rester plongé dans une méditation voluptueuse ou triste, d'en écouter la voix en soi-même, et d'assister à une conversation ou à une lecture? Admirable dualisme qui souvent aide à prendre les ennuyeux en patience? Féconde et riante, l'espérance lui versa mille pensées de bonheur, et il ne voulut plus rien observer autour de lui. Cœur enfant et plein de confiance, il lui parut honteux d'analyser un plaisir. Après un certain laps de temps, il s'aperçut que la vieille dame et sa fille jouaient avec le vieux gentilhomme. Quant au satellite de celui-ci, fidèle à son état d'ombre, il se tenait debout derrière son ami, dont il regardait le jeu, répondant aux muettes questions que lui faisait le joueur par de petites grimaces approbatives qui répétaient les mouvemens interrogateurs de l'autre physionomie.

— Je perds toujours, disait le gentilhomme.

— Vous écartez mal, répondait la baronne de Rouville.

— Voilà trois mois que je n'ai pas pu vous gagner une seule partie, reprit-il.

— Avez-vous les as, demanda la vieille dame.

— Oui. Encore un marqué, dit-il.

— Voulez-vous que je vous conseille? disait Adélaïde.

— Non! non. Reste devant moi! Palsambleu! ce serait trop perdre que de ne pas t'avoir en face.

Enfin la partie finit, le gentilhomme tira sa bourse, et jetant deux louis sur le tapis, non sans humeur : — Quarante francs, juste comme de l'or, dit-il. Ah! diable! il est onze heures.

— Il est onze heures, répéta le personnage muet en regardant le peintre.

Le jeune homme, entendant cette parole un peu plus distinctement que toutes les autres, pensa qu'il était temps de se retirer. Rentrant alors dans le monde des idées vulgaires, il trouva quelques lieux communs pour prendre la parole, salua la baronne, sa fille, les deux inconnus, et sortit, en proie aux premières félicités de l'amour vrai, sans chercher à s'analyser les petits événemens qui s'étaient passés sous ses yeux pendant cette soirée.

Le lendemain, le jeune peintre éprouva le désir le plus violent de revoir Adélaïde, et, s'il avait écouté sa passion, il serait entré chez ses voisines dès six heures du matin, en arrivant à son atelier. Il eut cependant encore assez de raison pour attendre jusqu'à l'après-midi. Mais, aussitôt qu'il crut pouvoir se présenter chez madame de Rouville, il descendit, sonna, non sans quelques larges battemens de cœur; et, rougissant comme une jeune fille, il demanda timidement le portrait du baron de Rouville à mademoiselle Leseigneur, qui était venue lui ouvrir.

— Mais, entrez, lui dit Adélaïde, qui l'avait sans doute entendu descendre de son atelier.

Et le peintre la suivit, honteux, décontenancé, ne sachant rien dire ; tant le bonheur le rendait stupide. Voir Adélaïde, écouter le frissonnement de sa robe, après avoir désiré pendant toute une matinée d'être près d'elle, après s'être levé cent fois en disant : — Je descends! et n'être pas descendu; c'était, pour lui, vivre si richement, que de telles sensations trop prolongées lui auraient usé l'âme. Le cœur a la singulière puissance de donner un prix extraordinaire à des riens. Quelle joie n'est-ce pas, pour un voyageur, de recueillir un brin d'herbe, une feuille inconnue, s'il a risqué sa vie dans cette recherche! Les riens de l'amour sont ainsi. La vieille dame n'était pas dans le salon. Quand la jeune fille s'y trouva seule avec le peintre, elle apporta une chaise pour avoir le portrait, mais, en s'apercevant qu'elle ne pouvait pas le décrocher sans mettre le pied sur la commode, elle se tourna vers Hyppolite, et lui dit en rougissant : — Je ne suis pas assez grande. Voulez-vous le prendre?

Un sentiment de pudeur dont témoignaient l'expression de sa physionomie et l'accent de sa voix était le véritable motif de sa demande. Le jeune homme, la comprenant ainsi, lui jeta un de ces regards intelligens qui sont le plus doux langage de l'amour. Adélaïde, voyant que le peintre l'avait devinée, baissa les yeux par un mouvement de fierté dont les jeunes filles ont seules le secret. Alors, ne trouvant pas un mot à dire, et presque intimidé, le peintre prit le tableau, l'examina gravement en le mettant au jour près de la fenêtre, et s'en alla sans dire autre chose à mademoiselle Leseigneur que : « Je vous le rendrai bientôt. » Tous deux avaient, pendant ce rapide instant, ressenti l'une de ces commotions vives dont les effets dans l'âme peuvent se comparer à ceux que produit une pierre jetée au fond d'un lac. Les réflexions les plus douces naissent et se succèdent, indéfinissables, multipliées, sans but, agitant le cœur comme les rides circulaires qui plissent long-temps l'onde, en partant du point où la pierre est tombée. Hyppolite revint dans son atelier armé de ce portrait. Déjà son chevalet avait été garni d'une toile, une palette chargée de couleurs, les pinceaux nettoyés, la place et le jour choisis. Aussi, jusqu'à l'heure du dîner, travailla-t-il au portrait avec cette ardeur que les artistes mettent à tous leurs caprices. Il revint le soir même chez la baronne de Rouville, et y resta depuis neuf heures jusqu'à onze. Sauf les différens sujets de conversation, cette soirée ressembla fort exactement à la précédente. Les deux vieillards arrivèrent à la même heure; la même partie de piquet eut lieu; les mêmes phrases furent dites par les joueurs; la somme perdue par l'ami d'Adélaïde fut aussi considérable que celle perdue la veille; seulement Hyppolite, un peu plus hardi, osa causer avec la jeune fille.

Huit jours se passèrent ainsi, pendant lesquels les sentimens du peintre et ceux d'Adélaïde subirent ces délicieuses et lentes transformations qui amènent les âmes à une parfaite entente. Aussi, de jour en jour, le regard par lequel Adélaïde accueillait son ami était-il devenu plus intime, plus confiant, plus gai, plus franc; puis, sa voix, ses manières eurent quelque chose de plus onctueux, de plus familier.

Tous deux riaient, causaient, se communiquaient leurs pensées, parlaient d'eux-mêmes avec la naïveté de deux enfans qui, dans l'espace d'une journée, ont fait connaissance, comme s'ils s'étaient vus depuis trois ans. Schinner jouait au piquet. Ignorant et novice, il faisait naturellement école sur école; et, comme le vieillard, il perdait presque toutes les parties.... Sans s'être encore confié leur amour, les deux amans savaient qu'ils s'appartenaient l'un à l'autre. Hyppolite avait exercé son pouvoir avec bonheur sur sa timide amie. Bien des concessions lui avaient été faites par Adélaïde, qui, craintive et dévouée, était dupe de ces fausses bouderies dont l'amant le moins habile, dont la jeune fille la plus naïve, possèdent les secrets, et dont ils se servent sans cesse, comme les enfans gâtés abusent de la puissance que leur donne l'amour de leur mère. Ainsi toute familiarité avait cessé entre le gentilhomme et Adélaïde. La jeune fille avait naturellement compris les tristesses du peintre et les pensées cachées dans les plis de son front, dans l'accent brusque du peu de mots qu'il prononçait, lorsque le vieillard baisait sans façon les mains ou le cou d'Adélaïde. De son côté, mademoiselle Leseigneur demandait à son amant un compte sévère de ses moindres actions. Elle était si malheureuse, si inquiète quand Hyppolite ne venait pas, elle savait si bien le gronder de ses absences, que le peintre cessa de voir ses amis et d'aller dans le monde. Adélaïde laissa percer la jalousie naturelle aux femmes en apprenant que parfois, en sortant de chez madame de Rouville, à onze heures, le peintre faisait encore des visites et parcourait les salons les plus brillans de Paris. D'abord elle prétendit que ce genre de vie était mauvais pour la santé ; puis elle trouva moyen de lui dire avec cette conviction profonde à laquelle l'accent, le geste et le regard d'une personne aimée donnent tant de pouvoir : — « qu'un homme obligé de prodiguer à plusieurs femmes à la fois son temps et les grâces de son esprit ne pouvait pas être l'objet d'une affection bien vive. » Le peintre fut donc amené, autant par le despotisme de la passion que par les exigences d'une jeune fille aimante, à ne vivre que dans ce petit appartement où tout lui plaisait. Enfin, jamais amour ne fut ni plus pur ni plus ardent. De part et d'autre, la même foi, la même délicatesse firent croître cette passion vierge sans le secours de ces sacrifices par lesquels beaucoup de gens cherchent à se prouver leur amour. Entre eux, il existait un échange continuel de sensations douces, et ils ne savaient qui donnait et qui recevait le plus : un penchant involontaire rendait l'union de leurs âmes toujours plus étroite. Le progrès de ce sentiment vrai fut si rapide, que vingt jours après l'accident auquel le peintre avait dû le bonheur de connaître Adélaïde, leur vie était devenue une même vie. Dès le matin, la jeune fille, entendant le pas de son amant, pouvait se dire : — Il est là ! Quand Hyppolite retournait chez sa mère à l'heure du dîner, il ne manquait jamais de venir saluer ses voisines ; et, le soir, il accourait à l'heure accoutumée avec une ponctualité d'amant. Ainsi, la femme la plus tyrannique et la plus ambitieuse en amour n'aurait pu faire le plus léger reproche au jeune peintre. Aussi Adélaïde savourait-elle un bonheur sans nuages et sans bornes, en voyant se réaliser dans toute son étendue l'idéal qu'il est si naturel de rêver à son âge. Le vieux gentilhomme venait moins souvent. Hyppolite n'était plus jaloux, et il l'avait remplacé le soir, au tapis vert, dans son malheur constant au jeu. Cependant, au milieu de son bonheur, en songeant à la désastreuse situation de madame de Rouville, car il avait acquis plus d'une preuve de sa détresse, il ne pouvait chasser une pensée importune; et déjà plusieurs fois il s'était dit en rentrant chez lui : — Comment, vingt francs tous les soirs ! Et il n'osait s'avouer à lui-même d'odieux soupçons. Il employa tout un mois à faire le portrait. Quand il fut fini, verni, encadré, il le regarda comme un de ses meilleurs ouvrages. Madame la baronne de Rouville ne lui en avait plus parlé. — Était-ce insouciance ou fierté? Le peintre ne voulut pas s'expliquer ce silence.

Il complota joyeusement avec Adélaïde de mettre le portrait en place, pendant une absence de madame de Rouville. Le jour choisi fut le 8 juillet. Durant la promenade que sa mère faisait ordinairement aux Tuileries, Adélaïde monta seule, pour la première fois, à l'atelier d'Hyppolite, sous prétexte de voir le portrait dans le jour favorable sous lequel il avait été achevé. Elle demeura muette et immobile, en proie à une contemplation délicieuse où se fondaient, en un seul, tous les sentimens de la femme : ne se résument-ils pas tous dans une juste admiration pour l'homme aimé? Lorsque le peintre, inquiet de ce silence, se pencha pour voir la jeune fille, elle lui tendit la main sans pouvoir dire un mot; mais deux larmes étaient tombées de ses yeux. Hyppolite prit cette main, la couvrit de baisers, et pendant un moment ils se regardèrent en silence, voulant tous deux s'avouer leur amour, et ne l'osant pas. Le peintre, ayant gardé la main d'Adélaïde dans les siennes, une même chaleur, un même mouvement leur apprit que leurs cœurs battaient aussi fort l'un que l'autre. Trop émue, la jeune fille s'éloigna doucement d'Hyppolite, et dit en lui jetant un regard plein de naïveté : — Vous allez rendre ma mère bien heureuse.

— Quoi! votre mère seulement? demanda-t-il.
— Oh, moi! je le suis trop.

Le peintre baissa la tête et resta silencieux, effrayé de la violence des sentimens que l'accent de cette phrase réveilla dans son cœur. Alors comprenant tous deux le danger de cette situation, ils descendirent et mirent le portrait à sa place.

Hyppolite dîna pour la première fois avec la baronne et sa fille. Il fut fêté, complimenté par madame de Rouville avec une bonhomie rare. Dans son attendrissement et tout en pleurs, la vieille dame voulut l'embrasser. Le soir, le vieil émigré, ancien camarade du baron de Rouville, avec lequel il avait vécu fraternellement, fit à ses deux amies une visite pour leur apprendre qu'il venait d'être nommé contre-amiral. Ses navigations terrestres à travers l'Allemagne et la Russie lui avaient été comptées comme des campagnes navales. A l'aspect du portrait, il serra cordialement la main du peintre, et s'écria :

— Ma foi! quoique ma vieille carcasse ne vaille pas la peine d'être conservée, je donnerais bien cinq cents pistoles pour me voir aussi ressemblant que l'est mon vieux Rouville.

A cette proposition, la baronne regarda son ami, et sourit en laissant éclater sur son visage les marques d'une soudaine reconnaissance. Hyppolite crut deviner que le vieil amiral voulait lui offrir le prix des deux portraits en payant le sien. Sa fierté d'artiste, tout autant que sa jalousie peut-être, s'offensa de cette pensée, et il répondit : — Monsieur, si je peignais le portrait, je n'aurais pas fait celui-ci.

L'amiral se mordit les lèvres, et se mit à jouer. Le peintre resta près d'Adélaïde, qui lui proposa de faire une partie; il accepta. Tout en jouant, il observa chez madame de Rouville une ardeur pour le jeu qui le surprit. Jamais elle n'avait encore manifesté un désir aussi ardent pour le gain, ni un plaisir aussi vif en palpant les pièces d'or du vieux gentilhomme. Pendant cette soirée, de mauvais soupçons vinrent troubler le bonheur d'Hyppolite, et lui donnèrent de la défiance. Madame de Rouville vivrait-elle donc du jeu? Ne jouait-elle pas en ce moment pour acquitter quelque dette, ou poussée par quelque nécessité? Peut-être n'avait-elle pas payé son loyer. Ce veillard paraissait être assez fin pour ne pas se laisser impunément prendre son argent. Quel pouvait donc être l'intérêt qui l'attirait dans cette maison pauvre, lui riche? Pourquoi jadis était-il si familier près d'Adélaïde, et pourquoi soudain avait-il renoncé à des privautés acquises, et dues peut-être? Ces réflexions lui vinrent involontairement, et l'excitèrent à examiner avec une nouvelle attention le vieillard et la baronne. Il fut mécontent de leurs airs d'intelligence et des regards obliques qu'ils jetaient sur Adélaïde et sur lui. — Me tromperait-on? fut pour Hyppolite une dernière idée, horrible, flétrissante, et à laquelle il crut précisément assez pour en être torturé. Il voulut rester après le départ des deux vieillards pour confirmer ses soupçons ou pour les dissiper. Il avait tiré sa bourse, afin de payer Adélaïde; mais, emporté par ses pensées poignantes, il mit sa bourse sur la table, tomba dans une rêverie qui dura peu; puis, honteux de son silence, il se leva, répondit à une interrogation banale qui lui était faite par madame de Rouville, et vint près d'elle pour, tout en causant, mieux scruter ce vieux visage. Il sortit en proie à mille incertitudes. A peine avait-il descendu quelques marches, il se souvint d'avoir oublié son argent sur la table, et rentra.

— Je vous ai laissé ma bourse? dit-il à Adélaïde.

— Non, répondit-elle en rougissant.

— Je la croyais là, reprit-il en montrant la table de jeu. Mais tout honteux pour la jeune fille et pour la baronne de ne pas l'y voir, il les regarda d'un air hébété qui les fit rire, il pâlit, et reprit : — « Mais, non, je me suis trompé, je l'ai ! » Il salua, et sortit. Dans l'un des côtés de cette bourse il y avait trois cents francs en or, et, de l'autre, quelque menue monnaie. Le vol était si flagrant, si effrontément nié, qu'Hyppolite ne pouvait plus conserver de doute sur la moralité de ses voisines. Il s'arrêta dans l'escalier, le descendit avec peine; ses jambes tremblaient; il avait des vertiges, il suait, il grelottait, et se trouvait hors d'état de marcher, de soutenir l'atroce commotion causée par le renversement de toutes ses espérances. Dès ce moment, il retrouva dans sa mémoire une foule d'observations, légères en apparence, mais qui corroboraient les affreux soupçons auxquels il avait été en proie, et qui, en lui prouvant la réalité du dernier fait, lui ouvraient les yeux sur le caractère et la vie de ces deux femmes. Avaient-elles donc attendu que le portrait fût fini, donné, pour voler cette bourse? Combiné, le vol était encore plus odieux. Le peintre se souvint, pour son malheur, que, depuis deux ou trois soirées, Adélaïde, en paraissant examiner avec une curiosité de jeune fille le travail particulier du réseau de soie usé, vérifiait probablement l'argent contenu dans la bourse en faisant des plaisanteries innocentes en apparence, mais qui sans doute avaient pour but d'épier le moment où la somme serait assez forte pour être dérobée. — Le vieil amiral a peut-être d'excellentes raisons pour ne pas épouser Adélaïde, et alors la baronne aurait tâché de me.... A cette supposition, il s'arrêta, n'achevant pas même sa pensée, car elle fut détruite par une réflexion bien juste. — Si la baronne, pensa-t-il, espère me marier avec sa fille, elles ne m'auraient pas volé. Puis il essaya, pour ne point renoncer à ses illusions, à son amour déjà si fortement enraciné, de chercher quelque justification dans le hasard. — Ma bourse sera tombée à terre, se dit-il, elle sera restée sur mon fauteuil. Je l'ai peut-être, je suis si distrait! Et il se fouilla par des mouvemens rapides, mais il ne retrouva pas la maudite bourse. Sa mémoire cruelle lui retraçait par instans la fatale vérité. Il voyait distinctement sa bourse étalée sur le tapis ; mais alors, ne doutant plus du vol, il excusait Adélaïde en se disant que l'on ne devait pas juger si promptement les malheureux, et qu'il y avait sans doute un secret dans cette action en apparence si dégradante. Il ne voulait pas que cette fière et noble figure fût un mensonge. Cependant cet appartement si misérable lui apparut dénué des poésies de l'amour, qui embellit tout : il le vit sale, flétri, et le considéra comme la représentation d'une vie intérieure sans noblesse, inoccupée, vicieuse : car nos sentimens sont écrits, pour ainsi dire, sur les choses qui nous entourent.

Le lendemain matin, il se leva sans avoir dormi;

La douleur du cœur, cette grave maladie morale, avait fait en lui d'énormes progrès. Perdre un bonheur rêvé, renoncer à tout un avenir, est une souffrance plus aiguë que celle causée par la ruine d'une félicité ressentie, quelque complète qu'elle ait été. Alors les méditations dans lesquelles tombe tout-à-coup notre âme sont comme une mer sans rivage au sein de laquelle nous pouvons nager pendant un moment, mais où il faut que notre amour se noie et périsse. Et c'est une affreuse mort : les sentimens ne sont-ils pas la partie la plus brillante de notre vie ? De cette mort partielle viennent, chez certaines organisations délicates ou fortes, les grands ravages produits par les désenchantemens, par les espérances et les passions trompées. Il en fut ainsi du jeune peintre. Il sortit de grand matin, alla se promener sous les frais ombrages des Tuileries, absorbé par ses idées, oubliant tout dans le monde. Là, par un hasard qui n'avait rien d'extraordinaire, il rencontra un de ses amis les plus intimes, un camarade de collège et d'atelier, avec lequel il avait vécu mieux qu'on ne vit avec un frère.

— Eh bien, Hyppolite, qu'as-tu donc? lui dit Daniel Vallier, jeune sculpteur qui, ayant récemment remporté le grand prix, devait bientôt partir pour l'Italie.

— Je suis très-malheureux, répondit gravement Hyppolite.

— Il n'y a qu'une affaire de cœur qui puisse te

chagriner. Argent, gloire, considération, rien ne te manque.

Insensiblement, les confidences commencèrent, et le peintre avoua son amour. Au moment où il parla de la rue de Suresne et d'une jeune personne logée à un quatrième étage. — Halte-là ! s'écria gaiement Daniel. C'est une petite fille que je viens voir tous les matins à l'Assomption, et à laquelle je fais la cour. Mais, mon cher, nous la connaissons tous. Sa mère est une baronne! Est-ce que tu crois aux baronnes logées au quatrième? Brrr. Ah bien ! tu es un homme de l'âge d'or. Nous voyons ici, dans cette allée, la vieille mère tous les jours ; mais elle a une figure, une tournure, qui disent tout. Comment ! tu n'as pas deviné ce qu'elle est à la manière dont elle tient son sac ?

Les deux amis se promenèrent long-temps, et plusieurs jeunes gens qui connaissaient Daniel ou Schinner se joignirent à eux. L'aventure du peintre, jugée comme de peu d'importance, leur fut racontée par le sculpteur.

— Et lui aussi, disait-il, a vu cette petite!

Ce furent des observations, des rires, des moqueries, faites innocemment et avec toute la gaieté des artistes. Hyppolite en souffrit horriblement. Une certaine pudeur d'âme le mettait mal à l'aise en voyant le secret de son cœur traité si légèrement, sa passion déchirée, mise en lambeaux ; une jeune fille inconnue, et dont la vie paraissait si modeste, sujette à des jugemens vrais ou faux, portés avec tant d'insouciance. Alors il affecta d'être mu par un esprit de contradiction, il demanda sérieusement à chacun les preuves de ces assertions, et ce furent de nouvelles plaisanteries.

— Mais, mon cher ami, as-tu vu le châle de la baronne? disait l'un.

— As-tu suivi la petite, quand elle trotte le matin à l'Assomption? disait un autre.

— Ah! la mère a, entre autres vertus, une certaine robe grise que je regarde comme un type.

— Écoute, Hyppolite, reprit un graveur, viens ici vers quatre heures, et analyse un peu la marche de la mère et de la fille. Si, après, tu as des doutes! hé bien, l'on ne fera jamais rien de toi! Tu seras capable d'épouser la fille de ta portière.

En proie aux sentimens les plus contraires, le peintre quitta ses amis. Adélaïde et sa mère lui semblaient devoir être au-dessus de ces accusations, et il éprouvait, au fond de son cœur, le remords d'avoir soupçonné la pureté de cette jeune fille, si belle et si simple.

Il vint à son atelier, passa devant la porte de l'appartement où était Adélaïde, et sentit en lui-même une douleur de cœur à laquelle nul homme ne se trompe. Il aimait mademoiselle de Rouville si passionnément que, malgré le vol de la bourse, il l'adorait encore. Son amour était celui du chevalier Desgrieux, purifiant et admirant sa maîtresse jusque sur la charrette qui mène en prison les femmes perdues. — Pourquoi mon amour ne la rendrait-il pas la plus pure de toutes les femmes? Pourquoi l'abandonner au mal et au vice sans lui tendre une main amie? Cette mission lui plut. L'amour fait son profit de tout, et rien ne séduit plus un jeune homme que de jouer le rôle d'un bon génie auprès d'une femme. Il y a je ne sais quoi de romanesque dans cette entreprise, qui sied aux âmes exaltées. N'est-ce pas le dévouement le plus étendu, sous la forme la plus élevée, la plus gracieuse? N'y a-t-il pas quelque grandeur à savoir que l'on aime assez pour aimer encore là où l'amour des autres s'éteint et meurt? Hyppolite s'assit dans son atelier, contempla son tableau sans y rien faire, n'en voyant les figures qu'à travers quelques larmes qui lui roulaient dans les yeux, tenant toujours sa brosse à la main, s'avançant vers la toile, comme pour adoucir une teinte, mais n'y touchant pas. La nuit le surprit dans cette attitude. Réveillé de sa rêverie par l'obscurité, il descendit, rencontra le vieil amiral dans l'escalier, lui jeta un regard sombre en le saluant, et s'enfuit. Il avait eu l'intention d'entrer chez ses voisines, mais l'aspect du protecteur d'Adélaïde lui glaça le cœur et fit évanouir sa résolution. Il se demanda pour la centième fois quel intérêt pouvait amener ce vieil homme à bonnes fortunes, riche de cinquante mille livres de rentes, dans ce quatrième étage, où il perdait de dix à vingt francs tous les soirs; et cet intérêt, il crut le deviner. Le lendemain et les jours suivans, Hyppolite se jeta dans le travail pour tâcher de combattre sa passion par l'entraînement des idées et par la fougue de la conception. Il réussit à demi. L'étude le consola sans parvenir cependant à étouffer les souvenirs de tant d'heures caressantes passées auprès d'Adélaïde.

Un soir, en quittant son atelier, il trouva la porte de l'appartement des deux dames entr'ouverte. Une personne y était debout dans l'embrasure de la fenêtre. La disposition de la porte et de l'escalier ne permettait pas au peintre de passer sans voir Adélaïde. Il la salua froidement en lui lançant un regard plein d'indifférence ; mais, jugeant des souffrances de cette jeune fille par les siennes, il eut un tressaillement intérieur, en songeant à l'amertume que ce regard et cette froideur devaient jeter dans un cœur aimant. Couronner les plus douces fêtes qui aient jamais réjoui deux âmes pures, par un dédain de huit jours, et par le mépris le plus profond, le plus entier. Affreux dénouement! Peut-être la bourse était-elle retrouvée, et peut-être chaque soir Adélaïde avait-elle attendu son ami? Cette pensée si simple, si naturelle, fit éprouver de nouveaux remords à l'amant, et il se demanda si les preuves d'attachement que la jeune fille lui avait données, si les ravissantes causeries empreintes d'un amour qui l'avait charmé, ne méritaient pas au moins une enquête, ne valaient pas une justification. Honteux d'avoir résisté pendant une semaine aux vœux de son cœur, et se trouvant presque criminel de ce combat, il vint le soir même chez madame de Rouville. Tous ses soupçons, toutes ses pensées mauvaises s'évanouirent à l'aspect de la jeune fille, pâle et maigrie.

— Eh, bon Dieu! qu'avez-vous donc? lui dit-il après avoir salué la baronne.

Adélaïde ne lui répondit rien, mais elle lui jeta un regard plein de mélancolie, un regard triste, découragé qui lui fit mal.

— Vous avez sans doute beaucoup travaillé, dit la vieille dame; vous êtes changé. Nous sommes la cause de votre réclusion. Ce portrait aura retardé quelques tableaux importans pour votre réputation.

Hyppolite fut heureux de trouver une si bonne excuse à son impolitesse.

— Oui, dit-il, j'ai été fort occupé, mais j'ai souffert...

A ces mots, Adélaïde leva la tête, regarda son amant, et ses yeux inquiets ne lui reprochèrent plus rien.

— Vous nous avez donc supposées bien indifférentes à ce qui peut vous arriver d'heureux ou de malheureux? dit la vieille dame.

— J'ai eu tort, reprit-il. Cependant il est de ces peines que l'on ne saurait confier, même à un sentiment moins jeune que ne l'est celui dont vous m'honorez...

— La sincérité, la force de l'amitié, ne doivent pas se mesurer d'après le temps. J'ai vu de vieux amis ne pas se donner une larme dans le malheur, dit la baronne en hochant la tête.

— Mais qu'avez-vous donc? demanda le jeune homme à Adélaïde.

— Oh! rien, dit-elle, elle a passé quelques nuits pour achever un ouvrage de femme, et n'a pas voulu m'écouter, lorsque je lui disais qu'un jour de plus ou de moins importait peu...

Hyppolite n'écoutait pas. En voyant ces deux figures, si nobles, si calmes, il rougissait de ses soupçons, et attribuait la perte de sa bourse à quelque hasard inconnu. Cette soirée fut délicieuse pour lui, et peut-être aussi pour elle. Il y a de ces secrets que les âmes jeunes entendent si bien ! Adélaïde devinait les pensées d'Hyppolite. Sans vouloir avouer ses torts, le peintre les reconnaissait ; il revenait à sa maîtresse, plus aimant, plus affectueux, en essayant ainsi d'acheter un pardon tacite. Adélaïde savourait des joies si parfaites, si douces, qu'elles ne lui semblaient pas trop payées par tout le malheur dont son amour avait été si cruellement froissé. L'accord si vrai de leurs cœurs, cette entente pleine de magie, fut néanmoins troublée par un mot de la baronne de Rouville.

— Faisons-nous notre petite partie? dit-elle.

Cette phrase réveilla toutes les craintes du jeune peintre qui rougit en regardant la mère d'Adélaïde ; mais il ne vit sur ce visage que l'expression d'une bonhomie sans fausseté ; nulle arrière-pensée n'en détruisait le charme ; la finesse n'en était point perfide, la malice en semblait douce, et nul remords n'en altérait le calme. Alors il se mit à la table de jeu. Adélaïde voulut partager le sort du peintre, en prétendant qu'il ne connaissait pas le piquet, qu'il avait besoin d'un partner. Madame de Rouville et sa fille se firent, pendant la partie, des signes d'intelligence qui inquiétèrent d'autant plus Hyppolite qu'il gagnait; mais à la fin, un dernier coup rendit les deux amans débiteurs de la baronne. Le peintre, voulant chercher de la monnaie dans son gousset, retira ses mains de dessus la table, et vit alors devant lui une bourse qu'Adélaïde y avait glissée sans qu'il s'en aperçût. La pauvre enfant tenait l'ancienne, et s'occupait par contenance à y chercher de l'argent pour payer sa mère. Tout le sang d'Hyppolite afflua si vivement à son cœur qu'il faillit perdre connaissance. La bourse neuve substituée à la sienne contenait son argent; elle était brodée en perles d'or, et les coulans, les glands, tout attestait le bon goût d'Adélaïde. C'était un gracieux remercîment de jeune fille. Il était impossible de dire avec plus de finesse que le don du peintre ne pouvait être récompensé que par un témoignage de tendresse. Quand Hyppolite, accablé de bonheur, tourna les yeux sur Adélaïde et sur la baronne, il les vit tremblantes de plaisir, et heureuses de cette charmante supercherie. Il se trouva petit, mesquin, niais. Il aurait voulu pouvoir se punir, se déchirer le cœur. Quelques larmes lui vinrent aux yeux, il se leva par un mouvement irrésistible, prit Adélaïde dans ses bras, la serra contre son cœur, lui ravit un baiser; puis, avec une bonne foi d'artiste : — Je vous la demande, s'écria-t-il en regardant la baronne.

Adélaïde jetait sur le peintre des yeux à demi courroucés, et madame de Rouville, un peu étonnée, cherchait une réponse quand cette scène fut interrompue par le bruit de la sonnette. Le vieux contre-amiral apparut suivi de son ombre et de madame Schinner. La mère d'Hyppolite avait deviné la cause des chagrins que son fils essayait vainement de lui cacher, elle avait pris des renseignemens auprès de quelques-uns de ses amis sur la jeune fille qu'il aimait; et, justement alarmée des calomnies dont Adélaïde était l'objet, elle avait été les conter au vieil émigré, qui, dans sa colère, — « Voulait aller, disait-il, couper les oreilles à ces bélîtres. » Animé par son courroux, il avait appris à madame Schinner le secret des pertes volontaires qu'il faisait au jeu, puisque la fierté de la baronne ne lui laissait que cet ingénieux moyen de la secourir.

Lorsque madame Schinner eut salué madame de Rouville, celle-ci regarda le contre-amiral, Hyppolite, Adélaïde, et dit avec la grâce du cœur : — Il paraît que nous sommes en famille, ce soir.

Paris, mai 1832.

FIN DE LA PREMIÈRE SÉRIE.

TABLE.

La Comtesse a deux maris. 1
I. Une Étude d'avoué. . . . . *ib.*
II. La Transaction. 57
III. L'Hospice de la Vieillesse. 89
Madame Firmiani. 99
Sarrasine. 131
I. Les Deux Portraits. . . . . *ib.*
II. Une Passion d'artiste. 133
Le Papa Gobseck. 185
La Bourse. 271

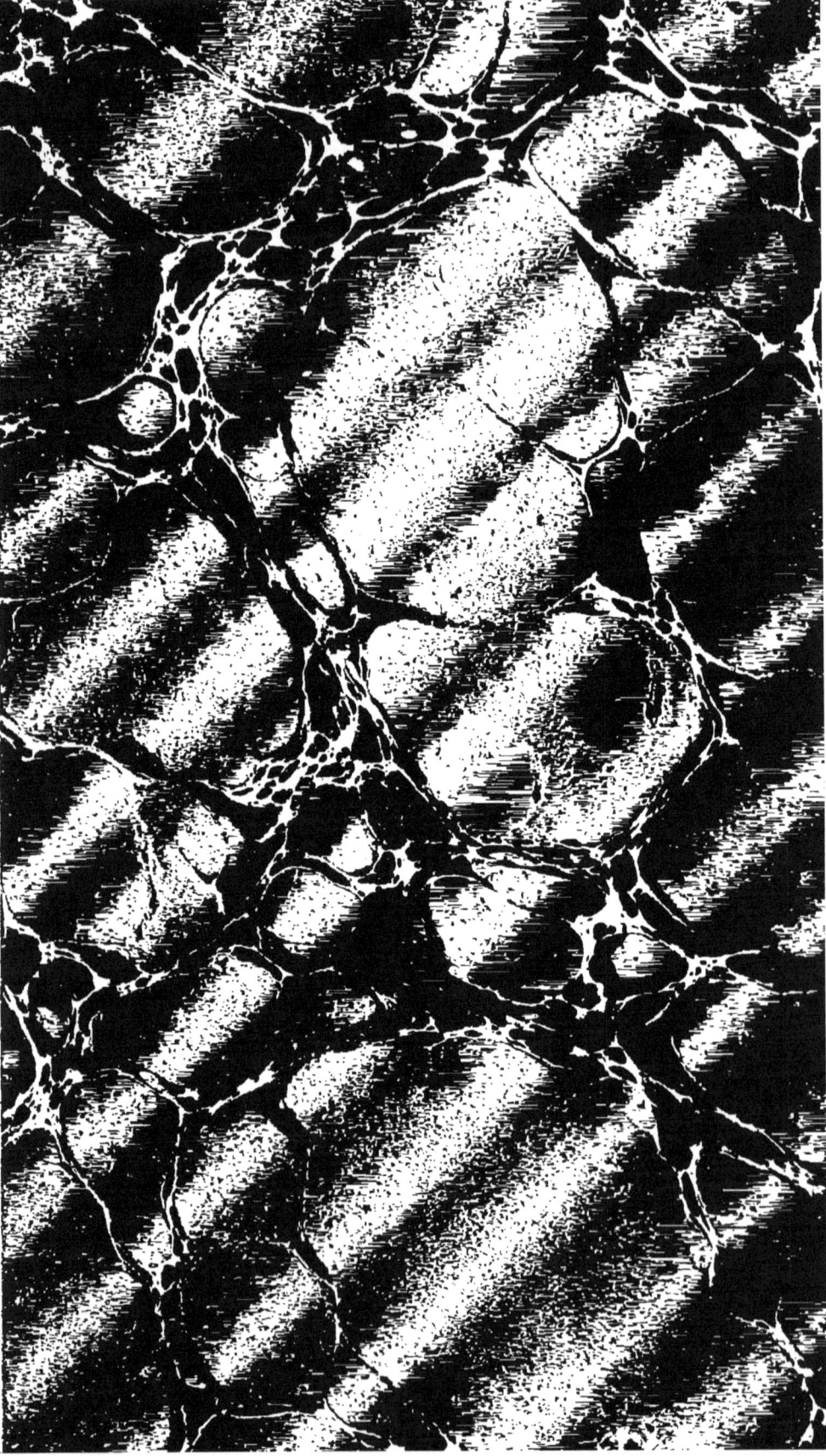

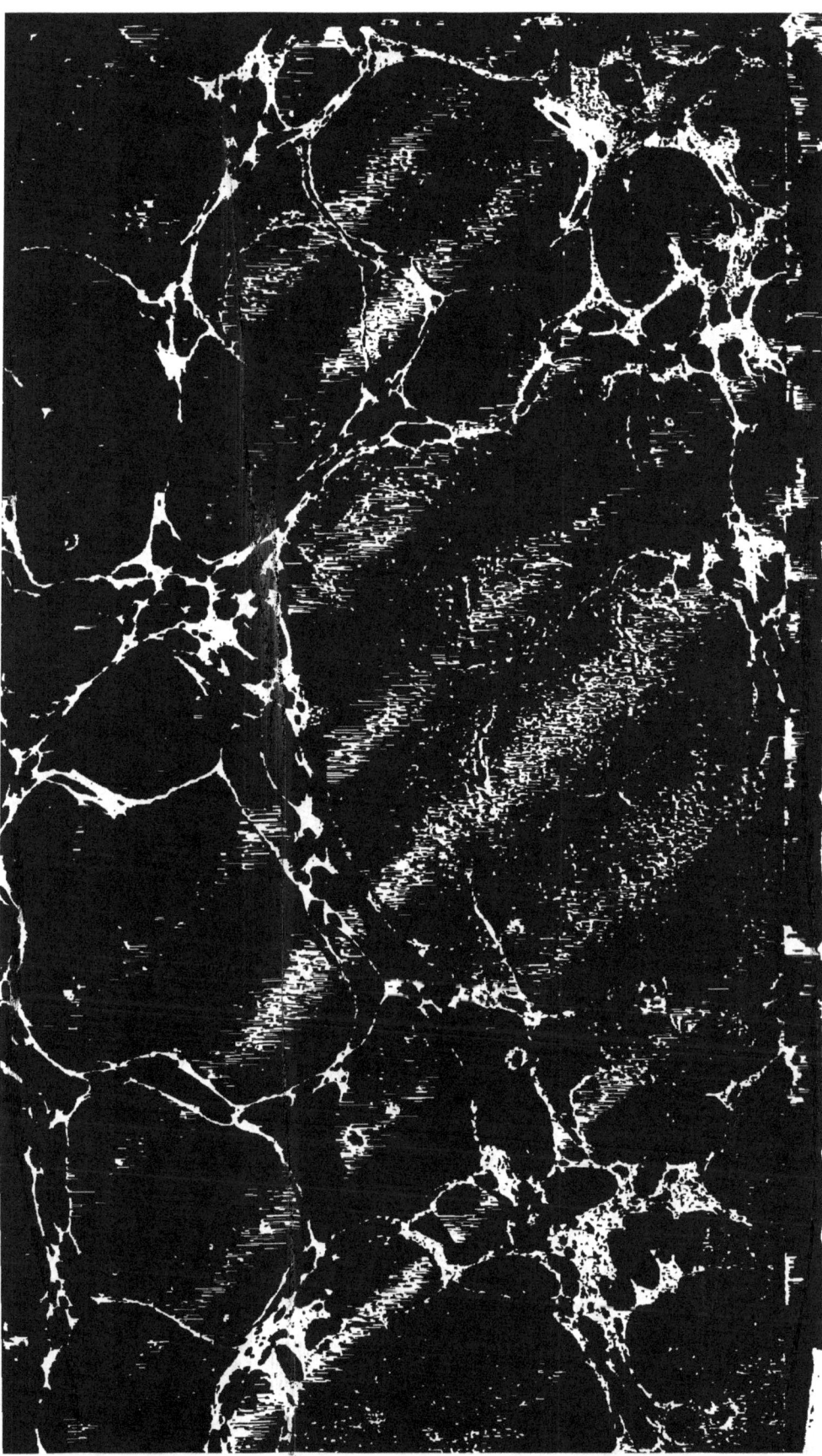

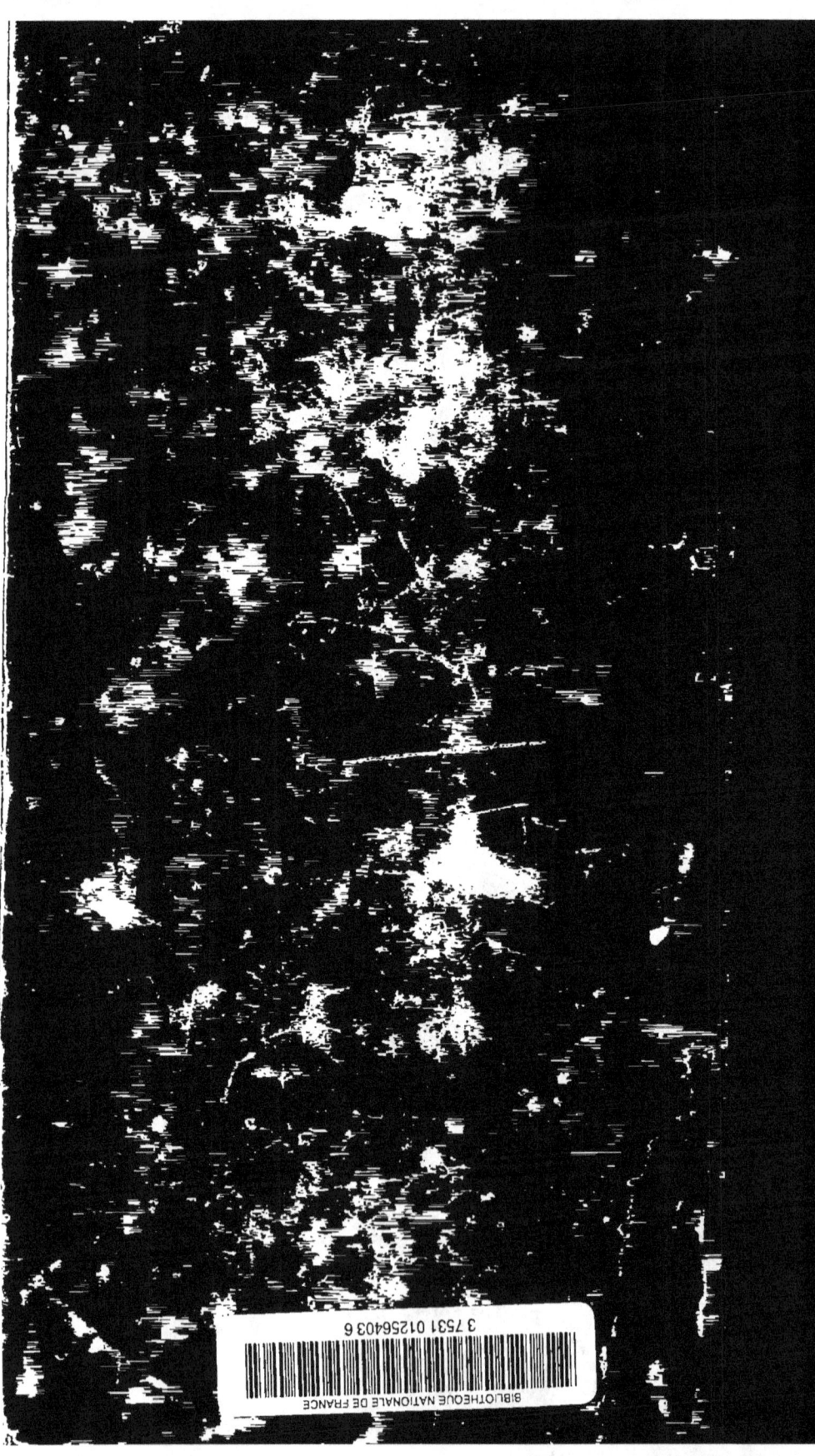